D1431086

UNE
ENFANCE
POUR
LA VIE

UNE ENFANCE POUR LA VIE

Sous la direction de

Mario Proulx

avec la collaboration d'Eugénie Francœur

Camil BOUCHARD, Isabelle BRABANT, Arlette COUSTURE, Boris CYRULNIK, Lorraine FILION, Zlata FILIPOVIC, Yvon GAUTHIER, Gilles JULIEN, Jean-Marie LAPOINTE, Michel LEMAY, Michel ODENT, Claire PIMPARÉ, Richard POULIN, Marcel RUFO, Kim THÚY

© Société Radio-Canada et Bayard Canada Livres inc., sous licence, pour la présente édition, 2011

Catalogage avant publication de Bibliothèque et Archives nationales du Québec et Bibliothèque et Archives Canada

Vedette principale au titre :

Une enfance pour la vie

Comprend des réf. bibliogr.

Publ. en collab. avec: Radio-Canada, Première chaîne.

ISBN 978-2-89579-352-6

1. Enfance. 2. Bonheur chez l'enfant. 3. Enfants - Droits. I. Proulx, Mario. II. Bouchard, Camil. III. Société Radio-Canada. Première chaîne.

HQ769.E53 2011   305.23   C2010-942732-7

Dépôt légal – Bibliothèque et Archives nationales du Québec, 2011
Bibliothèque et Archives Canada, 2011

Direction, Groupe d'édition et de presse: Jean-François Bouchard
Direction éditoriale: Yvon Métras
Révision: Lise Lachance, Marie Juranville
Mise en pages et couverture: Chalifour Design+Internet
Photo de la couverture: iStockphoto
Transcription des entretiens: Monique Deschênes

Nous reconnaissons l'aide financière du gouvernement du Canada par l'entremise du Fonds du livre du Canada (FLC) pour des activités de développement de notre entreprise.

Conseil des Arts   Canada Council
du Canada   for the Arts

Bayard Canada Livres remercie le Conseil des Arts du Canada du soutien accordé à son programme d'édition dans le cadre du Programme de subventions globales aux éditeurs.

Cet ouvrage a été publié avec le soutien de la SODEC. Gouvernement du Québec – Programme de crédit d'impôt pour l'édition de livres – Gestion SODEC.

Bayard Canada Livres
4475, rue Frontenac, Montréal (Québec) H2H 2S2
Téléphone: 514 844-2111 – 1 866 844-2111
edition@bayardcanada.com
www.bayardlivres.ca

Imprimé au Canada

Préface

Je vais vous confesser une chose plutôt incroyable : il m'a fallu atteindre la cinquantaine pour comprendre qu'un très grand nombre de personnes n'ont pas eu comme moi la chance d'être accueillies et élevées par des parents aimants, tolérants et respectueux des besoins fondamentaux de leurs enfants. Nous étions huit frères et sœurs, souvent turbulents et agités, mais aimés de leurs parents pourtant fort occupés à les nourrir, vêtir, soigner et éduquer le mieux possible. Nous, les plus âgés, nous avons eu le bonheur de vivre notre petite enfance à la campagne. J'en conserve le souvenir d'une époque très heureuse où nous passions nos journées à jouer dehors, à courir dans les bois, à sauter dans le foin, à nourrir les animaux et à accompagner les hommes aux champs. Ni le *Journal de Montréal* ni les chaînes télé d'information continue n'existaient encore, de sorte que nos parents n'étaient pas terrorisés par l'idée qu'un prédateur sexuel puisse se cacher derrière chaque arbre et chaque mur, à chaque instant. Malgré les contraintes religieuses et sociales de l'époque, nous vivions dans un climat de liberté et de fraternité. En appartenant à une famille nombreuse, nous n'avions pas l'oppressante obligation de réaliser les grands rêves et les ambitions de nos parents, comme c'est trop souvent le cas aujourd'hui pour l'enfant unique.

De ces huit enfants, je fus de loin le plus turbulent. Explorateur, cascadeur, bruyant, aucune barrière ne résistait à mon désir insatiable de connaître et de découvrir. Ma mère, Marie-Laure Langevin, écrit dans ses mémoires : « Qui a connu Mario de un an et demi à quatre ans ne peut l'oublier et nous demandera plus tard : mais que fait-il maintenant votre tannant ? Nous sommes heureux de leur apprendre que le garnement a bien développé ses habiletés manuelles et intellectuelles. Nous pouvons retrouver à travers ses choix de vie toutes ses pulsions enfantines, autrefois désordonnées. Elles ont été élaguées et sont maintenant intégrées et appliquées correctement dans sa vie d'adulte. » En fait, mes parents ont eu l'intelligence de me laisser le maximum de liberté, me permettant d'exprimer mes besoins malgré tous les désagréments, les bruits et les bris que j'ai pu causer. Ce faisant, et je leur en suis infiniment reconnaissant, ils m'ont permis de développer au fil des ans mes habiletés et ma créativité. Aujourd'hui, un tel comportement m'aurait valu une bonne dose de Ritalin. Aurais-je été gagnant ?

Tous n'ont pas eu ma chance. Les enfants mal aimés ou mal accueillis auront parfois à lutter toute leur vie pour devenir des adultes équilibrés ou libérés. Il n'en demeure pas moins que les égratignures, les blessures de l'enfance et le manque d'amour sont souvent générateurs de grande créativité. Toutefois, chaque cas est différent, peu importe la qualité de l'enfance vécue.

Par cette enquête, nous avons voulu comprendre les moteurs d'une enfance heureuse, les mécanismes du psychisme de l'enfant et les fondements d'une éducation réussie. Tant de questions se posent dans notre monde ultra complexe. Pour y répondre, nous avons rencontré une soixantaine de personnes, des gens comme vous et moi qui ont accepté de témoigner de leur enfance et des répercussions qu'elle a eues dans leur vie d'adulte. Nous avons aussi écouté des spécialistes, des psys, des éducateurs, des médecins accoucheurs et des sages-femmes qui, chaque jour, composent avec l'enfance et réfléchissent à ce qu'elle doit être, à ce qu'elle pourrait être. Bon nombre de leurs réflexions sont présentées dans cet ouvrage. Elles abordent une grande variété de thèmes liés à l'enfance. Entre autres : la grossesse, la naissance, le temps passé avec les parents, les règles de l'attachement, les enfants parqués devant la télévision, les jeux vidéo, l'Internet, les conséquences de l'hypersexualisation, les enfants de l'immigration, l'enfant-roi, l'enfant surprotégé, l'enfant de famille brisée puis reconstituée, l'instinct parental, les parents inadéquats et le rôle de l'école.

Ce livre ne s'adresse pas qu'aux parents ou aux éducateurs, mais bien à chacun d'entre nous. Tout d'abord parce que nous portons tous une enfance, fondation de notre vie, mais ensuite parce que l'éducation et la protection des enfants sont des devoirs qui relèvent de l'ensemble de la société. Les enfants appartiennent à une collectivité dont ils font partie intégrante et qu'ils viennent enrichir de leur présence. Le fait de leur donner les meilleures conditions possible de développement, dans des écoles stimulantes, des villes imaginées pour eux (plutôt que pour les automobiles) et des quartiers sécuritaires dotés de parcs inspirants, relève d'un bon sens qui s'est beaucoup perdu.

Le bonheur de l'enfance n'est jamais assuré. Il suffit de se rappeler que notre monde abrite des enfants-soldats, des enfants-esclaves, des enfants abusés sexuellement ou violentés, des enfants abandonnés et des enfants mal aimés. Il faut prendre soin des enfants, ces adultes de demain. La manière dont nous les accueillons et les portons marquera profondément les générations à venir.

Je tiens à exprimer ici toute ma gratitude à Eugénie Francoeur, ma précieuse collaboratrice, qui a réalisé plusieurs entrevues, dont celles avec Zlata Filipovic, Michel Odent et Yvon Gauthier, qui figurent dans le présent ouvrage. Mes remerciements vont aussi à Sylvie Julien, chef de contenu à la radio de Radio-Canada et coordonnatrice de l'ensemble de ce projet, ainsi qu'à Yvon Métras, le patient éditeur qui a colligé les témoignages présentés dans ce livre.

Enfin et surtout, j'aimerais exprimer ma reconnaissance à toutes les personnes qui ont généreusement accepté de nous donner de leur temps et qui ont partagé avec nous leur sagesse.

Mario Proulx

*La pauvreté est une menace
pour la santé de l'enfant*

Camil Bouchard

Né à La Tuque, en Mauricie, en 1945, Camil Bouchard a fait ses études en psychologie à l'Université Laval de Québec. Il a obtenu son doctorat à l'Université McGill de Montréal pour ensuite mener une carrière de professeur et de chercheur à l'Université du Québec à Montréal.

En 1991, il préside la commission d'enquête créée par le gouvernement du Québec qui donnera le rapport Un Québec fou de ses enfants. *Ce rapport influencera les décisions politiques pendant des décennies. En 2003, il est élu député sous la bannière du Parti québécois. Il sera réélu en 2007 et deviendra le porte-parole de l'opposition officielle en matière de relations avec les Premières Nations et d'immigration. Il quitte la politique en 2009, en déclarant qu'il avait le sentiment d'avoir accompli davantage de choses en tant que chercheur en psychologie qu'à titre de député à l'Assemblée nationale.*

Camil Bouchard

Comment en êtes-vous arrivé à vous intéresser à la psychologie de l'enfance ?
Cet intérêt a-t-il toujours été présent dans votre vie ?

C'est arrivé grâce à un concours de circonstances, parce que j'ai d'abord été formé à la psychologie expérimentale, à Québec. J'ai fait ma maîtrise avec des adultes et sur des adultes. Ensuite, j'ai reçu une bourse et j'ai fait mon doctorat à l'Université McGill de Montréal. Là aussi, je travaillais en clinique expérimentale, surtout avec des adultes. En sortant de McGill, j'ai trouvé un emploi à l'UQAM (Université du Québec à Montréal) comme professeur et chercheur. J'y ai enseigné la modification du comportement, selon les théories d'une école très connue à l'époque : le béhaviorisme appliqué.

Dans ce cadre-là, on m'a demandé d'aller rencontrer des travailleurs sociaux pour leur faire connaître les techniques d'intervention en modification de comportement. Ils avaient sans cesse à intervenir auprès de parents signalés à la Direction de la protection de la jeunesse (DPJ) pour mauvais traitements à l'égard de leurs enfants. Rapidement, après quelques séminaires et quelques sessions, je me suis dit : « Non, ça ne va pas ! » Comment arriver à faire en sorte qu'un travailleur social fasse un travail d'accompagnement et d'entraînement aux habiletés parentales dans une famille qui souffre de misère noire ?

Je me souviens d'une technique entre autres, que l'on appelle le « retrait de l'enfant ». Elle était beaucoup utilisée à l'époque. Quand un enfant se met en colère ou devient agressif, plutôt que de le frapper, on le met deux ou trois minutes à l'écart, dans un coin, puis on le ramène à la vie normale. Mais pour faire ça, il faut de l'espace, une chambre, par exemple, ou un coin dans la maison. Il faut aussi un parent qui n'est pas trop préoccupé par la nécessité de trouver à manger pour le repas du soir, quelqu'un qui n'est pas déprimé, qui a un sentiment de compétence suffisant, dans son rôle. Or, la vie fait en sorte que plusieurs personnes n'arrivent pas à être les parents qu'ils voudraient être. Et très souvent aussi, les enfants dont la situation est signalée à la DPJ sont des enfants plus difficiles que les autres. Ils souffrent de handicaps ou ils ont eu une naissance très difficile, ils sont très malades, etc. J'ai l'habitude de dire que la meilleure garantie pour être bon parent, c'est d'avoir un enfant facile au départ. Et d'avoir aussi des conditions d'existence compatibles avec le rôle de parent.

Je me suis donc intéressé aux enfants parce que je m'intéressais d'abord au «parentage». Je me suis soucié des enfants d'abord parce que je me préoccupais des conditions qui faisaient que l'on pouvait être un parent plus ou moins compétent. Cela m'a entraîné à m'interroger sur la question de la pauvreté. À travers la littérature américaine, très abondante sur le sujet à l'époque, la pauvreté m'est apparue comme un déterminant extraordinairement important de la qualité de la relation entre les parents et les enfants. Elle est un déterminant tout aussi important du développement cognitif, affectif et social des enfants. Et cela n'a pas changé. Hier, je lisais le dernier numéro d'*APA Monitor*, le bulletin de l'Association des psychologues américains, qui présentait un article absolument fascinant sur les effets de la récession sur le développement des jeunes enfants. L'article tenait compte des dernières recherches sur le sujet, par exemple, le développement du cerveau des enfants, et soulevait la question de l'impact de la pauvreté lorsqu'elle était vécue par un très jeune enfant.

On a commencé à rassembler des connaissances sur ce sujet à partir de l'intervention de Lyndon B. Johnson et sa guerre contre la pauvreté, lorsqu'il a pris le pouvoir présidentiel aux États-Unis, en 1963. Il y a donc énormément de recherches sur le développement des jeunes enfants et les effets de la pauvreté sur ce développement. Les conclusions de l'époque sont toujours valables aujourd'hui, c'est-à-dire qu'un enfant qui vit la pauvreté, avant l'âge de cinq ou six ans, et qui la vit de façon intense et prolongée, verra son développement lourdement hypothéqué.

Pour toutes sortes de raisons, j'imagine : il mange moins bien, ses parents sont moins patients, il y a moins d'espace autour de lui, moins de parcs, etc.

Oui. En un mot, la principale menace au développement d'un enfant dont les revenus familiaux ne sont pas suffisants, c'est le stress. Le stress des parents, d'abord. L'autre menace vient du manque de stimulation. On ne s'en rend pas compte, mais le fait de pouvoir prendre le métro ou l'autobus, quand on le veut, pour emmener un enfant au Jardin botanique, se promener dans un parc, aller jouer à la Ronde [1], lui faire connaître toutes sortes de situations en dehors de sa propre maison et de son quartier, compte beaucoup dans la vie d'un jeune enfant. Dernièrement, j'ai accompagné mon petit-fils de trois ans au spectacle de la Magie des lanternes, au Jardin botanique. Il faut compter une bonne vingtaine de dollars pour une sortie de ce genre : le ticket d'entrée pour un adulte, les transports en commun aller-retour, un cornet de crème glacée, un petit souvenir, etc. Pour une famille à faibles revenus, c'est une dépense impossible.

Si l'accès des jeunes enfants aux loisirs, à des stimulations en dehors de sa maison, est important, que dire de la stimulation à l'intérieur de sa maison ? Qu'est-ce que l'on trouve chez des parents de classe moyenne ? D'abord des jouets, en abondance, que l'on peut remplacer et qui éveillent la curiosité de l'enfant. S'il est toujours placé devant le même jouet, oubliez la curiosité.

Ou devant la télévision…

Oui. D'abord, devant le même jouet, il s'habitue. Ensuite, il est clair que l'on retrouve beaucoup plus de dépressions chez les parents qui vivent de très grands stress économiques. La dépression entraîne un désintérêt de la personne pour ce qui l'entoure, y compris l'être cher, l'être le plus cher que l'on puisse avoir dans la vie. On se meurt d'amour pour cet enfant, mais aussitôt qu'il envahit notre zone de quiétude, ça devient un stress quand on est déprimé. On ne veut pas être envahi quand on est déprimé. C'est fou, mais c'est comme ça : l'adulte se retire. Alors il trouve des moyens pour occuper l'enfant et très souvent, il le place devant la télé. Et on le sait, pour un enfant de moins de trois ans, la télé est dommageable pour son développement. Il devient passif, hypnotisé par l'image et il n'intègre plus les nouveautés dans son environnement. Il reste un spectateur passif de quelque chose qui se passe devant lui sans interactions.

Avant que je ne quitte l'université pour aller en politique, on a fait une recherche, à Montréal, sur huit cents enfants environ de vingt à quarante mois. Cette recherche a été menée tous les deux ans, sur des groupes d'enfants

---

1. Parc d'attractions situé sur l'île Sainte-Hélène, à Montréal.

différents, mais toujours du même âge. On a eu constamment les mêmes résultats : les enfants exposés trop longtemps à la télévision manifestaient un retard dans leur développement cognitif.

Qu'est-ce que c'est « trop » ?

Deux à trois heures par jour, par exemple. Un pédopsychiatre français a trouvé une bonne formule pour illustrer le phénomène. Il dit : « Écoutez, lorsque vous promenez votre enfant en poussette dans la rue, il sera sûrement exposé au monoxyde de carbone. Mais vous n'allez pas le laisser tout près de la sortie du pot d'échappement, n'est-ce pas ? C'est la même chose avec la télévision. » Il ne s'agit pas de culpabiliser qui que ce soit, mais pourquoi ne pas offrir à votre enfant un environnement dans lequel il y a des interactions, dans lequel il est soumis à ce que l'on appelle des « défis cognitifs » ou des « conflits cognitifs », c'est-à-dire : « Ah, voici quelque chose de nouveau. Comment ça marche… » ? Si vous faites cela dès le plus jeune âge, vous avez une grande chance que son cerveau se développe plus rapidement que s'il reste stationné devant une image, sans faire quoi que ce soit. Les nouvelles technologies nous emmèneront sans doute ailleurs. Avec les *Ipads* de ce monde, vous êtes en interaction, vous contrôlez l'environnement, vous voyez sa réaction, vous vous adaptez à cet environnement ou vous le modifiez. Ce sont des apprentissages fantastiques, mais il faut qu'un adulte accompagne l'enfant. Encore faut-il pouvoir acheter le *Ipad*. Quand vous n'avez pas les ressources suffisantes, vous n'êtes pas dans cette situation.

Le manque de scolarisation des parents compte pour beaucoup aussi. Dans certaines communautés, on croit qu'il n'est pas nécessaire de parler à un enfant qui ne parle pas encore.

Alors, toutes sortes de choses font que le développement d'un enfant peut être favorisé ou défavorisé. Mais les ressources en sont le noyau central. Les ressources que les parents ont à leur disposition. Elles peuvent être des ressources d'information ou d'éducation, des ressources matérielles, des ressources sociales, du soutien ou de l'assistance. Très souvent, les gens pauvres se retrouvent aussi en situation « d'insularité » : ils sont isolés. Et ils sont même intimidés par les offres de service qui leur sont faites. D'une part, elles sont souvent menaçantes : c'est la protection de la jeunesse qui frappe à votre porte, parce qu'il y a eu une négligence grave envers un enfant. C'est la première fois que l'on vient vous offrir de l'aide et vous êtes dans un contexte de malveillance. Ce n'est pas un bon début. D'autre part, comment aller vers des groupes d'entraide lorsque vous ne vous sentez pas compétent, que vous manquez de scolarisation, que vous manquez d'informations, que vous êtes intimidé? Ce n'est pas facile. Il y a donc toutes sortes d'obstacles devant le parent pauvre. Mais les principales ressources, ce sont celles qu'il peut trouver dans son milieu social, dans son réseau: des ressources comme de l'information, de l'éducation, des ressources matérielles et d'abord le revenu. L'enfant aussi est une ressource formidable pour un parent. À condition qu'il soit en forme! Et la pauvreté est une menace pour la santé de l'enfant.

Voilà donc, en gros, ce qui m'a poussé à m'intéresser au développement des enfants: c'est d'abord la situation des enfants les plus vulnérables.

La lutte contre la pauvreté était, je crois, la principale recommandation du rapport Un Québec fou de ses enfants, *que vous avez présenté en 1991. Nous avons peut-être fait du progrès, mais je n'en suis pas certain. Je n'ai pas l'impression que nous vivions dans une société plus riche qu'il y a vingt ans. La pauvreté reste-t-elle le principal problème des familles?*

Pour les enfants et les familles qui vivent la pauvreté, elle reste la principale menace au développement de l'enfant. Le revenu dont les familles disposent conditionne tous les aspects de la vie. Mais il y a actuellement moins de gens au Québec à vivre dans une situation de pauvreté qu'il y en avait en 1991.

Mais il faut d'abord raconter une petite histoire, au sujet de ce chapitre, dans *Un Québec fou de ses enfants*. J'étais entouré de gens qui n'étaient pas des économistes et qui venaient des CLSC (Centres locaux des services communautaires): des travailleurs sociaux, des récréologues, des chercheurs dans le domaine du développement de la petite enfance, etc. J'ai eu du mal à les convaincre qu'il fallait écrire un chapitre là-dessus. Ils disaient: «On n'a pas la compétence pour écrire un chapitre sur la pauvreté. Nous ne sommes pas des économistes.» Moi, j'insistais: «Non, mais vous observez les conséquences, sur le terrain.» Souvent, les économistes ne voient que les chiffres, ils ne voient pas les conséquences. Ils ne voient ni les enfants ni les parents. Nous avons donc écrit un chapitre, qui est devenu le chapitre central du rapport et qui a donné la proposition principale.

Que s'est-il passé ensuite ? Nous disions : « Il faut réduire de moitié au moins le taux de pauvreté chez les jeunes enfants. » Des efforts ont été faits, qui n'ont pas ciblé directement la pauvreté. L'action principale du gouvernement a été la création des centres de la petite enfance, en 1997. Le but recherché était la conciliation de la vie de famille et de la vie du travail. Mais cette loi a permis de viser un autre objectif : le développement de tous les enfants et une chance égale pour tous d'arriver bien préparés à l'entrée à l'école. L'un de ces objectifs, la conciliation travail-famille, a été atteint de façon plus satisfaisante que l'autre. On pourra revenir sur l'objectif de donner des chances égales à tous les enfants. Mais dans *Un Québec fou de ses enfants*, nous proposions de réduire de moitié la pauvreté des enfants, dans les dix années suivant la publication du rapport.

Vingt ans plus tard, nous observons une diminution importante de la pauvreté chez les familles monoparentales. Il y a aujourd'hui 43 % moins de familles dont le revenu est inférieur à 50 % du revenu médian de la population. C'est beaucoup. Cela ne veut pas dire que tous sont sortis complètement de la précarité, mais ils n'apparaissent plus dans les statistiques de la pauvreté à partir d'un critère qu'on s'est fixé. Il y a aussi une diminution de 52 % de la pauvreté chez les familles biparentales qui ont des enfants de trois à cinq ans. Ce nombre est passé de 8 % à 4 %. Ce sont des gains formidables et des gains propres au Québec, parce que la province s'est donné une politique de service à la petite enfance. Le réseau des services de garde a permis à un nombre impressionnant de jeunes mères de retourner sur le marché du travail, qu'elles soient monoparentales ou biparentales. Et un salaire fait toute la différence quand il n'y n'avait pas de salaire du tout et deux salaires font aussi une différence quand un seul salaire était insuffisant pour faire vivre la famille. Alors, notre société a fait des gains.

Beaucoup de personnes, malheureusement, restent prises dans le piège de la pauvreté, mais il faut reconnaître que les impôts des citoyens québécois ont servi et servent à résoudre un problème important. Il faut le souligner. Notre monde n'est pas parfait, mais il progresse dans la lutte contre la pauvreté. Et cet effort n'est pas propre à un seul type de gouvernement. Le Parti québécois, quand il était au pouvoir, a créé les centres de la petite enfance. Il a donc sorti du travail au noir les services de garde, il a amélioré considérablement la qualité des services offerts aux enfants, il a permis le retour au travail de dizaines de milliers de femmes. Le Parti libéral, dans son premier mandat – avec le budget Séguin – a augmenté le soutien financier aux jeunes enfants et il a créé une prime à l'emploi. Cette prime a fait que des gens qui travaillent à plein temps sont assurés d'atteindre un revenu minimum. Elle a permis une sortie statistique de la pauvreté. Ce n'est pas le Pérou, mais c'est une avancée. Les gouvernements québécois ont successivement fait des efforts et continuent à en faire. On peut certes attribuer ce progrès aux actions des différents gouvernements du Québec, mais ils sont aussi le fruit de l'attention et de la volonté des Québécois d'aller dans cette direction. Alors oui, je considère que nous avons fait du progrès, même s'il reste encore du chemin à parcourir.

Donc, il y a eu une amélioration dans le soutien aux parents de jeunes enfants. Il y avait une autre recommandation dans votre rapport: convaincre les pères de l'importance de leur présence et de leur implication. Il me semble que là, il y a eu des progrès immenses, non?

Ah oui, et c'est formidable: la présence des pères auprès de leurs enfants. C'est l'un des aspects du rapport qui a le plus marqué les journalistes et les médias. Je disais: «Il faut que les pères s'occupent de leurs affaires, c'est-à-dire de leurs enfants!» Il y a eu une sorte d'écho à cette affirmation. Nous demandions au gouvernement de réserver une somme d'un million de dollars par année à des campagnes de promotion auprès des pères. En réalité, ces campagnes n'ont pas été nécessaires. Pourquoi? Parce qu'il y avait dans l'environnement culturel nord-américain un courant de pensée, une façon de voir qui allait dans ce sens. Les groupes féministes ne sont pas étrangers à ce mouvement et notamment les groupes féministes qui œuvraient dans les syndicats et qui revendiquaient des congés paternels. Ce n'étaient pas des hommes qui faisaient ce genre de revendications, mais des femmes. Il y avait un climat, on voyait émerger une tendance lourde dans le sens d'une plus grande implication des pères auprès de leurs enfants. Elle était déjà visible, cette tendance, dans des rapports nord-américains, canadiens et étatsuniens, etc. Et les vendeurs de parts dans les caisses sociales s'en sont emparés. Les gens d'affaires sont toujours à l'affût des nouvelles tendances. Et on a vu soudainement apparaître sur nos écrans des papas avec un bébé dans les bras, en train de lui faire faire son petit rot, pendant qu'ils réglaient au téléphone leur hypothèque avec une banque ou une caisse populaire. On a vu des papas aller chercher leurs enfants en voiture, des pères partout qui s'occupaient de leurs enfants. Alors, le gouvernement n'a pas eu à débourser un sou, le mouvement s'est fait tout naturellement, commercialement. Pourquoi? Parce que les gens d'affaires avaient conscience qu'une fibre était en train de se développer autour de l'implication, de l'engagement des pères auprès des enfants. Ça devenait sympathique d'utiliser cette image-là. Il y a donc des moments où les publicitaires aident des causes sociales, sans trop le vouloir, mais en utilisant une nouvelle mentalité, une nouvelle tendance de la société.

Il faut dire que cette nouvelle tendance a été beaucoup alimentée par les groupes de libération des femmes, mais aussi par la recherche. À cette époque, en Amérique du Nord, on faisait beaucoup d'études autour de l'impact de l'engagement ou non des pères auprès de leurs enfants. Guy Corneau, ici au Québec, en a parlé dans son livre qui a eu un grand retentissement : *Père manquant, fils manqué* [2]. Tous ces mouvements se sont conjugués pour donner une courtepointe [3] intéressante.

Une autre des recommandations de votre rapport portait sur l'amélioration de l'école pour les adolescents. A-t-elle eu des effets ?

À l'époque de la publication d'*Un Québec fou de ses enfants*, René Rouleau, qui est devenu président de La Capitale, une mutuelle de l'administration publique, est venu me trouver. Il était alors récréologue et directeur des services à la famille. Il me dit : « Camil, si tu veux que ton rapport ait un impact au ministère et retienne l'attention du ministre, il ne faut pas que tu le peintures dans le coin [4]. Ne va pas lui demander d'investir deux milliards de dollars, la première année. Ton rapport sera rangé sur une tablette, mon ami. » Il suggérait de décider d'une priorité afin d'indiquer au ministre par où commencer. Nous avons donc rédigé un chapitre qui ciblait le groupe des enfants de zéro à cinq ans. Cela, pour toutes sortes de raisons, mais principalement parce que cette période est celle de la sensibilité et de la plasticité dans l'apprentissage. Si elle est réussie, elle permet de prendre le TGV pour la suite du développement. On peut aussi prendre un petit train local, mais le développement sera plus lent et prendra plus de temps. Alors, nous recommandions d'investir dans la période de zéro à cinq ans.

---

2. Montréal, Éditions de l'Homme, 1989.

3. En France, on dirait un patchwork.

4. Expression québécoise qui signifie se mettre dans une situation impossible, se priver de toute porte de sortie. Elle est généralement utilisée pour une personne.

Quelques années plus tard, un économiste a gagné un prix Nobel avec la même théorie [5], mais à partir de grandes recherches en économie sur les retombées de l'investissement dans la petite enfance. Nous étions très satisfaits.

Mais qu'est-ce qu'on a fait pour les adolescents depuis? Pas grand-chose. J'en porte un peu la responsabilité parce que le rapport indiquait une priorité au ministre : « Il faut commencer par là. » Nous aurions dû dire : « Ne vous arrêtez pas là ! » Nous ne l'avons pas fait explicitement. Mais désormais, il faudra s'intéresser davantage aux six-douze ans, puis aux douze-seize ans.

Nous nous sommes beaucoup souciés de la petite enfance, au Québec, et nous avons fait du bon boulot. Il suffit de nous rappeler ce qu'étaient les services de garde, il y a dix, quinze ou vingt ans : par qui on faisait garder les enfants, comment les services étaient organisés, le suivi qui était fait, la conscience sociale que nous avions du bien-être des tout-petits. Nous étions très loin de ce qui se fait actuellement. Nous avions un peu l'impression que les choses allaient de soi, ce qui n'était pas le cas. Aujourd'hui, le Québec est exemplaire dans ce domaine : des spécialistes d'ailleurs viennent étudier notre système. Je ne parle pas des pays scandinaves, qui sont plutôt des inspirations pour les autres, à plusieurs égards. Mais les Nord-Américains viennent nous visiter, de même que les spécialistes de certains pays européens. Ils voient l'effort substantiel que nous avons fait.

Mais pour les adolescents, nous n'avons de leçon à donner à personne. Il y avait pourtant des recommandations dans le rapport *Un Québec fou de ses enfants*. Il faudrait les remettre à l'ordre du jour comme, par exemple, l'apprentissage à la citoyenneté. Nous souhaitons tous que nos enfants deviennent des citoyens exemplaires ; qu'ils soient productifs, respectueux des autres, capables de sensibilité et d'empathie ; qu'ils aient l'esprit, les attitudes et les capacités des créateurs d'entreprises ; qu'ils soient débrouillards, autonomes, etc. En même temps, nous avons de plus en plus conscience, en tant que parents et adultes, de vivre au-dessus de nos moyens, d'être des consommateurs effrénés. La consommation raisonnable nous semble désormais un concept attrayant ; la production équitable, la protection de l'environnement, la participation à la démocratie sont devenues importantes. Mais depuis la Révolution tranquille [6],

---

5. Il s'agit de James J. Heckman, prix Nobel d'économie en 2000.

6. Période de l'histoire du Québec qui se situe dans les années 1960 et qui représente une rupture avec le passé. Elle se caractérise par un investissement plus grand de l'État dans des politiques sociales, une véritable séparation de l'Église et de l'État et la construction d'une identité québécoise différente du nationalisme canadien-français.

nous avons évacué les valeurs explicites de nos écoles primaires et secondaires. Je ne suis pas un nostalgique des valeurs des années 1960, loin de là, mais… Dans ces années-là, nous avions surtout des valeurs «explicitées», comme l'obéissance – malheureux étions-nous ! – l'hygiène, la bienséance, etc. Autrement dit, nous avions des valeurs de bon comportement avec autrui, dans la société, et de respect de l'autorité. Je ne suis pas nostalgique de ces valeurs, mais je regrette que désormais la société et l'école ne soient plus de connivence pour proposer des valeurs fondamentales que les enfants et les jeunes devraient acquérir, dans le cours de leur formation. Nous souhaitons tous qu'ils deviennent des citoyens exemplaires, mais comment cela devrait-il se traduire dans le *cursus* scolaire, dans les parcours d'apprentissage proposés par nos écoles ? Il n'y a plus rien d'explicite. Nous sommes tombés dans ce que j'appelle «le relativisme des valeurs» : toutes les valeurs sont bonnes. Quand toutes les valeurs sont bonnes, aucune n'émerge clairement. Et ce sont les valeurs implicites qui prennent toute la place. Effectivement, beaucoup de valeurs implicites ont pris la place. Elles ne sont pas nommées, mais elles sont partout dans nos vies, y compris la surconsommation, par exemple. Cela étant dit, je pense que nous avons tout un travail à faire sur cette question. Sinon, nous allons perdre ce qui nous caractérise comme peuple, comme citoyens québécois, cette préoccupation de l'autre. Ce n'est pas une parole en l'air, cette préoccupation de l'autre est assez caractéristique chez nous. Regardez ce qui s'est passé à propos de la guerre en Irak : on a demandé aux citoyens canadiens de descendre dans la rue pour exprimer leur opposition à la guerre. Résultat : cent cinquante mille personnes ont manifesté pour la paix à Montréal, quinze mille à Toronto, dont la population est pourtant plus grande qu'à Montréal. C'est une illustration de ce qui caractérise notre culture. Si l'on pose la question : comment le modèle québécois se traduit-il dans notre culture ? On peut répondre : il se traduit aussi de cette façon-là.

Mais si nous ne voulons pas perdre des valeurs comme celle-là, il faut alimenter le parcours de développement de nos enfants. Voilà pourquoi je milite beaucoup, par les temps qui courent, en faveur d'un retour à des valeurs explicites à l'école, de connivence avec les familles. Je ne connais pas de famille qui dirait : «On veut la guerre et non la paix.» Qui dirait : «On veut s'endetter plutôt que se discipliner dans notre budget individuel, familial ou national.» Qui dirait : «On veut vivre dans un environnement détérioré plutôt que dans un bel environnement.» Nous avons des valeurs en commun, mais elles ne sont pas introduites explicitement dans nos écoles, sauf exception. Il existe, par exemple, un réseau appelé le Réseau des écoles vertes, des établissements verts *Brundtland*. Ces écoles ont été créées à la suite du rapport présenté à l'ONU par Gro Harlem Brundtland [7], la présidente norvégienne, en 1987. C'est elle qui a imaginé le concept de développement durable. Il y a actuellement mille cent écoles, au Québec, qui, avec la connivence du syndicat des enseignants et de Recyc-Québec (la société québécoise de récupération et de recyclage), subventionnent et organisent des projets pédagogiques autour d'une citoyenneté responsable. C'est formidable !

Dans *Un Québec fou de ses enfants*, nous disions : « Il faut faire comme dans les écoles internationales : reconnaître le bénévolat de nos jeunes de douze à seize ans. Que l'on crée des bureaux de coordination pour le bénévolat, que l'on engage les jeunes dans nos communautés et que l'on reconnaisse leur implication dans leur parcours scolaire. Que l'on puisse leur dire : "Regarde, on ne te donnera pas de notes, mais des crédits pour ton engagement dans ta communauté." » Malheureusement, on ne l'a pas fait. Pourtant, ça ne coûtait rien. Pourquoi ? Parce que la valeur n'a pas été adoptée explicitement.

Nous avons donc un travail de société à faire autour des valeurs explicites et nous avons à développer une reconnaissance de la contribution de nos adolescents dans nos communautés. Je vis dans un quartier où je vois des adolescents faire du bénévolat. Pas très loin de chez moi, il y a une famille qui a deux enfants autistes. Je vois des jeunes bénévoles qui viennent donner un coup de main à cette famille, des stagiaires aussi formés dans nos collèges et nos universités. Il existe des milliers d'exemples que l'on pourrait citer, mais il faut que la société valorise explicitement ces actions. Il faut qu'elle sorte de son inquiétude par rapport aux jeunes et adopte une attitude de valorisation. Actuellement, quand nous parlons des jeunes, c'est pour nous en inquiéter. Il faudrait plutôt nous en réjouir, souligner leur implication, les inviter à entrer dans certains domaines, leur donner les conditions nécessaires à leur contribution.

---

7. *Notre avenir à tous*, Montréal, Éditions du Fleuve, 1989.

L'école ne joue donc pas suffisamment ce rôle ?

Pas assez. L'école pourrait jouer un rôle beaucoup plus grand, mais il faut la complicité de la société, des gouvernements – celle des syndicats est acquise –, la complicité des commissions scolaires, etc. C'est toujours une question de *push and pull*, dans la société : il faut qu'il y ait une poussée de la part des citoyens pour demander que nos écoles redeviennent des écoles citoyennes, des écoles qui forment des citoyens à une contribution exemplaire dans leur communauté. Est-ce trop demander ? Je ne le pense pas.

Comment donner cette formation : à travers un choix de cours ?

Oui, par exemple, les établissements verts *Bundtland* prennent en compte ce genre d'activités lorsqu'ils établissent un plan annuel de leurs projets péda-gogiques : refaire la cour de l'école, la décorer, la verdir. Deuxièmement, recycler des jouets, les vélos. C'est faire en sorte que les enfants, dès leurs premiers pas dans une institution formelle, sociale – l'école est une institution sociale – se donnent, se voient confié un rôle de responsabilité. Ils sont fiers de contribuer à l'amélioration de la qualité de la vie dans leur milieu. Ils sont capables de jouer un rôle de pacificateur dans les conflits qui surviennent quotidiennement dans la cour d'école, ils sont capables de contribuer à une vie démocratique dans leur école. Ce ne sont pas des tâches démesurées, mais ce sont des situations qui reviennent continuellement. Je pense que nous pourrions construire un projet national passionnant autour de cette question : quelle sorte de citoyens voulons-nous former ? Je ne connais pas d'autres projets, celui d'une éducation viable, qui puissent actuellement rassembler les gens dans un consensus, non d'acceptation, mais d'élan, au Québec. Et je pense que le moment serait propice.

Oui, parce qu'en plus, nous assistons à une sorte de « détricotage » de la société, avec l'immigration, par exemple. Nous avons l'impression que des choses nous échappent, que les traditions se perdent. Internet introduit toutes sortes de choses aussi dans notre monde. Nous ne savons plus comment nous situer là-dedans, quelles sont nos valeurs, etc. Ça pourrait répondre à un besoin.

Oui. La question de la perte des traditions est importante pour le développement des enfants et des jeunes. Dans toutes les traditions, il y a des rites et des rites de passage. Je ne suis pas nostalgique des rites spécifiques dont je vais parler, mais je regrette que nous n'ayons plus, ou presque, de rites. Jadis, il y avait le rite de passage de la première communion, de la confirmation, il y avait le passage de l'école primaire à l'école secondaire, etc. On célébrait des passages dans l'âge chronologique des enfants, on ne le fait plus.

Il y a peut-être d'autres choses, on ne le sait pas ?

Oui, à la fin du secondaire, il y a un bal pour célébrer les dix-huit ans, par exemple. Mais il faudrait que l'on retrouve des rituels. Je vais vous donner un exemple : lorsque les jeunes quittent l'école secondaire, ils vont, pour la plupart, au collège. Maintenant, passer du secondaire au collégial est devenu un signe de développement, d'entrée dans la vie adulte. Mais on traite ça, finalement, comme quelque chose de banal. On en trouve la preuve dans le sort qui est réservé aux jeunes qui s'inscrivent en formation professionnelle au secondaire. On leur dit : « C'est un excellent choix, jeune homme. On a besoin de toi comme soudeur, électricien, plombier, boucher, coiffeur, etc. Sans toi, on ne pourrait pas fonctionner. C'est un excellent choix ! Mais tu n'iras pas au collège comme tous les autres, par exemple. Tu resteras dans un établissement au secondaire. » Dire cela, c'est refuser aux jeunes un rite de passage. C'est oublier qu'il s'agit d'une étape importante, oublier que la société doit leur donner un signe qu'elle reconnaît qu'ils sont en train de passer d'une étape à une autre, dans leur vie. On leur dit : « Vous n'avez pas droit à une reconnaissance. » On n'a pas saisi que dans le rite de passage il y a un signe, le signe d'une acceptation, d'une valorisation que l'on donne à des jeunes. À certains, on dit : « Tu passes du secondaire au collégial, bravo, mon ami ! », alors que l'on refuse cette reconnaissance à un petit groupe.

C'est un secondaire allongé, si je comprends bien. Il me semble qu'il y a des formations techniques au cégep [8] ?

Oui, je parle des jeunes qui s'inscrivent en formation professionnelle, à partir de leur quatrième ou de leur cinquième secondaire, selon l'âge. Pour répondre à la question comment traite-t-on nos adolescents aujourd'hui ? je dirais : il y a un groupe d'adolescents que l'on traite très mal, ceux qui choisissent d'aller en formation professionnelle au secondaire. On leur dit :

---

8. Collège d'enseignement général et professionnel, niveau qui suit le secondaire et précède l'entrée à l'université. Le cégep offre aussi divers programmes de formation technique.

« Vous êtes indispensables, mais le choix que vous avez fait signifie que vous ne passerez pas à une autre étape de développement vers la vie adulte telle qu'on la reconnaît nous, telle qu'on la valorise dans notre société. » Nous envoyons un double message, du genre « je t'aime moi non plus ».

J'en fais un dossier prioritaire pour le Québec aussi, cette histoire-là, non seulement parce que c'est dommageable pour les jeunes qui reçoivent ce double message, mais pour la société aussi. Conséquence : les jeunes ne s'inscrivent presque plus en formation professionnelle, au Québec. Dans les pays de l'OCDE, la moyenne est de 32 à 38 % des élèves, selon les années. Au Québec, elle est de 6 à 7 % des jeunes de moins de vingt ans. Alors qu'est-ce qu'on leur demande ? On leur dit : « Tu veux faire une formation professionnelle ? Alors tu n'iras pas au collège, tu resteras au secondaire. » Les jeunes ne sont pas intéressés, c'est un statut qui les rebute. Les parents ne sont pas très enthousiastes, non plus. Ils ne sont pas fiers : « Mon fils ou ma fille ne va pas au collège… » Alors, les jeunes s'en vont sur le marché du travail. Ils reviennent parfois aux études par le biais de l'éducation aux adultes. Mais ils ont fait un détour par des petits boulots, de la détresse parfois, un détour d'égarement pour plusieurs, qui n'était pas nécessaire et qui coûte très cher à la société. Je pense qu'au contraire il faudrait accorder une attention tout à fait particulière à ce groupe de jeunes.

La société a continué d'évoluer et doit aujourd'hui relever des défis considérables. Je pense en particulier aux enfants de l'immigration. Comment sont-ils reçus ici ? Fait-on suffisamment pour qu'ils s'intègrent à notre société ?

Je pense que les enfants immigrants sont reçus comme on reçoit leurs parents. Et comment les reçoit-on au Québec ? En tant que député, j'ai eu souvent l'occasion d'interpeller la ministre de l'Immigration, à l'époque, sur cette question. Madame James était très au courant de la situation et y était très sensible.

Je lui disais, à l'époque, qu'il était anormal qu'en tant que société et qu'État, nous ne fassions pas le suivi des personnes qui nous arrivent de l'étranger. Seulement trois immigrants sur dix sont contactés par le gouvernement, durant l'année ou les deux années qui suivent leur arrivée au Québec. Cela signifie que nous ignorons les besoins, les inquiétudes ou les préoccupations de beaucoup de ces personnes. Nous les laissons à peu près à elles-mêmes ou dépendantes des ressources de leur communauté. Car la plupart du temps elles ont recours aux ressources qu'elles connaissent, celles de leur communauté d'origine, installée principalement à Montréal. On ne leur facilite donc pas la vie, du point de vue de l'intégration.

On ne les accompagne pas non plus suffisamment pour leur permettre de découvrir l'ensemble et la diversité des ressources qui s'offrent à elles, dans notre milieu. Et là, je pense à certaines communautés en particulier : la communauté maghrébine ne va pas bien. Ces gens parlent notre langue et on trouve pourtant chez eux un taux de chômage qui est de l'ordre de 30 %, alors qu'il est de 7,7 % pour l'ensemble du Québec. Il y a quelque chose qui ne va pas ! Ou bien notre sélection est mal faite ou bien nous les accompagnons très mal lorsqu'ils arrivent. Les informations que nous leur donnons ne sont pas adéquates. Il faut chercher à mieux accueillir et à mieux accompagner, à mieux intégrer certaines de nos communautés immigrantes. C'est la même chose pour ce que nous appelons «les communautés des minorités visibles» : un taux de chômage extrêmement élevé. Et pourtant, ces gens sont sélectionnés sur la foi de leur compétence à contribuer à notre économie. Alors, il y a quelque chose qui ne va pas. Et si ça ne va pas avec les parents, naturellement, les enfants sont placés dans une zone de vulnérabilité. Ils font trop souvent partie des statistiques sur la pauvreté et donc des statistiques d'enfants dont le développement est menacé. Ça m'inquiète énormément.

D'autre part, le Québec s'est donné une loi – la loi 101 – qui oblige tous les enfants à fréquenter l'école française, à moins que leurs parents n'aient été eux-mêmes éduqués en anglais, et un certain nombre d'autres dispositions. Mais nous ne semblons pas très préoccupés du fait qu'une grande proportion de ces enfants sont très mal préparés à fréquenter l'école française. Ils se sont d'abord retrouvés dans des services de garde où le personnel ne parlait pas ou peu le français. Nous ne nous préoccupons pas du fait qu'en plus de leurs habiletés affectives et sociales, ils développent aussi des habiletés langagières. Il faut que leur compétence langagière soit suffisamment solide pour leur permettre d'entrer à l'école dans des conditions gagnantes.

En 2009, l'Agence de la santé publique et des services sociaux de Montréal a fait une enquête sur la maturité scolaire des enfants [9]. Cette maturité se manifeste par un ensemble de compétences qu'un enfant doit posséder

---

9. Voir site : [www.santepub-mtl.qc.ca/maturite/enquete.html] nov. 2010.

pour connaître un certain succès dès sa première journée à l'école: arriver à l'école et sentir qu'il peut accomplir ce que l'enseignante demande. La compétence langagière fait partie de cet ensemble. Dans certains quartiers de Montréal, on retrouve des «taux de vulnérabilité», c'est-à-dire des manquements à la maturité, qui frisent les 45 à 50%. C'est inquiétant.

Ce que l'on refuse à ces enfants, en négligeant cette compétence, c'est une citoyenneté responsable. On leur refuse la possibilité de prendre le TGV plutôt que le petit train local pour se développer. Nous n'en faisons pas assez, nous ne nous occupons pas assez de la capacité de ces enfants de se développer et de connaître du succès dès leur première journée à l'école. À mon avis, ce devrait être une priorité.

Y a-t-il des points touchant l'enfance dont nous n'avons pas parlé et qui vous préoccupent? Je pourrais mentionner quelques pistes: le fameux Internet, l'absence d'hommes dans les écoles primaires, par exemple. Je sais qu'en début d'interview, tout à l'heure, je vous ai interrompu quand vous parliez de recherches faites aux États-Unis sur la pauvreté. Voulez-vous revenir là-dessus ou sur un autre point?

Je dirais que d'un côté, la situation des très jeunes enfants, telle que nous la connaissons au Québec maintenant, en la comparant à celle d'il y a quelques décennies, nous pouvons nous en réjouir. Nous avons mis en place des politiques qui, à mon avis, favorisent leur développement. Elles ne sont pas parfaites, mais prenons le congé parental, par exemple. Il a été allongé et il permet aux parents travailleurs une proximité beaucoup plus grande avec leurs jeunes enfants qu'auparavant. Un congé réservé au père m'apparaît aussi un atout important. Si l'on voulait un monde idéal, on pourrait ajouter six mois à ce congé, bien sûr. Parce qu'il ne reste que six mois pour permettre aux mères de revenir progressivement sur le marché du travail. Pour plusieurs cela représente un stress important. Il y a encore des aménagements à faire, mais la politique que nous nous sommes donnée est intéressante.

La politique de soutien financier aux enfants aussi est assez intéressante. Le réseau des services de garde ne suffit pas à la tâche, il est presque trop populaire, mais il est rassurant par rapport aux environnements que l'on offre désormais aux jeunes enfants au Québec. Certains défis demeurent, notamment en ce qui a trait à notre capacité d'inclure tous les enfants.

Par exemple, les services de garde ne sont pas suffisamment fréquentés par les enfants qui en retireraient le plus de bénéfices, par les enfants les plus vulnérables : ceux qui ont des conditions de vie plus difficiles, qui souffrent de handicaps, etc. Il y a encore un travail à faire à plusieurs niveaux : la création d'un plus grand nombre de places, par exemple. Elles ne sont pas suffisantes pour les parents qui travaillent, alors imaginez pour les parents qui ne travaillent pas ! Ils se sentent coupables d'occuper une place. Mais ils ne le devraient pas : leur enfant sera gagnant. Il sera stimulé du fait de se trouver dans un environnement enrichi. La fréquentation du service de garde donne aussi du répit aux mamans et leur permet de retourner à l'école ou sur le marché du travail. Il y a donc un grand nombre d'avantages, pour les parents et les enfants de milieu défavorisé, à fréquenter les services de garde. Dans certains milieux, les parents disent : « Oui, mais c'est comme abandonner nos responsabilités quand on ne travaille pas. » Mais non ! L'une de nos plus grandes responsabilités, en tant que parents, c'est d'offrir à l'enfant le meilleur environnement possible. Au contraire, en lui permettant de fréquenter les services de garde, nous faisons un effort pour lui donner le meilleur environnement possible, celui que nous souhaiterions pouvoir lui offrir à la maison, mais nous ne le pouvons pas parce que nous n'avons pas les ressources nécessaires. Donc nous avons un effort à faire vers une plus grande accessibilité à ces services.

Je ne suis pas sûr que, désormais, le sept dollars par jour à payer pour des parents qui n'ont pas le revenu adéquat ne soit pas un empêchement important. Il ne faut pas oublier qu'avant que le système à cinq puis à sept dollars soit institué, beaucoup de parents, parmi les plus pauvres, étaient exonérés de certains frais. Même si elle semble modique, la somme à payer aujourd'hui peut constituer un empêchement. Il faudrait peut-être regarder cette question de plus près, voir s'il n'y aurait pas une autre façon de financer le système : par exemple, demander un peu plus aux familles à l'aise et un peu moins à celles qui ont moins du mal à joindre les deux bouts. Il faut y réfléchir sérieusement.

Il faut aussi penser à l'augmentation du nombre de places dans les centres de la petite enfance, se demander où les installer et comment y maintenir une mixité qui est importante entre enfants qui ont moins de ressources et ceux qui en ont plus. Il faut éviter d'en faire des services pour enfants pauvres parce que ces services deviennent rapidement des services pauvres, on le sait. Les CPE doivent continuer d'offrir des services à l'ensemble des enfants, dans une belle mixité, tout en étant plus attentifs aux enfants qui vivent des situations de plus grande vulnérabilité, de plus grande précarité. Nous avons encore un effort important à faire là-dessus.

L'autre effort important à faire, il me semble, est pour le personnel qui s'occupe des enfants. On n'en parle pas assez. Après les enfants eux-mêmes, ce sont les parents qui sont les premiers responsables du développement des enfants. Je pense que l'enfant est le principal moteur de son développement et qu'il faut l'accompagner convenablement dans cette tâche. Mais les enseignants… Nous avons un taux d'abandon de 20 %, durant les cinq premières années qui suivent leur embauche : un enseignant sur cinq, formé dans une université, abandonne le métier. Certains sont brûlés ! Ils abandonnent parce qu'ils trouvent que c'est un monde intenable. Nous le savons depuis des années, mais ça continue. Nous continuons à procrastiner. Nous savons que des classes de dix-huit, vingt élèves sont bien suffisantes, si l'enseignant veut pouvoir suivre le développement de chacun, mais nous avons encore des classes de vingt-cinq, vingt-huit élèves. Au primaire.

Nous sommes lents à donner aux enseignants et aux professeurs les conditions de travail qui leur permettraient d'abord d'aimer leur boulot et, ensuite, d'accompagner nos enfants convenablement. Si nous voulons améliorer l'école et lutter contre le décrochage scolaire, l'une des premières choses à faire est de nous occuper des profs ! Donnons-leur de la formation continue, donnons-leur la possibilité de discuter entre eux, dans des rencontres hebdomadaires, comme dans un cercle de qualité autour de la Toyota [10] ! Pourquoi ne pourrait-on pas utiliser cette méthode dans une école, sacrebleu ? Il faudrait aussi donner aux enseignants des conditions de travail qui font qu'ils ont du ressourcement, du répit, et la possibilité de discuter de leurs élèves avec des collègues, de rencontrer des parents autrement qu'à la va-vite. À mon avis, c'est le nerf de la guerre.

Un autre aspect de la vie scolaire à améliorer, ce sont les activités parascolaires. L'heure de départ de l'autobus, à la fin de la journée, ne doit plus régler l'horaire scolaire. Il faut permettre aux enfants de s'attacher à l'école par autre chose que la seule obligation d'apprendre. L'école doit devenir un milieu de vie agréable, dans lequel chacun a un rôle à jouer.

---

10. Les cercles de qualité sont une méthode de gestion utilisée dans certaines grandes entreprises. Ils réunissent périodiquement des travailleurs directement concernés par un problème, parce qu'ils sont les mieux placés pour trouver des solutions.

Dans les années 1960, il y avait une publication très appréciée aux États-Unis qui s'appellait *Big schools, small schools*. Elle disait que les enfants des petites écoles réussissaient mieux que ceux des grosses écoles. Ici, nous avons construit des polyvalentes avec plusieurs centaines ou un millier d'élèves. Nous connaissions les avantages des petites écoles, mais nous avons construit des polyvalentes. Nous avons compris ensuite que les grosses écoles n'arrivent pas à offrir à l'enfant une probabilité aussi grande de s'inscrire dans des activités parascolaires que les petites écoles. Prenons une école d'une centaine d'élèves ; si vous voulez constituer une équipe de hockey, la chance de chaque élève d'avoir une place dans l'équipe est plus grande s'il y en a cent élèves que s'il y en a mille ! Pour avoir la même chance, il faudrait créer dix équipes de hockey dans une grosse école. Vous ne le faites pas, parce que vous n'avez pas les ressources pour le faire. Alors qu'est-ce qui arrive ? Les enfants sont privés d'occasions de montrer leurs capacités dans certains domaines : la danse, le théâtre, le chant, la photographie, le sport, etc. L'école n'arrive pas à créer autant de lieux qu'il le faudrait pour leur donner l'occasion de se donner à eux-mêmes un rôle valorisé dans leur école. L'attachement à l'école se fait quand l'enfant est reconnu par l'ensemble de son monde. Il n'est peut-être pas doué en mathématiques, mais dans la cour, lorsqu'il s'agit d'organiser une activité sportive, il est là et il se donne tout entier. Seulement, il faut lui en donner l'occasion. C'est le rôle des activités parascolaires et je parle des activités culturelles aussi bien que sportives : rencontrer des musiciens, des hommes et des femmes de théâtre, leur poser des questions, faire soi-même du théâtre. Mes enfants fréquentaient une école alternative d'Outremont et j'avais l'impression qu'ils apprenaient autant, sinon plus, au service de garde que durant les heures de classe. Mon fils faisait du théâtre et il en était rayonnant. Il aimait son école. À mon avis, la solution au décrochage scolaire passe aussi par les activités parascolaires. Il existe de nombreuses recherches là-dessus et on le sait depuis les années 1960.

C'est peut-être pourquoi les parents choisissent l'école privée pour leurs enfants. Les écoles sont plus petites, les activités parascolaires y ont plus de place...

Oui, ces écoles sont souvent plus petites. Mais il faut le dire aussi, en général, elles acceptent les enfants qui ont moins de problèmes. Elles font de l'écrémage alors, les écoles publiques doivent compenser et offrir plus de services à des populations d'enfants qui ont de plus grands besoins. Il faudrait faire un grand ménage là-dedans! L'approche la plus intéressante qu'il m'ait été donné d'étudier consiste à demander aux écoles privées, qui reçoivent des subventions de l'État, d'accueillir un pourcentage précis d'enfants qui présentent des difficultés et des problèmes. Non seulement de les accueillir, mais de les garder.

Oui, en général, les écoles privées n'aiment pas beaucoup les élèves qui ne suivent pas. Elles aiment les enfants performants.

En réalité, pas toutes et peut-être même de moins en moins. Elles ont été sensibilisées à cette situation depuis un certain temps. Mais il faudrait revoir avec elles leurs statistiques. Il y a eu effectivement chez elles une tendance assez dominante à sélectionner les élèves à partir de leurs succès ou de leurs insuccès, de leurs difficultés ou de leur comportement. Un État ne peut subventionner une telle politique. Je pense que nous pourrions maintenir des écoles privées, au Québec, subventionnées par l'État, à la condition qu'elles offrent, de la même façon que les écoles publiques, des services de développement aux enfants qui ont de plus grandes difficultés que les autres. Alors, ce système deviendrait acceptable à mes yeux. Mais un réseau d'écoles privées qui fonctionne autrement n'est pas acceptable pour moi.

J'ai eu une enfance extraordinaire, dans une petite communauté riche à l'époque, La Tuque [11], ville mono-industrielle de pâtes et papiers. Mille quatre cents hommes travaillaient à l'usine, les femmes restaient à la maison. Un milieu très traditionnel donc, mais un milieu où, à cause des ressources de la municipalité, les services offerts aux familles et aux enfants n'avaient pas de limites. Nous avions des équipements sportifs comme aucune ville ne peut en rêver, sauf Bromont [12], peut-être, et nous jouissions d'un bel environnement naturel, la ville était entourée de montagnes. Nos parents n'avaient jamais à s'inquiéter. Nous avions la bride sur le cou, nous étions libres. Nous allions à la pêche avec des copains, nous dormions en forêt, sans aucun problème. Quand on a vécu une enfance comme celle-là, on en souhaite une semblable, non seulement à ses propres enfants, mais à tous les enfants. Ce rêve m'a beaucoup animé, en tout cas.

---

11. Petite ville de la Mauricie, située à mi-chemin entre le fleuve Saint-Laurent et le lac Saint-Jean.

12. Ville des Cantons-de-l'Est, entourée de lacs et de montagnes, ce qui rend possible la pratique de nombreux sports et la tenue d'activités sociales et culturelles très variées.

Les gens me trouvent parfois trop optimiste, mais j'ai développé cet optimisme quand j'étais petit. J'ai acquis une vision de l'enfance qui pouvait être heureuse, active, autonome, chérie par les adultes qui l'entourent. Cela étant dit, nos communautés se sont étiolées aussi. Pour Montréal, par exemple, et les grandes communautés urbaines, les gens ont décidé qu'elles n'étaient pas un lieu pour élever des enfants. C'est malheureux. Alors, ils s'en vont créer des petites communautés en banlieue. Ils essaient tant bien que mal de se donner une vie de communauté avec leurs enfants : de bonnes écoles où les enfants peuvent se rendre à pied, de bonnes relations avec les voisins, etc. C'est très bien. Mais on voit naître deux gros problèmes : d'une part, la ville se vide et devient un endroit où les parents ne vont que pour travailler. C'est un piège parce que l'on ne calcule pas les «coûts de friction», ce que l'on appelle le «temps de friction», c'est-à-dire le temps qui nous est enlevé, avec nos enfants, quand on est banlieusard. On perd une heure et demie le matin et une heure et demie le soir. D'autre part, on rentre à la maison très souvent fatigué, pressé. Il faut vite se mettre aux devoirs et aux leçons avec les enfants. D'ailleurs, je ne pense pas que les devoirs et les leçons à la maison soient une bonne stratégie : ça creuse l'écart entre les enfants qui ont moins de ressources et ceux qui en ont le plus, et très souvent, même les parents qui ont beaucoup de ressources manquent de patience et de tonus pour accompagner convenablement les enfants dans ce travail, le soir. Mais c'est une autre histoire. La qualité du temps que les parents peuvent consacrer aux enfants est donc menacée du fait qu'ils travaillent loin du lieu où ils habitent. Les villes commencent à en prendre conscience. C'est un peu tard, mais peut-être que dans cinquante ans on verra de nouvelles villes, celles que l'on appelle les *smart cities* en américain. L'administration de la ville de Québec, par exemple, planifie la construction de trois ou quatre éco-quartiers[13]. Il s'agit de recréer des petites villes à l'intérieur de la grande ville. Tous les services sont à proximité : les écoles, les lieux de travail, etc. On n'a pas à se déplacer durant une heure, une heure et demie, deux heures pour se rendre au bureau. Ce projet permet une intégration de la vie de famille à la vie du quartier, ce que l'on ne trouve plus maintenant ou très peu. Celles et ceux qui habitent en banlieue et qui ont cru se créer un

---

13. Le terme éco-quartier a été créé à partir du substantif «quartier» et de l'apocope «éco», abréviation de l'adjectif «écologique». Il désigne un projet d'aménagement urbain visant à intégrer des objectifs de développement durable et à réduire l'empreinte écologique des constructions sur la nature. Il a pour but, en particulier, de réduire les consommations de l'énergie et de l'eau, de favoriser une meilleure gestion des déplacements, de limiter la production des déchets.

environnement de vie de quartier, où l'effort à faire pour se donner du temps de qualité avec leurs proches, avaient sans doute raison. À certains égards, la qualité de leur vie est sans doute meilleure. Mais il y a un prix à payer, pour cet avantage, qui m'apparaît très lourd, quant au temps dont ils disposent les uns pour les autres. Ils doivent plutôt le consacrer au transport et passer des heures interminables en voiture.

Il y a donc un effort à faire, en tant que société, dans la planification de nos milieux de vie, afin que notre vie d'adulte, de travailleur, soit plus en harmonie avec ce que nous souhaitons pour nous-mêmes et nos enfants. Il y a des projets sur les planches à dessin, des villes du futur. Mais il faut nous éveiller à cette réalité parce que c'est sans doute l'un des plus grands chantiers auxquels nous allons devoir consentir à l'avenir.

C'est vraiment intéressant! Il y a des gens qui réfléchissent là-dessus, maintenant?

Bien sûr. Les urbanistes qui sont formés maintenant dans nos grandes écoles et qui ont de jeunes enfants y pensent déjà! Des projets sont en cours de réalisation, par exemple à Québec et à Montréal, avec les éco-quartiers. De plus en plus, des gens formés en sciences humaines, en sciences sociales, mais aussi en sciences de l'environnement, en urbanisme, en gestion de nos projets de vie quotidienne, réfléchissent avec un cerveau désormais pluridisciplinaire ou multidisciplinaire sur ces questions. Ils voient l'aménagement de nos villes autrement que nous les voyions. Avant, c'était très simple : pour vivre la vie de famille, on allait s'installer en banlieue. Ce n'est plus si simple maintenant, avec tous les problèmes de circulation. Il n'y a plus vraiment d'heure de pointe à Montréal, nous sommes toute la journée en heure de pointe! Quand j'étais député, je faisais le trajet du quartier Notre-Dame-de-Grâce à mon bureau de comté situé sur la Rive-Sud, à Saint-Hubert, en sens inverse du trafic. Je traversais tôt le matin, vers cinq heures et demie, six heures, et je voyais déjà les files de voitures en attente pour traverser le pont Champlain. Mais il n'y a plus d'heure de pointe, aujourd'hui, à Montréal, alors les gens comprennent qu'il y a un prix très lourd à payer pour les solutions simples d'autrefois. Nous avons tous contribué à ce choix, je ne blâme personne. C'est une question de culture. Ce sont d'abord les environnementalistes qui nous ont alertés à propos de ce problème : « On est en train de s'asphyxier avec ça ! » Il y a toutes sortes de façons de s'asphyxier aussi. On s'asphyxie en perdant du temps dans les transports. Certains spécialistes sont à pied d'œuvre là-dessus et vont sans doute changer le monde de l'enfance.

Comment accueillons-nous la femme
enceinte dans notre société ?

Isabelle Brabant

Isabelle Brabant est une sage-femme pionnière au Québec. Sage-femme depuis plus de trente ans, elle a commencé à travailler dans la clandestinité, tout en luttant pour la reconnaissance de sa profession. Jusqu'en 1999, en effet, la loi québécoise réserve la pratique de l'accouchement exclusivement aux médecins.

Elle pratique toujours, avec autant de passion et d'émerveillement face à la naissance, avec le souci d'aider les femmes à retrouver confiance en leur capacité de mettre leur enfant au monde.

Son livre, Une Naissance heureuse (Montréal, Éditions Saint-Martin, 1991 puis 2001), est une source d'information et d'inspiration précieuse pour les futurs parents et une bonne illustration de la philosophie des sages-femmes.

Isabelle Brabant

Madame Brabant, qu'est-ce que c'est une sage-femme ? Quel est son rôle exactement ?

Il existe une définition internationale de la sage-femme, qui vient de l'Organisation mondiale de la santé (OMS), à laquelle ont souscrit la Confédération internationale des sages-femmes et la Société internationale des gynécologues. C'est :

Une personne qui a suivi un programme de formation reconnu dans son pays, a réussi avec succès les études afférentes et a acquis les qualifications nécessaires pour être reconnue ou licenciée en tant que sage-femme. Elle doit être en mesure de donner la supervision, les soins et les conseils à la femme enceinte, en travail et en période post-partum, d'aider lors d'accouchement sous sa responsabilité et prodiguer des soins aux nouveau-nés et aux nourrissons. Ses soins incluent des mesures préventives, le dépistage des conditions anormales chez la mère et l'enfant, le recours à l'assistance médicale en cas de besoin et l'exécution de certaines mesures d'urgence en l'absence d'un médecin. Elle joue un rôle important en éducation sanitaire, non seulement pour les patientes, mais pour la famille et la préparation au rôle de parents et doit s'étendre dans certaines sphères de la gynécologie, de la planification familiale et des soins à donner à l'enfant. La sage-femme peut pratiquer en milieu hospitalier, en clinique, à domicile ou en tout autre endroit où sa présence est requise.

Il y a donc un aspect de prévention, de santé publique, dans le travail de la sage-femme.

Elle est un peu psychologue, infirmière ? Elle joue donc plusieurs rôles à la fois...

Oui, elle répond à des besoins qui sont tellement imbriqués les uns dans les autres qu'il serait difficile de les diviser et de faire appel à cinq personnes différentes pour y répondre. Ces aspects font partie de ses capacités. Elle peut accomplir des gestes d'urgence, quand c'est nécessaire, et elle doit assurer un transfert vers les ressources médicales, selon la situation dans laquelle se déroule l'accouchement.

Comment êtes-vous devenue sage-femme ?

Je fais partie de la préhistoire des sages-femmes au Québec. Je le suis devenue en accompagnant des femmes qui allaient accoucher à la maison, seules avec leur conjoint. Puis j'ai étudié des manuels d'obstétrique et de néonatologie, avant de me joindre à un groupe de femmes qui avaient fait la même chose que moi. Ailleurs, aux États-Unis, en Ontario, les sages-femmes existaient déjà, alors nous avons participé à des ateliers et à des conférences qui s'offraient là-bas. Quand le processus de légalisation de la profession s'est mis en branle au Québec, au début des années 1990, le Ministère a proposé des examens pour accréditer les sages-femmes. Aujourd'hui, la formation se donne à l'université et toute sage-femme qui pratique a passé les examens de l'université ou les examens du Ministère, comme moi.

Vous écrivez [1] que « chaque accouchement est unique ». Vous en avez fait des centaines, j'imagine. En quoi chacun est-il unique ? Il y a bien quelque chose de mystérieux dans un accouchement, n'est-ce pas ?

Permettez-moi de vous corriger: je ne dis jamais que j'ai «fait» un accouchement. Je relève cette expression parce qu'elle touche le cœur de ce qu'est une naissance et de ce que c'est aider une naissance. Je peux dire que «j'ai accouché de deux enfants» et «j'ai aidé des centaines de femmes à accoucher». On dira d'un auteur, par exemple, qu'il a «accouché d'une œuvre», mais on ne dira jamais d'un éditeur qu'il a «accouché son auteur». Je veux rester près de l'expression de Socrate qui disait pratiquer la «maïeutique», l'art de faire accoucher. Il était le fils d'une sage-femme et il disait que, comme sa mère

---

1. Isabelle BRABANT, *Vivre sa grossesse et son accouchement - Une naissance heureuse*, Montréal, Édition Chronique sociale, 2003.

faisait accoucher les femmes, lui faisait accoucher les esprits en discutant avec ses disciples. Il voulait les faire accoucher de leurs pensées et non les extraire avec des instruments, bien sûr !

En quoi chaque accouchement est-il unique ?

Chaque personne est unique, chaque instant de la vie est unique et n'est pas la reproduction d'un instant qui a été vécu. Chaque enfant qui naît est unique. Plus on est en lien avec la femme qui accouche et avec son univers, plus on est ouvert et sensible à ce qu'il y a d'unique dans l'événement. Mais plus on se raccroche à la technique ou à la biologie – car un utérus ressemble plus ou moins à un autre –, plus on s'éloigne de l'humain.

Je n'ai pas eu très souvent l'occasion d'assister à une naissance, dans ma vie, sauf pour la chatte ou les vaches et leurs veaux, dans mon enfance. Ça ne m'est arrivé qu'une fois, quand ma femme a accouché de ma fille. Nous l'avons vécu comme un instant sacré. Un peu comme la mort. Ce sont des passages extrêmement importants, non ? Comment le vivez-vous en tant que sage-femme ? J'imagine que c'est autre chose pour vous, puisque vous êtes dans l'accomplissement d'une tâche…

L'accomplissement de la tâche est secondaire. Dans la formation de la jeune sage-femme, nous essayons de transmettre ce message. Bien sûr, les gestes nécessaires doivent être accomplis, surtout en situation d'aide, d'urgence. Cela va de soi. Mais mon rôle premier dans l'accouchement est d'être dans l'accueil de ce qui est en train de se passer.

Il faut dire d'abord que l'accouchement est un événement qui se fait tout seul. Si le médecin est en retard, le bébé arrive quand même. La nature n'a pas prévu la rencontre d'un ovule et d'un spermatozoïde et le voyage fabuleux d'un fœtus pendant neuf mois pour ensuite confier la naissance aux directives d'une infirmière ou d'un médecin. Depuis des millions d'années, les naissances se font d'elles-mêmes. Ma présence dans un accouchement doit donc être un accompagnement. Il s'agit de créer les conditions pour que la femme qui accouche se sente soutenue et que l'événement se déroule bien pour elle, pour l'enfant et pour la famille qui l'entoure. Ma présence doit être vigilante afin que je sois prête à intervenir au besoin et, surtout, à ne pas intervenir si ce n'est pas nécessaire. Je suis là pour la facilitation du passage.

Et peut-être aussi pour faire diminuer un peu l'angoisse ? Ce n'est pas simple et beaucoup de peurs sont reliées à ce moment-là.

Absolument. Quand je dis « favoriser le meilleur déroulement de l'accouchement », je me situe sur le plan relationnel. Je suis là pour que cette femme soit en confiance, qu'elle se sente bien, qu'elle éprouve le moins d'angoisse possible. C'est dans cet espace-là que je suis touchée par l'aspect sacré de la naissance.

Mais j'accepte que pour d'autres personnes le mot « sacré » résonne autrement, qu'il ait un autre sens pour elles. Je ne peux imposer à personne ma définition du sacré. Chacun a sa définition, son rapport au sacré, au spirituel, au religieux, son rapport à la vie, à l'Univers, à Dieu, peu importe le nom qu'on lui donne. Ce n'est pas à moi de meubler cet espace avec mes propres croyances au sujet de questions comme : d'où viennent les enfants, où sont-ils avant leur conception, où va-t-on après la mort ? Cela appartient à chacun. Mais même pour la personne la plus athée, la plus agnostique, il y a quelque chose de sacré dans l'intimité et dans le sens de l'événement d'accoucher.

C'est donc avec une grande délicatesse que je dois m'approcher de cela. Parce que, c'est un pléonasme de le dire, la naissance est un événement fondateur de la vie. Cela semble aller de soi, mais on l'oublie beaucoup. C'est un événement fondateur pour l'enfant, bien sûr, mais aussi pour la mère et le père qui passent de l'état de couple à celui de famille ou de l'état de famille avec un enfant à celui de famille avec deux enfants. L'histoire de l'humanité s'écrit vraiment à chaque naissance.

Comment voyez-vous l'expérience du bébé, lors de l'accouchement ?

Quand on est témoin d'une naissance, on ne peut pas s'empêcher d'observer le bébé et d'essayer de deviner dans quel état il se trouve, ce qu'il ressent. J'ai toujours beaucoup de réticences à faire ce genre d'interprétation à cinq sous. Je ne pourrais pas écrire un livre du genre : « Moi, fœtus, laissez-moi vous raconter ma vie… » Et je ne suis pas à l'aise devant ce type de publications. Je veux bien que l'on se donne des libertés poétiques, mais je n'ai pas envie d'entrer dans le psychisme des bébés et de prendre le micro à leur place. Nous avons tous été fœtus un jour, nous pouvons donc nous permettre de retourner à ce qui nous semble être des souvenirs et qui en sont peut-être.

Mais au moment de l'accueil du bébé, quand il n'y a pas de gestes médicaux à accomplir, au moment de l'accueil de cette personne, on est avec lui comme avec n'importe quelle autre personne : on est capable de percevoir des émotions, des états. Certains sont très paisibles, d'autres sont dans un état de souffrance et cela se ressent. Le plus important pour moi, et cela commence bien avant la naissance, c'est que le lien primordial entre lui et la mère se constitue, la dyade mère-enfant dans laquelle entre le père, celui qui choisit d'être le compagnon de cette femme et le père de cet enfant. J'espère que cet enfant recevra le réconfort dont il a besoin, s'il a trouvé la naissance difficile. Car ce réconfort devrait d'abord venir des personnes qui l'ont choisi, qui l'accueillent et qui vont partager sa vie. Autant pendant la grossesse qu'au moment de la naissance ou après, mon travail – et celui de tous les intervenants à ce moment-là, infirmière, médecin de famille, gynécologue, sage-femme – consiste à entourer la mère le mieux possible afin qu'elle soit libre et capable d'entourer son bébé. Comment peut-on mieux faciliter l'accueil du bébé par sa mère qu'en accueillant nous-mêmes la mère ? Nous voulons qu'elle puisse reproduire pour son bébé ce que nous faisons pour elle.

À l'échelle de la société, on pourrait poser la question : « Comment accueillons-nous la femme enceinte ? Quel message lui transmet-on ? » Et moi qui suis sage-femme depuis trente ans, ce qui me donne une certaine perspective historique et sociologique, même si je ne suis ni historienne ni sociologue, je suis fascinée par le « contrôle de la qualité » qui est imposé aux femmes enceintes : liste des aliments à éviter, des choses à ne pas faire, etc. Il semble qu'ici, comme dans l'entreprise, nous nous retrouvions dans une logique de performance, d'excellence, de spécialisation et pas du tout dans l'accompagnement et l'éducation. Je ne dis pas qu'une future mère doive manger ou faire n'importe quoi. Mais ces recommandations ne sont pas situées dans un contexte de soutien et d'accueil. Elles se présentent comme un contrôle et c'est angoissant. Certaines se disent : « Mon Dieu, j'ai mangé un sushi hier ou j'ai bu un verre de vin, alors que je ne savais pas que j'étais enceinte ! » Le système a développé toute une série de tests, et cela ne fait que commencer, un peu comme pour « vérifier la qualité du produit ». Dans l'attente des résultats de ces tests qui diraient s'il est normal ou non, le bébé se trouve dans la situation de « sans-papiers » qui attendent un visa ! Je ne dis pas : « À bas, les tests ! À bas, les recommandations de la Santé publique ! » Mais je me demande si l'on a suffisamment le souci de l'accompagnement affectif de la mère. Je constate une hypertrophie de la fonction du contrôle de la qualité, au détriment de l'accueil et du soutien à apporter à une femme enceinte.

C'est très intéressant ce que vous dites et c'est vrai. J'ai pu m'en rendre compte quand ma fille était enceinte, il y a un peu plus d'un an. Tout avait l'air tellement compliqué : les tests, ce qu'il faut manger ou pas… Mais nous sommes dans une société de plus en plus médicalisée aussi. Votre rôle à vous n'est-ce pas d'aller vers l'accouchement le plus naturel possible, sauf en cas d'urgence, bien sûr ?

Si vous me permettez de me faire un peu anthropologue, je dirais que toutes les sociétés du monde ont entouré la naissance et la mort de rituels particuliers. D'autres événements aussi, bien sûr, mais la naissance et la mort ont fait l'objet de rituels partout, à toutes les époques. Il n'y a pas de sociétés qui ne possèdent pas ses rituels pour accompagner la grossesse, l'accouchement et l'accueil du bébé par la communauté. Et partout, ces rituels incorporent les valeurs premières de ces sociétés. Le rituel vient rappeler les valeurs que cet enfant, en tant que membre futur, rencontrera et auxquelles il devra adhérer pour être membre à part entière de ce peuple.

Si je regarde l'accouchement le plus « ordinaire », chez nous, aujourd'hui – et je suis très consciente de schématiser beaucoup –, l'accouchement nord-américain, dans lequel la femme est reliée à toutes sortes de machines, sans accompagnement personnel, je vois un accouchement très dépersonnalisé. Il y a des exceptions, bien sûr, je connais des endroits tout à fait différents, mais faisons un portrait général. Une femme en travail rencontre en moyenne une quinzaine de personnes. Elle n'accouche pas dans ses vêtements à elle, elle n'a pas le choix de la position, et le premier soutien qu'on lui offre est un soutien pharmacologique. L'épidurale va la paralyser, l'empêcher de bouger. Je ne dis pas que ce n'est pas un bon outil, mais c'est le premier qu'on lui offre. Le fait que le système choisisse un accompagnement presque purement technologique, presque uniquement orienté vers la survie du bébé, avec tous ses morceaux intacts, sans considérer que le petit être qui naît est fait de chair et de cœur, d'âme, est significatif. On se soucie énormément de la santé physique, mais la santé mentale est complètement évacuée de la grossesse, de l'accouchement, de la naissance. On reconnaît maintenant que certaines femmes vivent des chocs post-traumatiques à la suite d'un accouchement. Et je peux imaginer qu'il en est de même pour plusieurs nouveau-nés. Mais il n'y a pas d'espace en ce moment, chez nous, pour cette préoccupation.

Si l'on regarde la situation et que l'on se dit: «Tiens, c'est cela que notre société envoie comme message aux mères? Voilà comment elle voit la place de l'enfant dans la communauté?» Il ne faut pas s'étonner que certaines personnes ne se reconnaissent pas dans ce modèle. Nous vivons dans une société pluraliste, Dieu merci! Nous pouvons avoir différentes croyances, différentes philosophies, même si nous avons des valeurs communes. Alors, il y a des gens qui ont envie d'autres choses pour la naissance de leur bébé, qui ont envie de mettre en place un contexte de collaboration, de solidarité, de soutien, de communauté, de courage, de reconnaissance de la force de la mère, de responsabilisation du père, qui a un vrai rôle à jouer dans l'événement. Ils ont envie d'offrir à l'enfant qui arrive la reconnaissance de sa personne et des émotions qu'il exprime; de lui offrir le temps dont il a besoin, l'écoute qui lui permettra de dire à sa façon que le passage n'a pas été facile ou son émerveillement devant le monde qu'il découvre. Certaines personnes me disent: «Voilà le climat dans lequel je veux que se déroule la naissance de mon bébé. C'est le monde que j'organise autour de moi, le monde que je travaille à construire.» Nous travaillons chacun à notre manière à donner un peu d'âme à ce que nous faisons, à ce que nous vivons.

Est-ce que ces deux univers sont incompatibles? J'espère que non et je crois que non. Mais nous avons beaucoup à faire pour arriver à ce que le respect de la personne dans sa totalité soit présent dans chaque naissance, peu importe les moyens technologiques dont elle a besoin. Certaines naissances nécessitent vraiment une aide technologique et j'apprécie son existence.

Vous vous inscrivez dans le mouvement qui cherche à redonner un peu plus de naturel à un événement qui l'a toujours été et qui ne l'est plus parce qu'il est très médicalisé?

C'est un fait que, en tant que sages-femmes, nous voulons créer toutes les conditions pour que l'accouchement se déroule de façon naturelle. Mais ce sont des moyens et non le but. La naissance est un processus extraordinaire qui se vit entre la mère et son bébé. Je n'exclus pas le père: la mère est entourée du père et d'autres membres de la famille ou d'amis, du moins je l'espère pour elle. Mais le travail est fait par la mère et l'enfant. Quand il naît, le bébé aussi a travaillé. Et cette naissance est un moment de vie qu'ils partageront pendant longtemps. On passe des années chez le psychologue à essayer de raccommoder la relation avec la mère ! Ne pourrait-on pas en prendre soin quand elle s'exprime dans ce moment fondateur ? J'ai l'impression de dire ici des choses tellement évidentes. La naissance est un moment marquant de la vie. Du moins, je l'espère.

Si ce moment est à ce point important, pourquoi investissons-nous si peu dans la grossesse, dans la préparation de l'arrivée d'un enfant dans une famille, dans son espace relationnel, dans la grande famille qui l'entoure ? Pourquoi sommes-nous si peu attentifs à l'attachement qui se crée entre la mère et l'enfant, entre le père et l'enfant, afin qu'il soit le plus sain, le plus solide, le plus réconfortant et énergisant possible, pour les personnes en cause ?

Je pense ici à la santé mentale à long terme. Pour moi, le but véritable de mon travail, c'est qu'après ce moment de passage qu'est la naissance, tous les membres de la famille nouent des liens sains et heureux. Il en va de l'avenir de cet enfant comme membre de la communauté. Peu importe s'il a fallu utiliser la césarienne pour en arriver là. Le « naturel » n'est pas pour moi le but de l'exercice, mais le bonheur et le bien-être des personnes qui ont vécu l'événement. Je me rends compte que, dans la majorité des cas, on y arrive en reconnaissant la force des mères et des pères, en misant sur cette force, en la soutenant le mieux possible, en lui donnant un espace pour s'exprimer et cela, même à travers un événement qui peut se révéler difficile, douloureux, éprouvant. La satisfaction qui vient du travail accompli, après un accouchement qui a été bien accompagné, demeure toute la vie. Elle a un impact sur la relation que la mère établit avec son enfant.

C'est ce que vous voulez dire quand vous dites que la souffrance a un sens ?

La souffrance, non ; la douleur, oui. Pour moi, la souffrance est une douleur vécue dans la détresse. Si je suis auprès d'une femme qui est à un moment de sa vie où cette douleur n'a aucun sens et qu'elle est vécue dans la détresse, cette douleur deviendra une souffrance et j'espère que l'on aura ce qu'il faut pour la soulager. Mais il faut d'abord s'assurer, en tant que société, de donner à chaque femme enceinte le soutien dont elle a besoin. Lui donner l'espace de parole dont elle a besoin pour que la grossesse et l'accouchement soient des moments de croissance, des moments de transition qui lui permettent de passer de l'état de jeune femme à celui de mère. Il faut l'aider à franchir cette étape initiatique qui la conduit à autre chose. Et il faut s'en donner les moyens, ce qui est impossible si l'accent est mis sur le contrôle de la qualité du produit, comme je le disais. Si, au lieu de soutenir la femme dans le passage qu'elle est en train de vivre, on se préoccupe du contrôle de la qualité, auquel elle doit se soumettre et soumettre son fœtus, on crée une diversion. On perturbe complètement le sens même de la grossesse qui est d'être un passage : un passage pour le bébé, un passage pour la mère.

Mettre en place tout ce qu'il faut pour que tout se passe bien, sur le plan psychologique, sur le plan du ressenti, qu'est-ce que cela veut dire pratiquement ?

Cela veut dire : avoir un souci d'accompagnement des femmes enceintes, tout au long de la grossesse, avoir un souci d'accompagnement pendant la naissance, avoir un souci d'accompagnement pendant la période postnatale. On sait par exemple qu'une proportion significative de femmes font des dépressions postnatales. Les taux varient selon que la mesure est faite plus tôt ou plus tard après l'accouchement et selon la sévérité de la dépression que l'on veut prendre en compte dans l'échantillonnage. Un très grand nombre de femmes vivent leur première année avec leur bébé dans un état dépressif. Cela veut dire qu'un grand nombre de bébés passent la première année de leur vie dans les bras d'une mère déprimée. Il n'est pas difficile de comprendre que ce n'est pas un bon démarrage dans la vie. Quelles en sont les conséquences à moyen et à long terme ? Que faisons-nous ? J'entends parler d'initiatives où l'on tente de faire le plus de diagnostics ou de dépistages possible, trois semaines après la naissance. Ce serait à ce moment-là que la dépression serait plus facile à dépister. Mais moi, je ne veux pas identifier les femmes qui vivent de la dépression, je veux travailler bien avant, pour éviter le plus grand nombre de dépressions possible ! C'est une autre façon de voir le problème, bien sûr.

Est-ce que l'on sait s'il y a moins de détresse psychologique après l'accouchement, ce que l'on appelle le **baby blues** *ou la dépression post-partum, dans les sociétés traditionnelles moins médicalisées ?*

Je ne saurais pas vous dire, ce n'est pas ma spécialité. Mais il ne faut pas confondre dépression postnatale et *baby blues*. Le *baby blues* est passager, c'est un moment de transition pendant lequel la femme est d'abord biologiquement très bouleversée. Des changements extrêmes se font dans son corps et elle doit s'y adapter rapidement. D'où les émotions à fleur de peau, les larmes faciles, etc. Ce sont des réactions que l'on retrouve dans d'autres grandes transitions de la vie. Mais quand cette transition ne trouve pas un aboutissement harmonieux, les symptômes de détresse s'aggravent et conduisent à une dépression.

Certaines études englobent le *baby blues* et la dépression, ce qui montre bien que notre société n'a pas acquis la sagesse des transitions. L'adolescence, par exemple, n'est pas considérée comme un moment extraordinaire qui permet à un enfant de devenir un adulte. Elle est plutôt vue comme « la » période problématique. Quand on dit « les ados », on soupire et on lève les yeux au ciel. C'est pourtant un moment fabuleux de la vie. J'ai adoré l'adolescence de mes enfants. C'est le moment où ils se questionnent : qui suis-je ? Qu'est-ce que je fais dans ce monde ? Pour des parents, c'est extraordinaire de les accompagner dans cette étape. Bien sûr, il y a aussi le « claquage de porte », les disputes, etc. Mais quand on peut être dans une attitude d'accueil et se dire : « Comme c'est extraordinaire de voir son enfant traverser cette étape, apprendre à s'affirmer, être maladroit, etc. », c'est fabuleux ! Pour certains jeunes, ce peut être difficile, bien sûr, mais il n'est pas normal que, par définition, ce soit une étape compliquée, pathologique.

Pour la jeune femme qui vient d'avoir un enfant, c'est la même chose. Il est normal qu'elle ait la larme à l'œil, qu'elle se sente bouleversée. La femme d'avant n'existe plus. Elle a donc un deuil à faire. Et elle n'a pas encore constitué ses racines de mère. Elle n'a pas de repères, elle se sent incompétente comme mère. En fait, c'est une incompétence dans laquelle elle est compétente ; sa compétence est de traverser cette étape, sans trop savoir où elle s'en va, en mettant seulement un pied devant l'autre. Elle ne peut pas suivre un manuel, il n'existe pas. Chaque personne le découvre et un jour elle peut dire : « Finalement, ça y est ! »

Voilà pourquoi aussi on dira que chaque naissance est unique. Et c'est à redécouvrir chaque fois avec la femme enceinte, avec celle qui accouche. La société aussi doit devenir plus sensible à cette réalité. Elle projette toujours l'image d'une maman épanouie, heureuse, à la fenêtre, avec son bébé dans les bras. Ce n'est pas la réalité d'un grand nombre de mères pour qui la transition n'est pas facile. Encore moins et cela ne va pas changer, si elle a dû quitter son travail pour donner naissance à ce bébé. Mon grand âge et mes trente ans d'expérience me permettent de l'observer. Surtout que le milieu de travail est axé sur la gestion, la performance, la maîtrise et le contrôle de la qualité. Elle a quitté ce milieu après trente-six semaines de grossesse pour tomber dans un univers d'accueil du nouveau-né, un univers où elle ne peut rien contrôler. Elle doit apprendre l'accueil, l'échange : « Il faut que moi je dorme et que toi tu tètes. » Comment organiser cela, dans un dialogue, dans une danse à deux qui va accompagner la transition du bébé pour aller de plus en plus vers un rythme qui conviendra à toute la famille ?

Pour les nouvelles mères, la transition de la maternité est une cassure qui n'a pas son pareil dans l'histoire de l'humanité. Un chasseur-cueilleur ou un cultivateur se lève le matin et même s'il a prévu de passer sa journée dans les champs, s'il pleut à verse, il devra y renoncer. Ceux qui ont l'habitude de travailler avec la nature savent qu'il y a de bonnes années et de moins bonnes. Il en est de même pour l'accouchement et l'accueil du bébé. Les femmes quittent un monde extrêmement réglementé, dans lequel les horaires et les plans de production sont organisés, et il est bien qu'il en soit ainsi. Et elles se retrouvent à la maison avec un bébé qui pleure et elles ne savent pas ce qu'il veut. C'est très difficile.

C'est là qu'apparaît le besoin de soutien, d'accompagnement.

Comme l'adaptation de la mère à son rôle et l'adaptation du père aussi à son rôle n'est pas un problème médical, elle suscite peu d'attention. Je dois quand même saluer l'extraordinaire nouveauté du congé de paternité. La loi ouvre une porte afin que les pères soient plus présents, qu'ils soient des acteurs dès les premières semaines de la vie de leur bébé. Ce congé n'est pas encore accessible à tous les pères, selon les milieux de travail, mais il est un pas dans la bonne direction.

Votre réflexion sur la société m'amène à parler d'un phénomène qui prend de l'ampleur : la césarienne sur demande, qui est illégale, je pense.

Il n'y a pas de loi contre cette pratique. De fait, il y a beaucoup de femmes qui, dès le début de leur grossesse, demandent une césarienne. J'y vois une réaction à la façon dont les femmes sont dépossédées de l'accouchement par la technologie. Demander une césarienne est une manière de retrouver une certaine maîtrise : « Je choisis d'avoir une césarienne. Nous allons choisir la date ensemble. Je connaîtrai la date, le lieu, l'heure et je pourrai contrôler le reste de mon agenda, tout organiser autour de cette date. »

Il y a très souvent dans ces demandes de césarienne, dès le début de la grossesse, une très grande peur de l'accouchement. Et quand je vois ce qui se passe dans un hôpital « moyen », pour un accouchement technologique « moyen », je ne suis absolument pas surprise de ce phénomène. Plusieurs gynécologues-obstétriciens acceptent cette demande. Certains le font avec un désir sincère de calmer la détresse de la femme, sans chercher à comprendre cette détresse : quel est son nom, de quoi est-elle faite ? S'ils le faisaient, ils trouveraient peut-être d'autres moyens que la césarienne pour la calmer, des moyens moins intrusifs, moins nocifs pour la santé, avec moins de conséquences pour la santé de la mère et du bébé. D'autres acceptent simplement parce que ça leur convient : il est plus facile de savoir que la césarienne de madame Une telle aura lieu à telle date, dans telle salle, et de savoir s'il pourra s'en charger ou non, parce qu'ils ont chacun leur tour de garde. Accepter la demande est bien tentant et se situe dans l'organisation de tout le système. Mais on trouve aussi des gynécologues qui sont très mal à l'aise avec cette pratique. La Société des gynécologues-obstétriciens du Canada s'inquiète du fait que l'accouchement devienne un simple acte chirurgical parce qu'il y a beaucoup de situations potentiellement complexes. Finalement, un médecin généraliste pourrait s'occuper des naissances dans un hôpital donné. Ce n'est pas la voie à emprunter.

Pour moi, le nœud du problème se trouve dans la question : de quoi est faite cette peur qu'ont les femmes ? Oui, il y a une peur de la douleur, mais surtout une peur de l'absence de contrôle, de la non-maîtrise des événements. Je fais une différence entre contrôle et maîtrise. Je me représente le contrôle comme la capacité de faire entrer les choses dans des petites boîtes prédéterminées. La maîtrise est le sentiment que, selon la situation, la réponse et la décision seront les miennes. Un capitaine a la maîtrise de son bateau, mais il n'en a pas toujours le contrôle. C'est la mer qui décide, finalement ! Mais la maîtrise, on peut l'espérer, pour lui et ses passagers.

La demande de césarienne est finalement le reflet du peu d'accueil qui est fait de tout ce qui se vit dans l'accouchement. On ne peut pas convaincre une femme d'accoucher par voie vaginale en lui disant : « C'est comme ça que ça devrait se passer » ou « C'est comme ça que vos cousines, vos amies ont accouché. » Justement, les cousines et les amies n'ont pas toutes de bonnes expériences à raconter.

Au Brésil, on dit que 80 % des femmes accouchent par césarienne sur demande. On est loin là du processus naturel.

Je suis allée au Brésil et je vous dirais que ce taux ne correspond pas à ce qui se passe dans le nord-est et le nord. Il reflète la situation du sud, le Brésil riche. Dans le nord, je peux vous dire que l'accouchement peut difficilement être plus artisanal.

Mais il est vrai qu'il y a eu un tournant dans la pratique. J'ai vu des entrevues de gynécologues-obstétriciens qui étaient ravis, à l'époque, de voir le pourcentage de césariennes passer de 40 à 50 %. Certains disaient : « Dans ma clinique, les femmes arrivent et je les convaincs des bienfaits de la césarienne. Je suis à 95 % de césarienne, mais j'ai quelques irréductibles qui s'y refusent absolument. » Et ils manifestaient leur déception. Alors, quand on dit « à la demande », je m'interroge : la demande de qui ?

Quand les médias ont monté en flèche le fait que l'une des *Spice Girls* ait eu une césarienne sur demande, ils ont déclenché tout un mouvement. Si une vedette qui fait les premières pages des journaux demande une césarienne, plusieurs semaines à l'avance, pour que son ventre et sa ligne restent intacts, toutes les jeunes femmes se disent : « Moi aussi, alors ! » Ces vedettes agissent comme des *role models*. On a vu cela au Brésil. À cause du culte du corps, et si les vedettes en font l'apologie en disant : « Me voici un mois après ! Je peux remettre mon bikini de l'année dernière », on crée un phénomène de masse. Sinon, est-ce qu'autant de femmes l'auraient demandé ? Ce n'est pas sûr.

Si l'on ne tient pas compte de la détresse des femmes qui accouchent, si elles entendent autour d'elles des histoires d'horreur, je les comprends de chercher une manière d'éviter l'expérience.

Pourtant, n'y a-t-il pas des avantages physiques et psychologiques à accoucher naturellement ? De quoi la mère qui demande une césarienne est-elle privée, finalement ?

Je vais d'abord préciser le sens de quelques termes. Parce qu'il y a maintenant la naissance par césarienne, on assiste depuis quelques années à une grande confusion autour de l'expression « accoucher naturellement » qui veut dire « accoucher par voie naturelle ». Alors, la femme qui accouchera avec épidurale dès les premières contractions et avec des contractions entièrement provoquées par des hormones chimiques dira: «J'ai accouché naturellement», parce que le bébé est sorti par le vagin. En réalité, on parle de deux choses absolument différentes.

On sait ce qu'est une naissance par césarienne. Un accouchement vaginal, comme son nom l'indique est une naissance par le vagin. Le bébé peut être assisté par des forceps, une ventouse ou simplement par les efforts spontanés de la mère. La mère peut être sous l'effet de l'épidurale ou d'hormones. Il y a de grands débats autour de la définition de l'accouchement naturel. Mais en général, c'est un accouchement sans épidurale et sans hormones synthétiques. Est-ce que trois gouttes de soluté feraient une différence? Ça se discute. Mais on peut dire que l'accouchement naturel est le processus tel qu'il est inscrit dans la physiologie. Le mot «physiologique» serait donc plus approprié que «naturel». On peut dire: tel qu'il est inscrit dans le corps. Mais la confusion des termes montre bien à quel point nous avons perdu le sens de l'accouchement physiologique.

De quoi prive-t-on la femme qui accouche par césarienne? Je préfère prendre la question par un autre bout: de quoi prive-t-on une femme à qui l'on ne donne pas les conditions de base, les conditions essentielles pour un accouchement qui se passe bien? La question qu'il faut poser est: de quoi une femme a-t-elle besoin pour bien accoucher?

Ce que je vais dire paraîtra peut-être choquant, mais un vétérinaire sait de quoi une jument a besoin pour bien accoucher. Si quinze étrangers entrent dans sa stalle pendant qu'elle est en train de mettre bas, lui donnent une petite tape sur le derrière, introduisent la main dans son vagin et ressortent, ça ne se passera pas bien. Et c'est à cela que l'on soumet trop souvent les femmes qui accouchent à l'hôpital! Sous prétexte qu'elles sont capables de raisonnement, on imagine qu'elles ne ressentent rien! Ce n'est pas comme cela que nous fonctionnons, nous les humains. Une femme n'accouche pas avec son cerveau. C'est un travail extrêmement physique et les émotions y jouent un grand rôle. Tout stress pendant le travail peut interrompre le processus. C'est un mécanisme de protection de l'espèce. Sinon, n'importe quel prédateur pourrait s'emparer du bébé et le dévorer. La femme qui accouche ne peut courir, alors les hormones de la peur comme l'adrénaline arrêtent les contractions et permettent à la femelle de courir se mettre à l'abri et mettre son petit à l'abri.

Si, pendant la grossesse, on veille à donner de la confiance à une femme, si on écoute ce qu'elle raconte, si on est attentif à ce qu'elle dit du sens de cette grossesse dans sa vie et si, au moment du travail, on continue cette attention, on lui accorde la présence familière dont elle a besoin, on répond à son besoin. Peu importe d'ailleurs le titre de la personne qui se trouve auprès d'elle : sage-femme, médecin, doula, accompagnante, infirmière, etc. Bien sûr, le conjoint peut être là, si c'est le souhait de la femme, mais on ne donne pas au conjoint le rôle de guide à travers le processus. Il n'a pas accouché lui-même, ce n'est pas son rôle. Il est le père, il est dans l'attente de cet enfant, c'est le compagnon de la mère. Il n'a pas à jouer au petit obstétricien, il ne fera pas le poids.

Il faut aussi donner à la femme qui accouche une liberté de mouvement : lui permettre d'avoir accès à des bains, si ça peut l'aider, lui permettre de bouger, de prendre les positions qu'elle désire. Si, à un moment donné, pendant le travail, elle souhaite avoir une épidurale, qu'on la lui donne ! Et si finalement le passage du bébé est difficile et qu'il faut une césarienne, qu'on la fasse ! Mais tout au long du processus, la femme aura pu exercer son pouvoir, sa pleine capacité. Elle aura été respectée, reconnue, et elle pourra être présente à son bébé quand il arrivera. L'important n'est pas de planter le drapeau « naturel » ou « pas naturel » sur l'accouchement. Nous sommes dans une tout autre approche et un tout autre objectif.

L'objectif est de réhumaniser la naissance et de lui donner les meilleures conditions possibles, n'est-ce pas ?

Et de se soucier des sentiments qui habitent la mère, qui habitent le père ensuite. J'ai vu des femmes qui ont souhaité accoucher à la maison ou dans une maison des naissances. Parce que l'accouchement s'est révélé difficile, elles ont dû se rendre à l'hôpital. Pour elles, c'était une grosse déception, elles avaient rêvé d'autre chose pendant neuf mois. Elles arrivent à l'hôpital et la situation se complique, le bébé ne va pas bien, on doit le garder en pouponnière pendant plusieurs jours, etc. Si elles ont été respectées et accompagnées à travers toutes les étapes, elles sont capables de dire : « Mon expérience a été bonne. Je n'aurais pas souhaité cela pour mon bébé, ça été difficile, mais… » Elles ne diront pas : « C'est un échec, j'ai tout raté ! » Parce qu'elles ont été accompagnées, elles peuvent se réjouir de l'aide qu'elles ont reçue : « Dieu merci ! J'ai été accompagnée dans tout ça ! »

Il existe des personnes autres que les sages-femmes qui font de l'accompagnement pendant la grossesse, n'est-ce pas ?

Ceux et celles qui ont été témoins d'accouchements dans les hôpitaux, dans les années 1950, 1960, 1970 se souviennent peut-être d'une infirmière particulièrement attentionnée, qui est venue passer du temps avec la mère. Elle est restée auprès d'elle, l'a encouragée, lui a tenu la main. Dans les grands centres hospitaliers d'aujourd'hui, cela n'existe plus. Non pas qu'il n'y ait plus d'infirmières au grand cœur, mais la lourdeur de leur tâche, la rationalisation des tâches en a fait d'abord des surveillantes : surveillantes des patientes qui reçoivent une épidurale, surveillantes des moniteurs. Il leur reste très peu de temps pour offrir des paroles d'encouragement à une personne qui en a besoin. C'est une grande perte pour les femmes.

Pour pallier cette perte, il s'est développé, depuis une vingtaine d'années au Québec, ce que l'on appelle ici des « accompagnantes ». Au Canada anglais, aux États-Unis et même en France, on les appelle les « doula », qui vient d'un mot grec qui veut dire esclave. C'est une femme qui n'a pas du tout la formation d'une sage-femme, qui n'a pas de réelle formation médicale, bien qu'elle ait des connaissances sur le processus de la naissance. Elle va accompagner la mère. Généralement, elle l'a rencontrée à quelques reprises, pendant la grossesse, pour voir avec elle, avec eux, puisque j'inclus le père, leurs souhaits pour la naissance : ce qui leur fait peur, ce qui les inquiète, leurs rêves, etc. Très souvent, elle ira les retrouver à la maison, au début du travail, et se rendra avec eux à l'hôpital. Elle les accompagnera tout au long du processus. C'est une aide extraordinaire, vraiment. Là où je travaille en ce moment, nous sommes justement en train de former des doulas, qui viennent de toutes les communautés possibles. Nous travaillons beaucoup avec des femmes nouvelles immigrantes et des femmes réfugiées. Nous voulons nous assurer qu'aucune n'accouchera sans avoir auprès d'elle quelqu'un qui l'accompagne, quelqu'un qui est là pour elle. Tant mieux si on peut s'offrir cette accompagnante ! Voilà d'ailleurs un cadeau à offrir à une femme enceinte que de contribuer à payer les services d'une accompagnante. C'est vraiment un cadeau qui a une portée tellement plus grande que le joli pyjama ou le siège d'auto qu'elle recevra de toute façon.

Il y a un immense besoin de ce service. Je ne connais pas de femme qui n'ait pas besoin d'être accompagnée dans l'accouchement. Il faudrait seulement trouver comment faire pour accompagner les femmes qui n'ont pas les moyens de s'offrir ce service. Parce que si le personnel hospitalier ne peut donner cette présence, il faut la trouver, ce n'est pas un luxe! Elle constitue une sécurité pour l'accouchement. Des dizaines d'études en démontrent l'impact sur la santé, sur la diminution du nombre des interventions – chaque intervention comporte ses risques et ses complications possibles –, sur la diminution des risques liés à l'accouchement. On constate une diminution de près de la moitié du nombre des césariennes, là où se fait cet accompagnement. Ce n'est pas rien.

Il y a non seulement des coûts humains à l'absence d'accompagnement, mais aussi des coûts économiques. Le contribuable en nous devrait se dire: « Investissons dans les doulas, puisque l'on sait qu'il y aura moins d'épidurales. » Non pas que la doula convainque la femme de ne pas en demander, mais parce que celle-ci en a moins besoin. L'accompagnement diminue aussi le nombre de césariennes et les complications qui en découlent. C'est une économie pour toute la société.

La doula est-elle un service payé par le gouvernement?

Non, il faut pouvoir se l'offrir.

Y en a-t-il beaucoup?

Elles commencent à apparaître un peu partout. À Québec, par exemple, le collectif Les Accompagnantes offre ses services bénévolement ou à très bas prix[2]. Elles font un travail extraordinaire. Il y a donc de l'espoir dans la sensibilisation à la nécessité de l'accompagnement. Mais il faut se demander ce que l'on peut faire pour les femmes qui n'en ont pas les moyens. Qu'est-ce que l'on peut faire maintenant?

---

2. Voir site: [www.accompagnantes.qc.ca] nov. 2010.

Je déteste l'enfance parce qu'on est impuissant quand on est un enfant

Arlette Cousture

L'écrivaine québécoise Arlette Cousture est devenue une auteure à succès avec sa saga Les filles de Caleb, *publiée entre 1985 et 2004. Le réalisateur Jean Beaudin en a fait une série télévisuelle qui a été suivie avec passion par plus de trois millions de spectateurs. Son dernier livre, Depuis la fenêtre de mes cinq ans, publié en 2008, chez Libre Expression, à Montréal, raconte le monde des années 1950 vu à travers les yeux de la petite Charlotte. L'auteure y manifeste une habileté rare à utiliser des mots d'enfant pour rendre la complexité de la vie.*

Née à Saint-Lambert, au Québec, en 1948, Arlette Cousture a reçu de nombreux prix. Elle est membre de l'Ordre du Canada depuis 1998, comme personnalité ayant contribué « à faire un monde meilleur ».

Arlette Cousture

Madame Cousture, vous avez publié en 2008, Depuis la fenêtre de mes cinq ans[1]. *Pourquoi avoir choisi de parler d'un âge précis, d'une année précise ?*

Oui, j'ai choisi l'année de mes cinq ans parce que, dans le Québec catholique des années 1950, c'était la dernière année avant qu'un enfant soit happé par la société, par les congrégations religieuses et leurs écoles, par tout ce qu'il fallait être et faire. Jusqu'à l'âge de cinq ans, un enfant avait le droit de jouer, de porter des jupes courtes ou longues, selon son désir, de porter des *shorts*. Je me souviens de religieuses qui m'avaient accostée dans la rue, en plein été, pour me dire que je portais une jupe trop courte. Je n'avais pas cinq ans! C'était la mode d'une jupe plissée avec, en dessous, une petite culotte du même tissu. L'ensemble était très court. Ma mère n'avait pas trouvé ça drôle. Pour moi, cinq ans, c'est l'ultime année d'avant... avant d'entrer dans le moule, avant de devoir penser comme tout le monde.

Les enfants ont le privilège, ou devraient l'avoir, de flâner librement, de pouvoir rêver, de vivre sans contraintes. Bien sûr, il y a les contraintes parentales nécessaires à la sécurité, mais ils devraient avoir le droit de rêver, de grimper aux arbres sans être attachés. Vous avez cette nostalgie-là ?

La nostalgie de la petite enfance... On pourrait dire jusque vers l'âge de dix ans, jusqu'à la prépuberté... oui j'ai cette nostalgie-là. Je me souviens de ma mère qui nous appelait – il faut dire que j'ai une mère spéciale ! – : « Les filles, les filles, vite, venez voir ! » Nous, on disait : « Quoi ? Quoi ? — Venez voir ! » Et c'était pour nous faire découvrir un crocus qui sortait de terre. On jardinait chez nous, on semait des fleurs, on mettait des bulbes en terre, on installait les châssis doubles, toutes sortes d'activités comme celles-là. Mon père avait un potager. J'étais trop jeune pour y travailler, mais je me souviens de la tomate

---

1. Montréal, Éditions Libre Expression, 2008.

chaude qu'il portait à son nez. Dans ses dernières années, il avait une jardinière dans laquelle poussait un plant de tomates. Il portait la tomate à son nez et il disait: «Ah! Une belle tomate chaude!» Il était revenu à ses anciennes amours.

J'ai des souvenirs de ma petite enfance, mais je n'ai pas aimé l'enfance. J'ai détesté l'enfance viscéralement. Quel choc d'entendre ça, n'est-ce pas!

Je déteste l'enfance parce qu'on est impuissant quand on est un enfant. On n'a son mot à dire sur rien. De toute façon, on ne saurait pas quoi dire si on avait droit de parole, mais on ne l'a pas. Et les parents manipulent les enfants: «Tu es fatigué, il faut que tu ailles te coucher…» Même si l'enfant dit: «Non, je ne suis pas fatigué!», il le dit en pleurant, ce qui est bien la preuve qu'il est fatigué. Un enfant est tellement petit et fragile par rapport à sa pensée, à ce qu'il sait, aux mensonges qu'il découvre, à toutes sortes de choses. J'ai vraiment détesté l'enfance. Je n'avais qu'une hâte, celle d'en sortir! J'avais hâte de quitter l'absence d'autonomie, même plus tard. Je n'aime pas l'autorité, les gens qui ont travaillé avec moi le savent. J'ai horreur de l'autorité et quand on est enfant, on est à la merci de l'autorité, on ne peut rien faire. On ne peut rien acheter, même si actuellement les enfants sont très courtisés par la publicité. On ne peut rien acheter, rien posséder. Un enfant n'avait pas d'argent de poche, dans mon temps. Tout ce que nous possédions se résumait à deux *shorts*, un pantalon, une paire de bottes pour la pluie, quand on avait la chance d'en avoir, et une paire de bottes d'hiver. Nous vivions sobrement et c'était bien comme cela. Nous n'avions rien et nous avions tout, en même temps.

Est-ce que c'était propre à votre famille ou à la condition d'enfant? Est-ce que la situation aurait pu être différente?

Quand je repense à mes amies d'enfance, je crois que notre condition dépendait beaucoup de mes parents. J'adorais leurs parents, mais je ne suis pas sûre qu'elles les aimaient tout autant. Je crois que notre condition tenait à la relation parents-enfants. Aujourd'hui, quand je rencontre une personne qui me dit: «J'ai eu une enfance tellement heureuse que je n'en ai aucun souvenir…», cela me déprime un peu. Je me dis: «Comment est-il possible de ne pas se souvenir de son enfance?» Je ne comprends pas les gens qui ne se souviennent pas du nom de leurs enseignants, à l'école primaire, qui ont tout oublié de cette période-là. J'aurais tendance à leur dire: «Mais où étiez-vous? Encore dans la chrysalide de votre vie? Vous n'étiez pas encore un papillon, vous n'étiez rien?» Pourtant, il me semble qu'un enfant est sorti de sa chrysalide, il existe, il n'est pas un adulte en devenir, il est né!

Peut-être étiez-vous une personne plus lucide que la majorité des enfants ?

Peut-être. C'est vrai que j'étais déjà très sensible à tout ce qui m'entourait. En particulier à l'injustice. J'étais très sensible à l'injustice et à mon incapacité d'intervenir, à mon impuissance. Par exemple, à cinq, six, sept ans, il y avait une personne handicapée intellectuelle, dans ma rue. Dans mon livre, j'appelle ce genre de personne « zinzin ». Elle était âgée et je me rappelle que le même manège se répétait chaque hiver : les enfants la bombardaient de balles de neige. Elle se sauvait en pleurant. C'était pathétique ! Et moi, je ne pouvais rien faire ! Seulement dire : « Laissez-la tranquille ! » Je la regardais s'en aller en pleurant et je pleurais moi aussi de ne pouvoir rien faire. C'est l'image que j'ai de l'enfance : être témoin de toutes sortes de choses, mais sans vraiment pouvoir intervenir. Tout ce que l'on peut faire est tellement petit, minime.

Constat d'impuissance. Comme lorsque la mère dit : « Mange tes carottes ! » Mais je n'aime pas les carottes ! Il faut manger ses carottes. Je pense au titre du livre d'Alain Stanké : *J'aime encore mieux le jus de betterave*[2]. Quel beau titre ! Mon souvenir à moi c'est : « Mange tes carottes ! » Et je répondais : « Mais je n'aime pas les carottes ! » Ma mère n'a pas cessé de me le répéter jusqu'à ce que je quitte la maison. Aujourd'hui, je mange mes carottes. Mais quand on est jeune, il faut manger et il appartient aux parents de choisir la nourriture qui convient aux enfants. La responsabilité des parents est immense. Mais comment assumer ses responsabilités sans dénaturer l'enfance, sans détruire la relation ? Je ne sais pas. Je n'aime pas l'enfance et j'ai détesté être un enfant. Il faut dire que j'étais la plus jeune de la famille…

C'est rare d'entendre une telle affirmation, à moins que la famille ait été porteuse de gros problèmes comme la violence, l'inceste… Mais ce n'est pas votre cas. Vous diriez que vous avez eu une famille « normale » ?

Oui, une famille normale, bien sûr, de Saint-Lambert, sur la rive sud de Montréal. J'avais des grandes sœurs qui réussissaient bien. Mais je n'ai pas aimé mon enfance. Ce que j'aimais, cependant, ce sont les moments de solitude. Je dis souvent que je suis « sociable », mais pas « sociale ». Je sais vivre en société, mais j'aime mes moments de solitude. Je peux aussi être très misanthrope.

---

2. A. STANKÉ. *J'aime encore mieux le jus de betterave – Souvenirs d'un enfant de la guerre*, Montréal, Les Éditions de l'Homme, 1969.

Mais je suis sociable et c'est agréable aussi de vivre en société. Tous les êtres humains ont un instinct grégaire. C'est inscrit dans les hormones, dans les chromosomes, on n'a pas le choix. Mais si l'on a les moments de solitude que l'on souhaite, que c'est agréable !

Quand j'étais petite, j'aimais déjà la solitude. J'aimais colorier, toute seule avec mon cahier à colorier. J'aimais dessiner, j'aimais ces jeux solitaires. Je les partageais d'ailleurs avec une amie que j'appelais « mon amie de pluie ». Elle avait un problème de santé qui la confinait à des jeux calmes. Quand il pleuvait, j'allais jouer avec elle.

Est-ce qu'on a voulu faire de vous une enfant performante, avec un emploi du temps de ministre, comme on en voit chez certains enfants aujourd'hui ?

Oui, je sais, les enfants qui font des heures supplémentaires tous les soirs, après l'école. Je trouve que c'est très dur. Non, moi, tout ce que j'ai fait, je l'ai fait par choix. J'apprenais le ballet, je suivais des cours de peinture, ensuite j'ai fait de la céramique, de la musique, mais tout cela parce que je le voulais.

Là où je ne sais pas trop quoi penser, c'est devant un enfant qui dit : « Je veux apprendre le piano » et qui, six mois après, s'arrête. Qui dit : « Je veux faire de la peinture » et qui lâche quelques mois plus tard. Que faut-il faire ? Lui dire : « Si tu choisis cette activité, tu donnes ta parole et tu dois aller jusqu'au bout » ? Je ne sais pas quoi penser là-dessus. Est-ce accepter qu'il devienne touche-à-tout ? Faut-il lui enseigner plutôt la rigueur, la constance, la discipline ? Si l'enfant dit : « Je n'aime plus ça ! », faut-il faire une entente avec lui : « Essaie au moins deux ans » ? Mais quand on a huit ans, dix ans, deux ans c'est une éternité ! Je ne sais vraiment pas. Moi, j'étais une enfant qui faisait de la musique, du dessin, par choix. Et ça m'a été très précieux dans la vie. J'ai toujours aimé suivre des cours. J'aime apprendre. Pour moi, il n'y a rien de plus jouissif que d'être dans une salle de cours. Je me laisse gaver comme une oie, par une personne qui raconte… Parce que c'est ce qui se passe à l'école, on raconte des histoires. Un enseignant qui nous apprend quelque chose nous raconte des histoires. Et c'est extraordinaire ! Voilà ce que j'aime. Encore aujourd'hui.

Il y avait en vous une petite fille insatiable, finalement. Et elle est toujours là ?

Oui, et je pense que toute petite déjà, je savais non pas que j'allais devenir écrivain, mais que j'étais un écrivain en devenir. Ce n'est pas tout à fait pareil. Et je le savais ! Comme une petite fille se dit : « Moi, je suis une maman en devenir. » Elle le sait. Elle ne sait pas comment ça se passera, mais elle le sait. Moi, je savais que j'étais écrivain, même si je ne savais pas comment ça se réaliserait. Et cela très tôt.

À l'âge de huit ans, j'avais écrit un texte sur la jolie montre que ma marraine m'avait offerte pour ma première communion. Il avait été publié dans un magazine dont je ne sais plus le nom. Ma réaction a été : « Ah ! C'est sympa de voir son texte publié ! » C'était une chose tout à fait normale. Puis à douze ans, j'ai gagné un prix pour un autre texte et un livre de chez Fides. Et c'était normal. En 1978, j'ai gagné l'un des prix littéraires de Radio-Canada et encore une fois, ça allait de soi. Je l'avais pressenti, ma voie était tracée. Je ne savais pas comment mon rêve allait se réaliser, mais c'était écrit, c'était mon destin. Pour moi écrire, inventer une histoire, c'est normal.

À huit ans, ma fille, Émilie, savait ce qu'elle ferait plus tard. J'ai lu dans un livre de psychologie de l'enfance que les enfants connaissent à un certain moment une étape de grande sagesse. Ils ont l'intuition de toutes sortes de choses, ils savent ce qu'ils deviendront plus tard.

Exactement. Écrire pour moi était un plaisir, un bonheur. Faire du théâtre aussi, dans la cour. J'ai même réinventé *Le malade imaginaire* ! C'était l'histoire d'un enfant qui ne voulait pas aller à l'école, qui faisait éclater le thermomètre et qui utilisait toutes sortes de stratagèmes comme celui-là. J'avais installé des rideaux sur la corde à linge, il y avait aussi des clowns. Le théâtre aussi, pour moi, c'était normal.

Je savais qu'à trente ans, j'aurais écrit un livre. Cela, sans aucune ambition. Tout ce qui est arrivé dans ma vie est arrivé par hasard et grâce au travail, bien sûr, mais sans ambition. Sans fatigue, sans obstination, comme si les choses coulaient de source. Heureusement que j'ai choisi d'écrire et non d'être comédienne. Je voulais d'abord être comédienne, mais ça n'allait pas. Je regardais le talent des comédiens et comédiennes autour de moi et je me disais : « Non, ça n'est pas pour moi. » Mais en écrivant, je devenais comédienne, metteur en scène, je faisais tout ! Je ne sais pas si ce que je dis a l'air prétentieux. C'est un peu comme les croyants, les religieux qui disent: «J'avais la vocation.» Tant mieux pour eux! Moi, dans mon athéisme notoire, je dis un peu la même chose: j'avais cette vocation, j'avais ce pressentiment que c'était la vie qui m'attendait.

Mon frère aîné avait six ans et il disait: «Moi, c'est sûr, je serai avocat, puis juge.» Aujourd'hui, il est avocat. Je ne pense pas qu'il devienne juge, mais il est avocat, comme il le disait à six ans.

À cet âge-là, beaucoup de garçons veulent être pompiers ou policiers.

Oui, mais pas lui: avocat. Je connais une jeune femme qui me disait: «Moi, dès que j'ai su tracer un chiffre, j'ai voulu être comptable, c'était clair.» Je lui ai répondu: «À six ans, voyons donc, comptable? — Oui, oui, comptable.» Ça me dépassait. Mais c'était bien cela. On peut parler de prédestination peut-être. C'est plus que le destin, c'est un pré-destin. Et là, il faut retourner à la personne dans son état de fœtus pour comprendre peut-être.

Je sais que dans la famille de ma mère, il y a ce que l'on appelle des tempéraments d'artiste. Je ne dis pas que tous ont percé, mais beaucoup peignent: le frère de ma mère peignait, ma mère peignait. Jacques de Tonnancour[3] venait donner des cours de peinture dans le sous-sol de la maison de mes parents, quand j'étais petite. Quand je dis que j'ai une famille «spéciale», voilà ce que je veux dire. Il y avait des chevalets dans le sous-sol, une fois par semaine, et ça sentait la térébenthine, l'huile de lin, la peinture. C'était extraordinaire, j'adorais ça!

Mon enfance, c'est l'odeur de la peinture, mais aussi le parfum des fleurs. Mon père était Manitobain, de culture anglophone, et mes parents cultivaient des jardins. Ils participaient à des concours et gagnaient des prix. Avoir un beau jardin était important chez nous. Mais je n'aimais pas l'enfance.

Ça ne vous a pas empêchée d'avoir de beaux souvenirs d'enfance. Parmi les mauvais souvenirs, il y a celui de ne pas avoir le contrôle?

Oui, l'impuissance. Et les formules sans cesse répétées des adultes: «Range tes affaires!» Auxquelles j'ai envie de répondre: «Cesse de dire cela… Plus tu vas le dire, moins je vais ranger mes "traîneries".» Je freine. Je vis mon enfance sur les freins.

---

3. Jacques Godefroy de Tonnancour (1917-2005) est reconnu comme l'un des peintres les plus importants du Québec et du Canada. Certaines de ses sculptures ornent la station Place-Saint-Henri du métro de Montréal.

J'avais une mère très anarchiste à sa façon. Je vous donne un exemple : à la fin des années 1950, ma chambre était bleu pâle, bleu marine et vert pomme. Le couvre-lit était bleu pâle, en chenille. Aucune de mes amies n'avait une chambre pareille. Chez elles, c'était plutôt le style poupée avec des grandes jupes, épouvantablement « quétaine [4] ». Chez nous, c'était très différent. Ma mère était artiste, elle peignait. Elle était plutôt solitaire, pas grégaire du tout. Elle aimait sa maison, ses enfants. C'était aussi une femme de devoir. Elle n'était pas très chaleureuse. Elle m'embrassait à mon anniversaire et à Noël. Ça m'intimidait. Dans la famille, on n'était pas très porté sur les câlins. Puis, les choses ont changé, dans les années 1970. On a dit à notre mère : « Que tu aimes ça ou non, nous, on fait comme ça. » Et on a commencé les câlins, les embrassades. Elle a changé, elle a aimé les câlins, elle les attendait même.

J'avais donc une mère de devoir, comme beaucoup de mères de cette époque. Elle n'était pas très religieuse, Dieu merci ! Mon père l'était plus. Elle est presque tombée malade quand elle s'est rendu compte que son chapeau de Pâques, rose fuchsia, avait été sali par une crotte de moineau. À quel moment la crotte était-elle tombée sur son chapeau, avant ou après la messe ? Elle n'en dormait pas ! C'était cette damnée messe qui était la cause de son malheur.

Moi, j'ai cessé très jeune de croire. En fait, je pense que je n'ai jamais été croyante. Un jour, mon père a constaté que je n'allais plus à la messe. J'étais en Belles-Lettres [5]. Il sortait un Vendredi saint pour aller se confesser et « faire ses Pâques », comme on disait à l'époque. Il est revenu sur ses pas et nous a dit : « Il me semble que vous pourriez au moins faire vos Pâques ! » Et moi, je réponds : « Pourquoi ? Tu nous as appris à être logiques. Pourquoi on ferait nos Pâques ? » Mon père était un produit des jésuites. Je m'étais servie de ses propres armes, contre lui. Il n'avait rien à redire. Je le vois encore me regarder : « Je n'ai rien à dire contre ça. » Bien sûr, j'avais tenu le même langage que lui. Il est parti faire ses Pâques. Je l'avais vu baisser les bras.

---

4. « Ringarde », « vieux jeu ».

5. Cinquième année du cours classique. Les élèves avaient quinze ou seize ans.

À quel moment s'est terminée cette impuissance que vous avez tellement détestée dans l'enfance ?

Quand j'ai pris ma vie en main, quand j'ai dit : « Ma vie, c'est à moi ! » Quand je suis partie de la maison à l'âge de la majorité, c'est-à-dire vingt et un ans. À cette époque, rester à la maison avec ses parents quand on était majeur paraissait curieux. On ne pouvait pas concevoir qu'un adulte soit bien dans cette situation-là. Il fallait partir, s'assumer, travailler. Une fois le diplôme en main, il fallait dégager. L'une de mes sœurs est restée beaucoup plus longtemps que moi à la maison, je ne comprenais pas. Elle me disait : « Je suis bien, moi. » Ça me dépassait. J'étais plutôt une révoltée. Je ne trouvais pas normal de rester à la maison plutôt que de s'assumer.

Vous n'avez pas d'enfant. Est-ce par choix ?

Non, c'est plutôt le hasard. Mais j'ai adopté une petite fille.

Compte tenu de votre enfance, comment avez-vous élevé votre fille ? Je pense à ce que vous disiez sur l'impuissance…

Ma fille est handicapée. Je l'ai élevée différemment sans l'élever différemment. Mon conjoint avait des fils, nous avions trois enfants très différents. Alors, à table, par exemple, elle avait sa place comme les autres. Que ce soit dommage ou non qu'elle soit handicapée, il n'y avait pas de différences entre les enfants. C'était dur parfois pour elle, elle ne pouvait pas se défendre. Alors, je lui disais : « Défends-toi ! » Je n'intervenais jamais. On aurait dit que j'étais une mère sans-cœur. Un jour que j'allais la chercher à la garderie, par exemple, c'était en hiver, j'ai vu deux petits garçons qui la brutalisaient. Elle était déjà un peu le bouc-émissaire de sa classe. J'avais le choix : rester là à observer sa manière de se défendre ou intervenir comme une bonne mère : « Arrêtez immédiatement ! » Je n'ai pas bronché. Bien sûr, je me suis assurée qu'elle n'était pas blessée, mais je ne suis pas intervenue. C'est très dur, parfois. Mais j'ai compris ce que serait la vie en société pour elle et j'ai appris comment et quand je devais intervenir. J'ai compris quelles armes elle devait se forger. Ma façon de faire a été la même à l'école et partout dans la société : le contraire de la surprotection.

Je lui ai appris à utiliser les transports en commun. Elle devait aller à son cours de danse à Montréal et rentrer ensuite à Longueuil. Mes chaussettes grattaient le plancher, mais je ne bougeais pas. L'école lui avait appris à avoir toujours sur elle une pièce de vingt-cinq cents pour téléphoner. Arrivée au métro, elle m'appelait et j'allais la chercher. À l'étape suivante, elle a appris à se débrouiller en autobus. À cinq ans, elle savait aller en autobus d'un point à un autre. J'étais là au départ et une autre personne l'attendait à l'arrivée.

Même si elle est handicapée intellectuellement et physiquement, aujourd'hui, elle vit en appartement avec son amoureux. Elle ne sait ni lire, ni écrire, ni compter, mais elle est suffisamment autonome pour vivre toute seule. Elle est bien entourée : l'une de mes sœurs va leur porter des petits plats, une fois par mois. Elle va faire des provisions avec des personnes qui la suivent pour s'assurer que tout va bien au travail aussi. Elle travaille trois demi-journées par semaine. Une intervenante des services sociaux va la voir régulièrement. Il n'y a pas de mots pour dire à quel point je l'admire, j'admire le courage de cette enfant. C'est fabuleux. Elle n'a peur de rien ! J'ai failli intervenir une fois dans une situation difficile et je l'ai entendu dire : « Bon, écoute, maman va me régler ça. » J'ai arrêté à temps la maman omnipotente. Je suis extrêmement fière d'elle. Elle est vraiment extraordinaire.

Il y a des enfants bien portants que les parents surprotègent continuellement.

Je n'ai pas voulu faire ça. J'avais une amie qui savait que ma fille prenait le métro le vendredi soir, elle l'a suivie. À un certain moment, ma fille a été malmenée par quelqu'un. Qu'est-ce qu'elle a fait ? Elle est sortie du métro et elle est allée déposer une plainte auprès du gardien de sécurité. Elle sait se défendre ! Elle a ses moyens à elle. C'est formidable de la voir aller et je sais que je peux mourir.

Avec un enfant handicapé, les parents ont toujours peur : « Qu'est-ce qu'il va devenir quand je mourrai ? » Moi, j'ai voulu équiper ma fille pour qu'elle puisse continuer à vivre quand je serai morte. Il m'arrive de demander à des parents d'enfants handicapés : « Je vois tout ce que tu fais avec ton fils ou ta fille, mais qu'est-ce qui va arriver quand tu seras morte ? — Ah, parle-moi pas de malheur ! » Je ne parle pas de malheur, je parle de la vie ! Moi, je ne voulais pas que les demi-frères de ma fille, ses «frères de cœur», comme je les appelle, se sentent responsables d'elle. Bien sûr, ils vont s'en préoccuper, mais ils n'habitent même pas Montréal! Je ne voulais pas qu'ils portent cette responsabilité. L'une de mes nièces aussi lui jettera un coup d'œil. Mais c'est extraordinaire de voir tout ce qu'elle est capable de faire toute seule! Je suis très fière d'elle.

*Je pense que le monde a toujours
maltraité ses enfants*

Boris Cyrulnik

Médecin neurologue et psychiatre, Boris Cyrulnik est maintenant célèbre à travers le monde pour sa théorie de la résilience. À partir de sa propre expérience d'enfant juif qui a échappé aux camps de la mort, mais qui a perdu ses parents dans la déportation, il a fait connaître et comprendre les conditions nécessaires à une personne pour « renaître de sa souffrance ».

De nombreux ouvrages ont contribué à une meilleure compréhension de ce concept. Citons entre autres : Un merveilleux malheur *(1999),* Les vilains petits canards *(2001),* Parler d'amour au bord du gouffre *(2004) et* Je me souviens… *(2010),* Mourir de dire, La honte *(2010), tous publiés chez Odile Jacob, à Paris. Il est l'une des quarante-trois personnalités membres de la commission Attali, groupe de recherche sur les freins à la croissance, mise sur pied en France, en 2007.*

Boris Cyrulnik

Monsieur Cyrulnik, vous vous êtes beaucoup intéressé aux questions liées à l'enfance. Comment trouvez-vous que notre monde traite ses enfants, de manière générale ?

Je pense que le monde a toujours maltraité ses enfants. Dans le monde vivant, les jeunes sont les premières victimes de la vie. Chez les animaux, le taux de mortalité des petits est terrifiant. Chez les humains, c'est la première fois depuis une génération ou deux qu'il y a si peu de morts d'enfants. En Occident, au XIXᵉ siècle et jusqu'au début du XXᵉ siècle, un enfant sur deux mourait dans la première année. C'était pourtant un enfant sain, génétiquement, neurologiquement, biologiquement.

Les bébés mouraient parce que l'on s'occupait mal d'eux. On les nourrissait mal : le biberon a été un massacre puisque l'on ne savait pas les stériliser. On donnait des biberons munis de longs tubes en caoutchouc qui étaient pratiquement un révolver placé dans la bouche de chaque enfant. Ils mouraient de diarrhée, très souvent, au cours de la première année. Ceux qui ne mouraient pas étaient maltraités physiquement. On considérait même que battre les garçons était une bonne méthode éducative, sinon ils deviendraient des bêtes sauvages. Quant aux filles, il fallait les entraver, sinon elles allaient, bien évidemment, se prostituer. Et c'est avec ces deux principes que l'on disait élever les enfants. Certains parmi nous en parlent comme de la « pédagogie noire ».

L'adolescence n'existait pas : les filles étaient envoyées tout de suite à la maternité et les garçons, à la mine, au champ ou à l'usine. Nous sommes donc la première ou la deuxième génération à réfléchir au bonheur des enfants. Et je vais peut-être vous surprendre, mais je ne suis pas sûr que ça les rende heureux…

Je pensais à cette planète où l'on trouve des enfants-soldats, des enfants-esclaves sexuels, des victimes de guerre, ça, ça n'a pas diminué, n'est-ce pas ?

Cela a toujours existé. Les janissaires turcs [1] volaient les garçons chrétiens pour leur apprendre le métier de la guerre. Ces enfants s'attachaient à leurs éducateurs et, ensuite, ils étaient poussés à attaquer et à tuer leurs propres parents. Les filles étaient volées en Provence, où vous êtes aujourd'hui. Les Maures, c'est-à-dire les Africains du Nord, qui étaient de très bons marins, venaient sur ces côtes et volaient les femmes et les jeunes filles, soit pour en faire des esclaves sexuelles, soit pour les épouser, ce qui était peut-être pire. Vous savez pourquoi les villages provençaux sont si beaux ? Ils sont construits au sommet des collines parce que cela permettait de voir venir les Maures et de donner l'alerte pour que les hommes et les femmes rentrent vite dans leur village et se mettent à l'abri.

Dans les mines, on faisait travailler les enfants, on les faisait travailler à mort. Ils ne pouvaient pas pratiquer les métiers qui exigeaient de la force, alors on leur faisait tirer les wagonnets dans des boyaux étroits. La plupart des garçons – il y avait des filles aussi qui traînaient les wagonnets – mouraient à la tâche. Dans l'Angleterre industrielle, Charles Dickens raconte comment les enfants travaillaient douze à quatorze heures par jour. Ils dormaient par terre, dans ce que l'on appelait des usines, et ils mouraient d'épuisement. Donc très peu d'enfants parvenaient à devenir des êtres humains épanouis. Quand j'ai passé mon baccalauréat, en 1955, il y avait 3 % des enfants qui passaient le baccalauréat et s'apprêtaient à faire des études universitaires ; moins de 2 % arrivaient à faire des études. Les filles étaient engrossées dès que la nature le permettait, les garçons étaient envoyés à l'usine ou aux champs.

Actuellement, on ne supporte plus la maltraitance des enfants. C'est une preuve de progrès dans la condition humaine. On ne le supporte plus, mais on ne cesse pas de les maltraiter. Moins qu'avant peut-être, mais on continue. On sait qu'il y a trois cent mille enfants-soldats. Les « Marie-Louise [2] » de Napoléon n'étaient que des petits garçons. On leur a mis des uniformes

---

1. Dans l'Empire ottoman, au XIVe siècle, les janissaires représentaient l'élite de l'infanterie. Ils étaient particulièrement redoutés à cause de leur habileté à manier aussi bien le sabre que le mousquet. Ce corps d'armée était exclusivement composé d'enfants chrétiens volés.

2. Très jeunes hommes appelés à servir dans l'armée de Napoléon. On les appelait ainsi soit parce que le décret hâtant leur mobilisation a été signé par l'impératrice Marie-Louise, soit parce qu'ils étaient encore imberbes.

d'adulte et on les a envoyés se faire massacrer! Napoléon plaçait des soldats de quatorze ans en première ligne et comme les Autrichiens ou les Russes ne le voyaient pas de loin, ils tiraient. Il s'est passé la même chose au moment de la libération de la France. Les Allemands qui étaient vaincus ont levé des régiments de petits garçons de douze à quatorze ans. Quand vous allez au mémorial de Caen, là où les Américains nous ont libérés et où les Canadiens ont payé cher notre libération, vous découvrez qu'il y a beaucoup de tombes de soldats de douze, treize, quatorze ans. J'ai eu l'occasion de discuter avec un vieux monsieur qui se trouvait là et il disait: « De loin, on voyait des uniformes allemands avec un fusil et on tirait. C'est en arrivant dessus qu'on se rendait compte qu'on venait de tuer un petit garçon. »

Ce phénomène a toujours existé, sauf que maintenant, on ne le supporte plus. Ça nous choque. Pas tout le monde, bien sûr. La preuve, c'est qu'il y a encore trois cent mille enfants-soldats. En Afrique, on en parle beaucoup, mais il y en a aussi en Amérique du Sud. Chez les FARC, en Colombie, un soldat sur deux est une femme. Beaucoup d'enfants sont ramassés dans la rue ou volés à leurs parents. Ils s'attachent à la femme-soldat qui les éduque. Celle-ci place de la dynamite autour de leur ceinture et les envoie se faire exploser au Jockey club de Bogota. Ces gestes sont dans la lignée de toute une histoire tragique.

Une histoire qui s'explique comment? Comment des gens éduqués, prétendument civilisés même, en arrivent-ils à commettre des gestes comme ceux-là? J'imagine qu'il y a une longue explication, mais y en a-t-il une courte?

L'explication courte est la suivante: on croit que la civilisation va empêcher la guerre, mais les théories actuelles nous conduisent à penser plutôt que c'est la culture qui provoque la guerre. La guerre est le fait d'êtres civilisés, c'est-à-dire que nous, êtres humains, qui prétendons être civilisés, nous nous soumettons au monde de l'artifice qui est le monde humain. C'est le monde de l'outil, de la technique, des armes et aussi le monde de la parole, c'est-à-dire des représentations mentales.

Quand nous nous soumettons à nos représentations mentales, nous nous faisons de l'autre une idée terrifiante: l'autre n'est pas véritablement un être humain. La preuve, c'est qu'il n'a pas la même couleur de peau ou la même religion. Donc, c'est bien de le tuer! Et nous avons des armes, des outils que notre intelligence a créés et nous avons toutes les justifications verbales et techniques pour le tuer. La guerre est probablement le résultat de notre civilisation.

Je veux parler de la maltraitance: faire des enfants-soldats, des enfants-esclaves sexuels, n'est-ce pas incompréhensible quand on vit une vie à peu près normale? Comment une personne comme moi pourrait-elle devenir quelqu'un qui participe à la maltraitance des enfants?

Alors vous, vous aurez du mal. Il faudra vous forcer beaucoup, parce que je crois que vous êtes atteint d'une maladie terrible: l'empathie. Vous vous mettez à la place de l'autre et vous aurez du mal à réduire des enfants en esclavage. Vous vous direz: «Moi, si j'étais à leur place, comment je réagirais? Je ne peux pas tout me permettre.» Donc, si vous êtes un être moral, vous serez handicapé socialement. Vous ne pourrez pas fabriquer des enfants-soldats ni des enfants-esclaves sexuels. C'est l'immense majorité des hommes et des femmes, mais on n'en parle pas. On ne parle que de ceux qui ne sont pas empathiques et qui considèrent les enfants comme des outils pour le travail ou la sexualité. Ils sont très minoritaires, mais quand une société se désorganise et quand le frein moral ne se manifeste plus, ils fabriquent des esclaves sexuels et de la maltraitance pour les enfants.

Vous l'avez évoqué un peu tout à l'heure, vous êtes éthologue[3]. *Y a-t-il, chez les animaux, des comportements semblables à notre cruauté avec leurs petits, par exemple?*

La réponse ici est très brève: non! Chez les animaux, on ne peut pas employer le terme «cruauté» parce qu'ils n'ont pas de représentations de ce qu'ils font. Un homme peut jouir du mal qu'il inflige à un autre, alors qu'un animal qui en blesse un autre le fait parce qu'il réagit, parce qu'il se défend, parce qu'il agresse. L'autre veut lui prendre son territoire, sa nourriture, sa femelle, donc il l'agresse. Mais ce n'est pas pour le plaisir de faire mal.

Les animaux peuvent être violents, mais la plupart du temps, ils ne le sont pas. Les rituels de menace ont pour fonction de faire peur à l'autre et de le faire déguerpir. Si l'autre s'en va, la violence s'arrête. Alors que nous, êtres

---

3. L'éthologie est une méthode naturelle et expérimentale d'étude du comportement des êtres vivants, animaux et humains.

humains, nous nous soumettons à une représentation, et si l'autre s'en va, nous le poursuivons de façon à le détruire même s'il arrête de nous agresser. De plus, nous vivons dans un monde de l'artifice, un monde de représentations, qui est essentiel dans la condition humaine. Si je me fais de vous l'idée que vous n'êtes pas un vrai homme et que vous me voulez du mal, vous êtes un scarabée. Vous êtes un sous-homme qui me veut du mal. C'est donc au nom de la morale que je vais vous détruire et vous poursuivre pour vous anéantir. La violence humaine est sans freins, alors que la violence animale est freinée par un rituel.

Nous nous soumettons à des représentations : vous détruire peut m'amuser, peut me faire plaisir, alors que les animaux vont parfois jusqu'à manger leurs propres petits, mais ils le font en réponse à un enchaînement de réflexes. Ils ne répondent pas au plaisir de détruire quelqu'un.

On peut dire que, dans nos propres cultures, au-delà de la maltraitance évidente, la violence est quand même omniprésente : violence des jeux vidéo, d'Internet, avec la violence pornographique, par exemple. D'où vient-elle : de la recherche de profits, de la mondialisation, de la négligence ? C'est quand même de la violence faite aux enfants, non ?

Je dirais que jusqu'au début du XXe siècle, la violence était quotidienne : la mort était violente, l'espérance de vie des femmes était brève. Jusqu'au XXe siècle, les femmes mouraient à trente-six ans, en moyenne. Les enfants mouraient très jeunes, souvent au cours de la première année. Les hommes vivaient plus vieux puisque les sénateurs romains étaient âgés de quarante-cinq à cinquante ans. À l'époque de Molière, les hommes se mariaient deux ou trois fois au cours de leur vie. Ce n'était pas la peine d'inventer le divorce, il suffisait d'attendre qu'elle meure ! C'est peut-être un peu cynique, mais c'était la réalité. Cela signifie que tous les six mois, on portait le deuil de quelqu'un que l'on aimait.

Encore aujourd'hui, dans les pays pauvres d'Afrique, les femmes meurent très jeunes, à moins de quarante ans ! Quand vous allez dans ces pays, vous voyez beaucoup d'estropiés, de handicapés, qui survivent grâce à la mendicité dans la rue, comme ils le peuvent. La violence est là quotidienne, comme elle l'était chez nous autrefois. Dans l'histoire de la vie privée, on apprend que les estropiés souffraient dans la rue. Les opérations se faisaient sur la place du village. Les médecins ouvraient les ventres sans anesthésie. Ils enlevaient les objets qui avaient pénétré dans l'estomac ou dans les tripes.

Toute l'éducation était organisée autour de «comment supporter la violence». Il y a deux générations, ici, on apprenait la violence aux garçons. On disait : « Un garçon qui ne se bat pas est un lâche ! » On leur apprenait à se battre. Les riches apprenaient à se battre avec des armes : les épées, les révolvers, la savate a donné la boxe française. Les garçons pauvres se battaient avec leurs pieds, leur tête et leurs poings. Le phénomène de la violence ne pouvait pas être pensé puisqu'elle était quotidienne, normale, et qu'on l'enseignait aux garçons. La violence était une valeur de la société, une valeur liée à la survie. La mort des femmes en couche était une violence que la nature leur imposait. Les hommes s'infligeaient entre eux une violence physique parce que les conditions d'existence étaient terribles. Aujourd'hui, une telle violence n'a plus de sens. Dans notre nouveau contexte, la violence est insupportable parce qu'elle est destructive. Elle était constructive il y a deux générations. Tous les États se sont édifiés dans la violence. On apprenait aux hommes à se battre pour aller attaquer la cité voisine et s'emparer des biens des ennemis. C'était considéré comme une fête, une victoire. J'étais enfant quand la bombe atomique a explosé à Hiroshima. Je peux vous assurer que dans les rues françaises, on a entendu une explosion de joie. Deux cent mille morts en une minute et c'était la joie ! Car cela signifiait la fin de la guerre. Aujourd'hui, s'il y avait deux cent mille morts en une minute, ce serait un scandale. C'est la preuve de notre progrès, mais c'est un progrès très récent.

Et cela, après avoir frisé la catastrophe planétaire avec l'arme nucléaire !

Je ne suis pas sûr que nous en soyons épargnés. Cette conquête technologique peut nous mener à la mort, à la disparition de l'espèce humaine. Après tout, elle est jeune, n'est-ce pas ? À peine deux millions et demi d'années. Si l'on dit que 99 % des espèces vivantes ont disparu – et il semble que l'espérance de vie moyenne d'une espèce est de sept millions d'années –, il ne nous reste que quatre à cinq millions d'années à tirer !

Tout cela pour dire que la vie est violente. La survie, elle, est encore plus violente. Et la violence a changé de forme avec la machine et avec la technologie. C'est-à-dire que maintenant, nous ne supportons plus la violence des poings. Dès que deux petits garçons se battent dans la cour d'école, on les sépare. Les filles s'y mettent à leur tour, elles commencent à se battre physiquement. On leur apprend les sports de combat et elles sont fières de se battre : « Ce n'est plus un privilège de garçon, disent-elles. Nous aussi on sait le faire ! » Des bandes de filles délinquantes commencent à apparaître et elles font preuve d'une extrême violence.

La violence a changé de forme, elle devient froide maintenant. Et la pire des violences qui vient de la technologie est celle du stylo ! Avec un stylo, je peux écrire un récit de raciste qui va légitimer l'élimination de ceux qui n'ont pas la même couleur de peau que moi, qui n'ont pas la même religion, qui ne pensent pas comme moi tout simplement. Car le seul qui pense bien, c'est moi ! Si vous ne pensez pas comme moi, j'envoie chez vous l'armée ou la police et c'est au nom de la morale que je vous éliminerai. Le stylo peut très bien faire des récits qui légitiment la violence. Il peut exercer une violence morale ou une violence administrative extrême. D'une signature, je peux condamner à l'élimination des milliers d'enfants ! Je peux empêcher d'aller à l'école des dizaines, des centaines de milliers d'enfants. La violence moderne est technologique. La violence ancienne était insupportable parce qu'elle se faisait avec le corps, celle d'aujourd'hui se fait avec la technologie.

Pour ce qui est de la pornographie, je pense que, jadis, les enfants étaient éduqués très tôt à voir et à entendre les rapports sexuels de leurs parents. Il y a une génération, les enfants dormaient dans la même chambre que leurs parents. Il y avait même des lits sur les bas-côtés : les filles dormaient sur les bas-côtés et les garçons dormaient par terre. Le chauffage central était produit par les vaches. Tout le monde dormait dans une seule pièce et les enfants assistaient aux ébats sexuels de leurs parents. Ce n'était pas vécu comme pornographique. C'était la vie, c'était la nature. Or, maintenant, c'est vécu comme pornographique parce que l'un des deux est fait l'objet sexuel de l'autre. La signification de l'acte sexuel a changé. Avant, on disait : « C'est la nature, on fait comme les animaux. » Les enfants grandissaient en assistant aux rapports sexuels entre l'étalon et la jument. Ils comprenaient très bien que nous, êtres humains, nous faisons partie des mammifères, nous faisons la même chose alors, avec la même méthode.

Dans la pornographie, il y a une commercialisation du corps. Ce n'est pas une commercialisation des personnes, c'est une commercialisation de morceaux de corps : l'autre est considéré comme une chose puisqu'on ne voit de l'autre que la portion du corps qui est utile à l'acte sexuel. Nous assistons à une réduction extrême de l'autre qui n'est ni une personne ni même un corps, mais une portion, un orifice.

Un autre problème, bien présent chez vous, mais qui prend des proportions planétaires, est la transformation de notre monde par les grandes migrations. C'est difficile pour les enfants de l'immigration. On dit que 30 % d'entre eux sont malheureux. Vous avez déjà dit des choses là-dessus, je crois.

Les génocides arménien, juif, rwandais, et d'autres qui nous ont échappé, ont été la honte du xxe siècle. Ces génocides ont tous été commis au nom d'un récit. « Les Arméniens nous trahissent », disaient les Turcs. « Les Juifs fomentent un complot mondial pour nous dominer », disaient les nazis. Les Hutus disaient : « Les Tutsis veulent nous dominer parce qu'ils ont trois vaches. Vous voyez à quel point ils veulent nous dominer ? Ils ont trois vaches, alors que nous n'en avons qu'une. Il est donc normal de les tuer ! » Le déclenchement des génocides est dû à des récits et dont les objets techniques ont permis la réalisation. L'armée et les prisonniers turcs ont permis d'égorger presque un million d'Arméniens. La technologie allemande, qui était excellente, l'administration et les gaz ont permis d'éliminer sept adultes sur dix et neuf enfants sur dix, en trois ans, en Europe. La « radio des mille collines » a planifié le génocide rwandais, en diffusant des messages : « Concentrez-vous dans tel quartier, de telle heure à telle heure. » Le mouvement était planifié, grâce à la technologie de la radio. Même si les hommes se servaient de machettes, les cerveaux obéissaient à la radio. La technologie participe beaucoup à la honte du xxe siècle.

Je pense que le problème du xxie siècle sera l'immigration. Je ne vois pas pourquoi des gens accepteraient de mourir de faim et de soif, à une heure de chez moi. Ici, il y a de l'eau, il y a de l'argent. Ils croient que nous allons partager le travail, alors, ils viennent. Dans un premier temps dans l'immigration, il y a un espoir. Quand les immigrés arrivent dans le nouveau pays, c'est la lune de miel. Mais très rapidement, c'est la lune de fiel, car ils sont mal reçus, ils ne connaissent pas les rituels, ils n'ont pas les qualifications pour travailler, ils sont déracinés de leur culture. Ils vivent donc au moins deux traumatismes : le traumatisme qui les force à partir et celui de l'accueil dans le nouveau pays.

La sécheresse qui commence à s'étendre sur le vieux continent est un des facteurs d'émigration. Au Canada, vous n'aurez pas ce problème, mais on l'aura en Europe. On le voit déjà en Europe du Sud, le sud de l'Espagne, par exemple, est en train de se désertifier. L'autre jour, je survolais Séville en avion : il y a une toute petite couronne verte autour de cette ville merveilleuse, une minuscule couronne verte et le désert commence tout de suite après. Certaines villes sont déjà abandonnées parce qu'il n'y a plus d'eau. Elles étaient neuves, modernes, et il n'y a plus d'eau! J'ai travaillé en Algérie, il n'y a pas longtemps, où l'eau n'était disponible que deux heures tous les jours. Le phénomène de la rareté de l'eau va provoquer des mouvements de population fantastiques.

Les gens meurent de faim et de soif. Ils vivent le traumatisme qui les fait partir: la faim, la soif, la violence politique. Le deuxième traumatisme, c'est l'accueil: ils arrivent, ils ne connaissent pas la langue, ils ne connaissent pas les rituels et ils sont souvent agressés. Beaucoup d'entre eux vivent un troisième traumatisme parce qu'ils sont exploités par des passeurs ou par des pirates qui les attaquent pendant qu'ils traversent. Des Africains tentent de traverser la Méditerranée pour aller au sud de l'Espagne ou au sud de l'Italie. Ils sont maltraités en route, parfois jetés à la mer carrément. Ce sont en majorité des garçons et leur famille les encourage à partir: «Tu as vingt ans, vingt-cinq ans, il n'y a pas de travail ici. Si tu es un homme, tu dois partir. Tu vas peut-être mourir au cours de la traversée, tu vas dormir par terre et tu seras exploité par le pays d'accueil, mais si tu arrives à trouver un petit travail, tu vas vivre comme un pauvre, tu mangeras peu, tu dormiras par terre et tu nous enverras tout ton argent. Et ton argent nous permettra à nous de ne pas mourir. Si tu es un homme, tu feras ça. Et si tu le fais pas, eh ben t'es pas un homme!» Beaucoup d'Algériens du Sud ont ainsi été envoyés en France, sacrifiés par leur famille et mal reçus en France. Ils ont été exploités par leur famille et par l'industrie française. Ces personnes sont constamment traumatisées, de manière répétitive. Et quand la France a fait venir les femmes pour favoriser la réunion familiale, en pensant: «Ces hommes seront moins malheureux, s'ils ont une famille en France», les femmes sont devenues malheureuses à leur tour. Elles perdaient leur pays d'origine et n'étaient pas bien reçues dans le pays d'accueil. Les enfants se sont développés dans un milieu familial qui leur présentait la France comme un mauvais pays.

Tout le monde a été plus ou moins complice de cette situation. Des complices involontaires bien sûr, parce que les Algériens mouraient de misère et de conflits politiques. Il y a eu deux cent mille morts en Algérie tués par le terrorisme, plus que pendant la guerre d'indépendance contre l'armée française. Ces gens mouraient chez eux. Ils venaient ici, attirés par un leurre, et se retrouvaient exploités par l'industrie française et mal accueillis par la population. Les enfants ont grandi dans une famille immigrée malheureuse. Ils ont appris que ce n'était pas un pays généreux qui les accueillait. Ce traumatisme s'est transmis à travers les générations et on voit pourquoi, aujourd'hui, les jeunes souffrent encore du mauvais accueil fait à leurs parents ou à leurs grands-parents.

Je comprends ce que vous voulez dire par « immigration massive ». Nous n'avons pas de mouvement semblable au mouvement algérien, chez nous. Les immigrés viennent de partout, en nombre plus ou moins contrôlé. Les pays essaient de freiner l'immigration.

Pour le Canada, il y a la barrière de l'océan. Les voyages sont plus chers. De plus, le Canada contrôle l'immigration.

Quels sont nos devoirs, en tant que société, à l'égard de ces immigrants, à l'égard des enfants, surtout ? Ces enfants ont perdu un peu de leur identité, c'est déjà un problème, et ils se retrouvent confrontés à d'autres identités…

Les parents sont malheureux, les enfants sont déchirés. On sait maintenant que ce qui permet à un enfant de bien se développer, c'est la stabilité affective. Les conditions politiques, économiques et culturelles dans lesquelles se retrouvent les petits immigrés ne leur offrent pas la stabilité affective dont ils auraient besoin pour se développer. Ils ont des parents malheureux : une mère malheureuse, non autonome, soumise à son mari et à la société qui l'accueille mal. Un père qui va travailler très tôt le matin et rentre tard, le soir. Il travaille tellement qu'il n'a pas le temps d'apprendre la langue. Les enfants grandissent dans un milieu insécurisant. Par bonheur, ils sont accueillis dans les écoles où ils apprennent la langue française, mais ils ne s'y plaisent pas. Ils méprisent souvent leur père. Les mères, elles, gardent un certain pouvoir affectif. Quand on parle avec ces enfants, très souvent on les entend dire : « J'ai peur de faire du mal à ma mère, donc je ne dis pas tout. Je me freine un peu parce qu'elle serait malheureuse. Mais mon père, c'est pas un homme ! Ça fait trente ans qu'il est là, il ne parle toujours pas la langue. Regardez, il a toujours eu un métier d'idiot. Regardez, il ne sait pas vivre, il est dans un coin. J'ai du mépris pour mon père. » Voilà ce que l'on entend au Proche-Orient ou dans les pays pauvres. Alors qu'avant, les hommes étaient glorifiés, ils étaient des héros familiaux. Quand un homme descendait dans la mine ou entrait aux chantiers navals, il était respecté. Dans la mine de charbon, près de Toulon, les conditions de travail étaient physiquement terribles. Les hommes ne voyaient pas le soleil, pourtant c'est un pays de soleil, la Méditerranée. Ils descendaient à quatre ou cinq heures du matin et quand ils ressortaient, il faisait nuit. Ils travaillaient dix à douze heures par jour. Les femmes les soignaient, parce que lorsqu'ils faisaient tomber le charbon, leur tête était protégée par le casque, mais pas leur dos. Le dos des hommes était constamment balafré et suppurant. Les femmes jouaient le rôle d'infirmière et soignaient le dos de leur homme. Beaucoup de dames âgées m'ont expliqué que leur mari rentrait du travail tellement fatigué qu'elles faisaient couler de l'eau dans une cuve – il n'y avait pas de salle de bains, à l'époque – et qu'elles le lavaient.

Des hommes plus jeunes que moi, des femmes plus jeunes que moi me l'ont raconté. En une génération, les conditions de travail se sont métamorphosées. Ces enfants d'immigrés n'ont plus la culture de leur origine et n'ont pas la culture du pays d'accueil. Ils sont donc entre deux cultures. Ils sont mal structurés, ils sont anxieux et leur départ dans la vie est sans doute difficile. Beaucoup de Maghrébins s'intègrent très bien aujourd'hui. On n'en parle pas, parce qu'on ne parle que de ce qui va mal. Mais il a fallu deux ou trois générations de souffrance avant qu'ils s'intègrent. On parle surtout de la minorité qui a encore du mal à s'intégrer ou de la minorité qui croit retrouver ses racines en découvrant l'intégrisme.

Oui, il y a ces jeunes filles qui décident de porter le voile à quinze ou seize ans...

On en parle beaucoup, et je crois qu'il faut en parler. En 1933, en Allemagne, 3 % seulement de la population était nazi. Six ans après, 98 % de la population l'était devenu. Une épidémie psychique se déclenche très vite. Or, actuellement en France, il y a très peu de femmes qui veulent porter la *burqa*. Au Proche-Orient, où je travaille souvent, les femmes m'expliquent qu'elles sont obligées de porter la *burqa*. Pas tellement à cause des hommes, mais à cause du conformisme entre femmes. Elles disent : « Si je ne porte pas la *burqa*, je ne pourrai plus trouver une femme avec qui parler. » Dans beaucoup de discussions, les hommes ont dit à leur femme : « Si tu portes la *burqa*, je divorce. » Les femmes ont répondu : « Mais si je ne porte pas la *burqa*, je ne pourrai plus parler à personne ! » Il y a donc une pression de conformité des femmes entre elles.

En France, je crois qu'elles sont à peu près deux mille, c'est très peu. Mais il faut attacher de l'importance à ce phénomène parce qu'il est un symptôme de bonheur dans la servitude. La Boétie a été le premier à en parler, il disait : « C'est étonnant de voir à quel point les hommes et les femmes se plaisent à se soumettre. » Effectivement, on voit que ces femmes-là déclenchent un processus de bonheur dans la servitude : «Je me soumets au chef, qui est l'intermédiaire entre Dieu et les hommes. Ma soumission est donc une preuve de grandeur. C'est une sublimation : je sublime ma soumission parce que s'il a le pouvoir, c'est grâce à ma soumission.» S'il y a complicité de notre part, le processus peut très bien nous échapper, comme le nazisme s'est imposé au peuple allemand. Les Allemands étaient un peuple très cultivé. La culture germanique est une belle culture technique, artistique, philosophique et, pourtant, elle a donné naissance à l'une des plus grandes tragédies de l'histoire humaine, par conformisme, par une épidémie psychique qui s'est déclenchée en six ans. C'est pourquoi je pense que même si ces femmes ne sont qu'un petit nombre en France à vouloir se soumettre, il faut faire très attention. Une épidémie psychique va très vite. Je rentre du Maroc et des amis français qui enseignent là-bas me disaient : «Quand j'ai commencé à enseigner au Maroc, il n'y avait pas une seule femme voilée parmi les étudiantes.» La dernière fois que j'y suis allé, presque toutes les étudiantes étaient voilées ! Le mouvement va vite et les femmes se voilent avec bonheur. Ce n'est que lorsqu'elles souffriront qu'elles comprendront qu'elles se sont aliénées.

Est-ce que la famille, aujourd'hui, ici en Occident, donne à ses enfants ce dont ils ont besoin pour affronter la vie de façon heureuse ? Sommes-nous sur la bonne voie ?

Oui, nous sommes sur la bonne voie, mais il reste encore beaucoup à faire, la voie est longue. Je pense que la première amélioration vient du fait que, maintenant, très peu de bébés meurent à la naissance : un sur dix mille, un sur vingt mille. Il n'y a pas si longtemps, c'était un sur deux. Il y a donc là un réel progrès. Le deuxième progrès est physique : on s'occupe physiquement, biologiquement, bien des enfants et ils se développent beaucoup mieux que leurs parents ou leurs grands-parents.

On parle beaucoup de l'épanouissement des filles actuellement, ce qui est vrai : les filles se développent mieux que les garçons, mais les garçons s'épanouissent physiquement beaucoup mieux qu'autrefois. Grâce au service militaire, nous pouvons faire des comparaisons : nous voyons comment grandissent les générations. Par rapport à leur mère et surtout à leur grand-mère, les filles sont plus grandes. Elles ont une espérance de vie qui est incroyablement plus longue que celle de leur arrière-grand-mère qui mourait à trente-six ans. Aujourd'hui, une petite fille qui naît a toutes les chances de dépasser les cent ans. Et comme elle maîtrise sa fécondité, grâce à ce que l'on appelle «la pilule», elle peut se dire : «Comme toutes les femmes occidentales, je vais faire 1,4 ou 1,5 enfant. Ce sera deux ans de ma vie. Qu'est-ce que je vais faire des quatre-vingt-dix-huit ans qui me restent à tirer ?» La pilule, invention technique élémentaire, métamorphose la manière dont les femmes se pensent. Désormais, elles peuvent dire : «Sur les cent années de vie que je peux espérer, je vais en consacrer deux à la maternité et quatre-vingt-dix-huit à une aventure sociale, une aventure de la personne.» Ce que les mères et les grands-mères d'autrefois n'imaginaient pas. C'est un immense progrès pour les femmes.

Pour les garçons, il y a aussi un grand progrès, mais il est physique : la différence de taille entre les filles et les garçons est beaucoup plus grande aujourd'hui qu'au début du siècle dernier. Elle était de douze centimètres, au début du XXᵉ siècle ; elle est de presque dix-huit centimètres, au début du XXIᵉ siècle. Mais dans les nouveaux contextes technologiques que nous connaissons, les filles se développent beaucoup plus vite que les garçons sur le plan neuro-psychologique. Elles ont des pubertés très précoces, certaines se manifestent à neuf ou dix ans. Or, ces petites filles se retrouvent dans un corps de jeune femme, alors qu'elles ne sont encore que des enfants : «Qu'est-ce que je vais faire de ce corps de femme ? Je ne comprends pas ce qui m'arrive, je ne comprends pas ce qui m'apparaît.» L'angoisse se développe chez elles parce qu'elles ne comprennent pas ce qui leur arrive. En revanche, leur maturation neuropsychologique est très en avance, de plus en plus en avance par rapport à celle des garçons. On le voit dans les consultations de neuropsychiatrie : jusqu'à la puberté, on ne trouve pratiquement que des garçons et très peu de filles. Les premières étapes du développement des filles sont bien plus stables. Une culture en paix, comme la nôtre, correspond très bien au développement des filles qui, biologiquement, sont «XX». Elles ont des cycles hormonaux réguliers. Les garçons sont «XY» et l'on dit que leur petit chromosome «Y» est un chromosome fragile. Il est porteur de beaucoup de maladies, il n'est pas un facteur de stabilité. Voilà sans doute pourquoi, dans les consultations jusqu'à la puberté, il n'y a pratiquement que des petits garçons. En revanche, après la puberté, le rapport s'inverse. Les garçons ont été éliminés ou bien soignés et, à ce moment-là, ils prennent confiance en eux, alors que les filles sont devenues anxieuses. Elles sont devenues anxieuses quand leur corps de femme est apparu à neuf ou dix ans, car elles ne comprenaient pas : «Mais qu'est-ce qui m'arrive ? Je ne comprends pas. Qu'est-ce que je vais faire avec ces seins qui poussent ? Qu'est-ce qui se passe ?» En revanche, sur le plan neuropsychologique, elles sont bonnes élèves. Elles le sont parce qu'elles ont la stabilité qui leur permet d'être bonnes à l'école. L'école sélectionne les enfants stables, les enfants qui rentrent chez eux, qui font leurs devoirs et qui ont des notes plus élevées que la moyenne. Les garçons, eux, sont éliminés. La routine les rend malheureux. Notre société sélectionne sur le diplôme. Il y a donc là une bombe à retardement que l'on n'évalue pas encore. On peut faire l'hypothèse que dans une génération, les filles feront tout fonctionner dans la société puisqu'elles peuvent exercer tous les métiers maintenant. Elles auront les diplômes, alors que les garçons commencent à décrocher. On le voit au Canada encore plus qu'ailleurs, mais le mouvement arrive en France. Le décrochage des garçons que l'on constatait chez les Québécois et dans d'autres pays occidentaux comme aux États-Unis, par exemple, commence à se manifester en France. Les filles bénéficient de la régularité nécessaire pour être bonne élève. Ce qui veut dire que dans une génération, les femmes feront tout et les garçons ne feront que les choses importantes, c'est-à-dire aller au café et jouer au football, au soccer comme vous dites. Pour des raisons neuropsychologiques.

C'est très intéressant! On se pose souvent la question: «Pourquoi les garçons décrochent-ils ? Pourquoi les filles sont-elles majoritaires maintenant à l'université ? »

Lorsque j'ai fait mes études de médecine, il y avait autant de filles que de garçons à l'université. Les filles décrochaient parce que les conditions d'étude n'étaient pas les mêmes. Ce n'était pas la routine: nous avions presque tous un emploi, parallèlement à nos études, sauf les enfants de grands bourgeois. Les filles concevaient leur vie autrement, l'aventure intellectuelle était secondaire pour elles, elles voulaient être mères de famille. Elles avaient donc des diplômes – ce qui est le cas de ma femme – et elles décidaient de ne pas pratiquer le métier qu'elles avaient appris. Elles trouvaient qu'il était plus important de s'occuper d'une famille. Maintenant, elles pensent qu'elles veulent bien mettre au monde 1,5 enfant, mais elles veulent aussi devenir des personnes. L'école leur donne un pouvoir qu'elles n'avaient pas avant. En plus, d'après des travaux québécois sur les effets de la mixité, on constate que la mixité scolaire a des effets secondaires que l'on n'a pas maîtrisés. Par exemple, à cause de cette puberté précoce qui rend les filles anxieuses, elles travaillent mieux à l'école, elles attachent de l'importance au regard des autres, elles ont peur de leur enseignante. Elles ont peur d'être de mauvaises élèves, alors que les garçons sont trop sûrs d'eux et se disent : « On verra bien ! » Jusqu'en 1970, le lectorat n'était pratiquement composé que par des hommes. En 2010, ce sont les femmes qui lisent !

Ne le dites pas, mais je ne suis pas très bon en anglais et j'ai décidé de suivre des cours, avec des femmes et des hommes de mon âge. Les femmes âgées font comme les petites filles : elles font les devoirs, recopient les notes de cours, etc. Pas un garçon ne se donne cette peine. Le professeur nous demande : « Vous avez fait les devoirs ? » Les filles disent toutes : « Oui. » Pas un seul garçon n'a fait ses devoirs ! Cette attitude dure toute la vie.

Mais je m'interroge sur la famille. Y a-t-il un modèle familial qui soit plus favorable ? Je sais qu'aux États-Unis, on ne mange plus en famille, je ne sais pas en France… Les hommes et les femmes travaillent, ils ne sont plus beaucoup à la maison et pourtant il faut bien élever les enfants ?

Il faut leur offrir une stabilité affective. Et la stabilité affective n'est pas forcément offerte par la mère et le père. Dans certaines cultures, en Afrique, par exemple, les enfants se développent très bien, c'est le village entier qui élève les enfants. Je suis allé chez les Mochicas du Pérou. Là aussi, le village entier s'occupe de l'éducation des enfants. Il n'y a pas de compétition entre les hommes et les femmes parce qu'il y a une spécialisation des tâches. Les hommes partent le matin très tôt, vont sur les chantiers à Lima, dorment par terre sur leur lieu de travail, parce que c'est trop loin pour rentrer au village. Les femmes s'occupent du village, les hommes leur remettent tout leur argent. Comme mes patients étaient fiers autrefois de donner tout leur argent à leur femme. C'est le contraire de ce que disent les féministes. Les hommes ne se sentaient pas dominés parce qu'en donnant tout leur argent à leur femme, ils étaient fiers : « Grâce à moi, ma femme est heureuse. » Ils étaient des héros familiaux : « Grâce à moi, mes enfants vont pouvoir aller à l'école et bien se développer. » Ces hommes souffraient sans dire un mot parce qu'on apprenait aux petits garçons à ne pas se plaindre. Ils travaillaient dans des conditions physiques de torture parfois, mais ils étaient fiers de ne pas se plaindre et ils étaient héroïsés dans leur famille. Ils donnaient tout leur argent, comme le font les Indiens encore aujourd'hui. Les femmes mochicas gèrent la vie du village. Quand les hommes reviennent, pour les jours de repos, ils participent à l'éducation des enfants. La mère est une figure d'attachement importante, mais autour d'elle il y a des hommes, d'autres hommes, d'autres femmes, et tout le monde participe à l'éducation des enfants. Ceux-ci grandissent bien, même s'ils sont très pauvres. Ils sont épanouis, détendus, et ne manifestent pas beaucoup de troubles psychologiques. Dès qu'ils le peuvent, ils apprennent un métier. Ils sont très attachés à leur famille. Presque tous les soirs, il y a une fête au village, comme au Rwanda avant le génocide. Quand il y avait un problème, les gens se réunissaient et discutaient à la veillée de la solution à apporter à ce problème : une aide familiale ou un avertissement à donner à tel homme ou à tel enfant. Il y avait une vraie culture.

Maintenant, en Occident, c'est le triomphe du *sprint* et de l'individualisme. Nous vivons dans une culture de l'urgence. Les femmes participent à cette culture de l'urgence et du *sprint*. Ce qui fait qu'il y a énormément de *burnout*. Quand j'ai commencé mes études, on disait : « dépression d'épuisement professionnel ». Ça fait plus chic, maintenant, de dire *burnout*. Il y en a de plus en plus. Cet épuisement psychique est dû à la contrainte et non à la pénibilité du travail. Les hommes qui travaillaient au chantier ou à la mine étaient physiquement épuisés. Ils ne faisaient pas de dépressions, ils étaient épuisés. Leurs femmes les admiraient, leurs enfants les admiraient, et les femmes soignaient leur dos. Le travail était une torture, mais ces hommes étaient fiers et les femmes étaient fières de leur mari. Aujourd'hui, les femmes sont-elles fières de leur mari qui pratique le même métier qu'elles, et pas toujours mieux ?

Les conditions techniques ont complètement modifié les rapports entre les sexes et la vision que l'on a des autres. Les enfants démarrent bien maintenant dans la vie, mais les déterminants du développement diffèrent selon les étapes. Ce qui facilite le développement d'un bébé n'est pas ce qui convient à un adolescent. Pour le développement d'un bébé, l'un des déterminants est la stabilité affective. En Europe du Nord, les Finlandais, les Suédois, ont créé des centres de résilience. Ils ont étudié les conditions de développement optimum d'un enfant et ils ont constaté que la stabilité affective est primordiale. C'est pourquoi la mère, mais pas seulement la mère, le père, la tante, la famille, tous ceux qui travaillent dans les métiers de la petite enfance, que l'on a beaucoup sous-estimés, sont mis à contribution. Si l'on développe les métiers de la petite enfance, le poids des enfants sera moins lourd pour les femmes qui veulent aussi avoir une aventure sociale. On a créé là ce que, dans les théories de l'attachement, on appelle un « système familial à multiples attachements ». Quand il y a de multiples attachements autour du bébé, il y a beaucoup de facteurs de protection.

Si la mère tombe malade, il y aura d'autres tuteurs de développement près de l'enfant qui pourra continuer sa croissance. Si le père meurt, s'en va ou tombe malade, l'enfant continuera de grandir. Dans la culture cellulaire qui est la nôtre, le développement de l'enfant dépend de l'état de ses parents et surtout de l'état de la mère. Si la mère déprime, l'enfant déprime. Si le père rend malheureuse sa femme, la mère et l'enfant dépriment. Dans un système à multiples attachements, s'il y a une difficulté, une maladie, une mort, une maltraitance, l'enfant parvient à se développer quand même, tant bien que mal.

Vous parlez des métiers de la petite enfance, qu'est-ce que c'est?

En France, il y a une dizaine de métiers de la petite enfance : sage-femme, puéricultrice, assistance maternelle, jardinière d'enfants, directrice de crèche, éducatrice, enseignante, etc. L'éducation est un domaine très féminin.

Je pense à tout le discours qu'il y a actuellement autour du fait que la mère doit rester avec son enfant le plus longtemps possible après la naissance. D'un autre côté, il y a Élisabeth Badinter, la féministe, qui dit : « Non, c'est une offensive naturaliste. La mère a le droit d'aller travailler le plus tôt possible et de poursuivre ses ambitions… » Est-ce que l'enfant doit rester le plus longtemps possible avec sa mère? Jusqu'à quel âge?

Un enfant doit rester avec sa mère jusqu'à ce que lui-même devienne adulte. Si vous êtes d'accord avec ça, vous reconnaîtrez que nous terminons notre adolescence vers cinquante-cinq, soixante ans (rires). Si vous acceptez ce raisonnement, cela veut dire que les femmes sont complètement consacrées, sacrifiées pour leurs enfants, comme les hommes étaient sacrifiés pour leur famille autrefois. Quand les hommes partaient à l'armée ou à la mine, ils étaient sacrifiés et les femmes étaient consacrées à leur mari et à leurs enfants. Aujourd'hui, on pense que les enfants peuvent se développer sans que les mères ou les pères soient sacrifiés. Voilà pourquoi il faut développer les systèmes à multiples attachements. Dans ce système, la mère peut avoir une aventure sociale. Elle consacre à la maternité neuf mois. Il y a là une règle naturelle qui n'a pas été votée par les hommes, à laquelle il est impossible d'échapper : il faut neuf mois de grossesse. Très souvent, quand les femmes mettent au monde un enfant prématuré, elles sont malheureuses. Elles disent : « On m'a volé les deux derniers mois de ma grossesse. » Elles éprouvent un sentiment de manque. Contrairement à ce que dit Badinter, il y a un déterminant naturaliste. Moi, j'ai remarqué que chaque fois qu'un homme et une femme font l'amour, c'est toujours les femmes qui sont enceintes ! Malgré les réformes, ça continue ! Il y a là un déterminant naturel, bien évidemment. Mais il ne faut pas que ce soit un déterminant culturel. Il ne faut pas que les femmes soient sacrifiées parce qu'elles portent les enfants. Si l'on crée culturellement, légalement, un système à multiples attachements, les femmes continueront de porter les enfants – tant que l'on n'aura pas mis au point l'utérus artificiel –, mais elles ne consacreront à la maternité que deux ans sur les cent ans d'existence qui leur sont promis. Il faut un système légal de développement des métiers de la petite enfance pour que les femmes ne soient pas éliminées à l'occasion de la grossesse. Beaucoup de femmes perdent leur emploi à ce moment-là, même quand le patron est une femme. C'est une question de rentabilité. Que l'on soit homme ou femme, quand on a un poste de responsabilité, on élimine une femme enceinte. La grossesse est une entrave sociale due à un impératif, un déterminant naturel. Mais si l'on développait le système à multiples attachements, les femmes auraient le bonheur, le plaisir de porter un enfant, sans que la grossesse devienne une entrave sociale. Les femmes ont cet étrange bonheur de porter un enfant et de le mettre au monde. Pour que ce bonheur ne se transforme pas en aliénation ou en entrave sociale, il faut qu'il y ait un système culturel et social de multiples attachements : la femme, le père, l'homme désigné par la mère, les grands-parents, etc. Il n'y avait pas de grands-parents au siècle dernier ! Nous sommes la première génération dans laquelle les enfants ont quatre grands-parents. La vieillesse vient de naître. Nous pouvons donc nous répartir la charge des enfants.

Nous commençons à voir les résultats de ce système chez les Finlandais, qui le font depuis une génération, et chez les Suédois. Nous évaluons physiquement, médicalement, mentalement, scolairement le devenir de ces enfants. Quand le système culturel et quand les lois sociales organisent un système à multiples attachements autour du bébé, le poids de l'enfant est moins lourd pour la mère. Le père participe à l'éducation de la petite enfance et les enfants s'attachent au père plus que quand le père disparaît. Le système à multiples attachements permet de répartir les tâches du soin de l'enfant. Les professionnels jouent leur rôle, les jardinières d'enfants, les puéricultrices, les éducatrices.

Les enfants sont moins lourds pour la mère et beaucoup plus heureux. Ils se développent bien et l'on trouve très peu de troubles psychologiques, même chez les garçons. Les résultats scolaires sont excellents, on le voit d'après l'évaluation PISA [4]. Les petits Finlandais sont les médaillés d'or du bon développement physique, mental et scolaire. Ils ont deux fois moins d'heures de cours que les petits Français et ils ont les meilleurs résultats scolaires du monde. On trouve chez eux très peu de troubles psychiques parce qu'ils ont eu la stabilité affective, la sécurité et la dynamisation que procurent ce que l'on appelle les «interactions précoces»: la stabilité affective au cours des premiers mois de la vie. Ce système permet donc de libérer les mères du poids des enfants et de bien développer les enfants.

C'est très intéressant quand on pense à ce que vous dites, que «la résilience est possible à la condition de s'être senti aimé dès l'enfance». L'enfant peut être aimé par plusieurs personnes.

Élisabeth Badinter dit que les théories de l'attachement aliènent les femmes en mettant tout le poids des enfants sur les mères. Ce qui est faux. Depuis 1950, John Bowlby et tous les spécialistes qui travaillent sur les théories de l'attachement montrent que le système à multiples attachements facilite, améliore le développement des enfants. Il permet de répartir le poids des enfants sur un grand nombre d'adultes, qui participent à l'attachement. L'enfant se développe mieux, les femmes sont respectées et les hommes plus aimés. Tout le monde en bénéficie.

Je pense qu'elle ne serait pas totalement en désaccord avec vous. Ce qu'elle dit c'est que les femmes peuvent retourner au travail plus rapidement, elles n'ont pas à se soumettre à l'enfant, au poids de l'enfance. Elles n'ont pas à allaiter pendant trois ans.

Jadis, dans les pays pauvres, l'allaitement servait d'anticonceptionnel, avant l'invention de la pilule. Les mères s'arrangeaient pour garder au sein le plus longtemps possible le bébé, de façon à bloquer l'ovulation. Ce que ne faisaient pas les Québécoises qui, elles, mettaient au monde un enfant tous

---

4. PISA: acronyme pour «Programme international pour le suivi des acquis des élèves». C'est un ensemble d'études de l'OCDE visant à mesurer les performances des systèmes éducatifs des pays membres. Le Canada en fait partie.

les ans ou pratiquement. Elles étaient les médailles d'or de la maternité! Il y avait d'ailleurs un enjeu politique dans ces naissances : si on parle encore français au Québec, c'est grâce à cette loi des curés. C'est ce qui se passe au Proche-Orient, actuellement. Les femmes sont aliénées par des politiciens qui leur recommandent de mettre au monde le plus d'enfants possible pour voter. L'enfant devient un argument politique. Les femmes sont sacrifiées pour qu'un parti prenne le pouvoir. Ce qui s'est passé en Roumanie était criminel : le linge des femmes était surveillé pour être bien sûr qu'elles étaient enceintes. Il y avait un véritable viol de l'intimité. En même temps, elles devaient travailler dix ou douze heures par jour. Les crèches n'existaient pas et il n'y avait pas de système à multiples attachements. Elles mettaient au monde un enfant dont elles ne pouvaient pas s'occuper. Ces enfants ont rempli les orphelinats qui étaient des mouroirs, en réalité. J'en ai vu, j'ai travaillé dans ces établissements. Les enfants mouraient et ceux qui ne mouraient pas ne se développaient pas normalement. C'est une expérimentation tragique qui constitue une preuve de la validité des théories de l'attachement.

Est-il vrai qu'un enfant peut mourir s'il est privé d'affection ?

Oui! Ces enfants étaient génétiquement sains, biologiquement sains, mais ils étaient élevés en « batterie », comme des poulets. En réalité, ils n'étaient pas élevés, ils étaient placés dans des lits et personne ne s'en occupait. La plupart sont morts, alors qu'ils étaient sains, ils n'avaient pas de maladies. Ils n'avaient personne pour qui manger. Un bébé ne mange que si une figure maternelle l'entoure. Il ne tète que si sa mère le regarde. Il ne prend le biberon que s'il y a une sécurité affective autour de lui. L'alimentation est un comportement relationnel. Vous n'invitez pas une femme au restaurant pour lui donner des glucides, des lipides et des protéines, mais pour établir une relation affective. « Et plus, si affinités. »

Une dernière question : comment peut-on sauver des enfants qui ont connu la maltraitance, l'inceste, l'esclavage ? Quelles sont les meilleures méthodes pour susciter la résilience, par exemple ?

En psychologie, on s'inspire beaucoup des Québécois. Leurs chercheurs sont à la fois des praticiens et des théoriciens, alors qu'en France, il y a trop de théoriciens. Les chercheurs québécois doivent aussi faire de la consultation. Ils font donc sur la maltraitance une recherche que j'aime beaucoup, qui n'est pas délirante, qui est un peu théorique, mais pas trop. Vous connaissez le slogan : « Un enfant maltraité deviendra un parent maltraitant. » Ce n'est pas vrai. Les enfants maltraités qui deviennent des parents maltraitants sont des enfants qui ont été abandonnés après avoir été maltraités. Si on les avait entourés, ils n'auraient pas répété la maltraitance. On peut affirmer cela aujourd'hui, à la suite d'une recherche faite en Angleterre par le professeur Michael Rutter sur une population d'enfants maltraités. Seulement 30 % d'entre eux sont devenus des parents maltraitants, ce qui signifie que 70 % ne sont pas devenus des parents maltraitants ! On a fait le même travail en France : 10 % des enfants maltraités sont devenus des parents maltraitants, c'est-à-dire que 90 % n'ont pas répété la maltraitance. Le taux de 10 % de parents maltraitants, que l'on a trouvé dans ce groupe, est beaucoup plus élevé que dans la population en générale qui est de 2 % pour toutes les formes de maltraitance. On parle beaucoup des maltraitances physiques et sexuelles parce qu'elles sont les plus spectaculaires. La négligence affective, dont on parle peu, est la plus fréquente et la plus délabrante. Quand on a étudié une population d'enfants très maltraités et pendant très longtemps, mais qui ont ensuite été bien entourés, on n'a trouvé aucune répétition de la maltraitance. C'est-à-dire que ce qui engendre la maltraitance, c'est l'abandon des enfants maltraités. Si on les entoure, si on les sécurise, si on leur apprend un métier, aucun ne répète la maltraitance.

Voilà qui est très encourageant ! Une dernière chose : vous avez parlé de grands artistes et de grands écrivains qui se sont guéris par leur créativité. La créativité peut-elle jouer un rôle important aussi pour sublimer la maltraitance ?

La créativité permet à une personne de reprendre la maîtrise de son monde intime : « J'ai été victime d'inceste, j'ai été maltraitée, je ne pense qu'à ça. Mais si, un jour, je décide de chercher à comprendre ce qui m'est arrivé, si je décide d'en faire un livre ou d'entrer dans une association pour protéger les enfants, je ferai quelque chose de ma blessure. Je ne serai plus soumise à mon passé. Je redeviens maîtresse de ce qui m'est arrivé et je peux déclencher un processus de résilience. » La créativité est un facteur précieux de résilience.

Est-ce qu'on pourrait dire qu'il faudrait encourager les écoles à mettre sur pied des classes de créativité ou d'expression de soi ?

Oui, ça commence en France. On trouve de plus en plus d'écoles qui font du théâtre, par exemple, ou des ateliers d'écriture. Quand j'ai travaillé au Kosovo, nous ne pouvions pas faire parler les enfants de ce qui leur était arrivé, tellement c'était terrifiant. Si nous leur avions demandé de raconter, ou bien ils se seraient tus ou bien ils nous auraient agressés ou se seraient agressés eux-mêmes. La guerre du Kosovo a été d'une très grande cruauté. J'avais des patients qui étaient Casques bleus au moment de la guerre du Liban. Ils disaient que la guerre du Liban avait été d'une très grande correction humaine comparée à celle du Kosovo. Dans toutes les guerres, il y a des viols. On encourage les garçons à tuer et à se faire tuer. Violer, ce n'est pas grand-chose dans l'échelle des valeurs, à ce moment-là.

Mais si on leur avait donné des crayons de couleur et du papier, à ces enfants du Kosovo ?

Si on les laisse seuls, ils ne pensent qu'à leurs malheurs. Ils ne peuvent pas parler. Ils se taisent, ils nous agressent ou ils s'agressent eux-mêmes. Alors, pour les aider à s'exprimer sans paroles, nous les avons associés à d'autres enfants qui n'avaient pas été agressés. Nous leur donnions du papier et des crayons, ils dessinaient et nous accrochions les dessins aux murs. Ceux qui voulaient parler de leur dessin parlaient. Et ceux qui ne le voulaient pas ne parlaient pas. Ceux qui avaient vu ou subi des horreurs dessinaient avec du noir et du rouge. C'était le noir des maisons brûlées et le rouge du sang. Nous ne disions pas un mot. Petit à petit, ils se familiarisaient et, un jour, ils disaient: «Ça, c'est le dessin de ma maison.» Et on voyait une maison noire, calcinée. Ou bien: «Ça, c'est ma sœur qui a été coupée en deux par un obus.» Petit à petit, par le dessin, les enfants commençaient à s'exprimer. Nous respections leur pudeur, s'ils préféraient se taire, ils se taisaient. Parfois, ils disaient un mot et ils s'arrêtaient. Nous n'insistions pas, nous ne les avons jamais bousculés. Et doucement, ces enfants ont repris leur place et leur développement. Cela ne veut pas dire qu'ils vont oublier, mais ils ont quand même pu reprendre leur croissance.

*Ce n'est pas le divorce en soi
qui est une tragédie mais la façon
dont les parents se séparent*

Lorraine Filion

Travailleuse sociale, chef du Service d'expertise psychosociale et de médiation à la famille des Centres jeunesse de Montréal, Lorraine Filion est renommée pour son travail de pionnière dans l'implantation de la médiation familiale au Québec. Elle a créé en 2003, l'Association internationale francophone des intervenants auprès des familles séparées (AIFI) et s'est fait connaître aussi bien au Canada qu'à l'étranger pour sa compétence en ce domaine.

En 1992, elle a mis sur pied un groupe d'entraide pour les enfants de parents séparés ou en instance de séparation qui prendra le nom de « Confidences ». Ce groupe se veut un espace neutre et confidentiel pour permettre aux enfants de s'exprimer et de s'entraider dans les situations difficiles. Parallèlement, elle a contribué au développement de séminaires sur la coparentalité après la séparation, avec des membres des services auxiliaires rattachés à la Cour supérieure de Montréal. Une recherche pancanadienne sur les effets de ces séminaires a été menée, en 2005, auprès de parents séparés en conflit. En 2001, elle a rédigé, en collaboration avec deux psychologues, le livre Les parents se séparent, *publié aux Éditions CHU Sainte-Justine de Montréal.*

Lorraine Filion

Madame Filion, vous êtes médiatrice et chef du Service d'expertise psycho-sociale et de médiation à la famille des Centres jeunesse de Montréal, d'après votre expérience, est-ce que la séparation des parents est toujours une tragédie pour les enfants?

Une séparation est toujours difficile et cause beaucoup de peine aux enfants. Elle entraîne de la souffrance et provoque toutes sortes de changements dans leur vie. Peut-on parler de tragédie, au sens de «tragédie grecque»? Pas toujours, heureusement. Il est important que les parents le sachent. Tout dépend de leur façon de divorcer. Ce n'est pas le divorce en soi qui est une tragédie, même s'il bouleverse l'enfant, mais la façon de se séparer des parents et la manière de composer de l'enfant avec cet événement. S'ils peuvent se séparer en respectant leur enfant, en tenant compte de ses besoins, en minimisant les changements nécessaires, en faisant que l'enfant reste en relation avec ses deux parents, on ne peut alors parler de tragédie. Ce sera un enfant qui vivra une série de changements. Mais si les parents se séparent dans la violence, avec intervention de la police par exemple, si la mère se retrouve en maison d'hébergement, si l'enfant est privé de l'un de ses parents pendant des semaines, voire des mois, c'est une situation tout à fait dramatique. Même si, pour la mère qui vivait beaucoup de violence et pour l'enfant qui en était témoin, la séparation peut être une bonne solution, la manière de divorcer peut effectivement causer des traumatismes à l'enfant.

Un autre point à souligner, c'est l'absence de préparation. Je m'étonne toujours qu'en 2010, certains enfants apprennent la séparation de leurs parents un peu «sur le tas»: ils arrivent à la maison, le soir, et ils découvrent un parent en larmes, une garde-robe vide et des meubles enlevés. Mises à part les situations de violence dans lesquelles le parent violenté doit se protéger et protéger son enfant, parfois en improvisant son départ (et ce, avec raison), dans les autres cas, on peut réduire l'impact du divorce en préparant l'enfant et en se séparant dans les conditions les moins traumatisantes possible.

Il faut donc préparer les enfants, parce que la rupture se prépare de toute façon, il y a une tension dans la maison. L'enfant sent bien qu'il se passe quelque chose, non?

Je rencontre des enfants de parents séparés depuis des années et il est très rare qu'un enfant me dise: «J'ai été très surpris que mes parents se séparent.» Le plus souvent, j'entends: «Je le savais que cela arriverait.» Et quand je demande comment ils le savaient, ils disent: «Je les entendais se disputer.» Ou bien: «Ils ne se disputaient jamais, mais ils ne dormaient plus ensemble dans la même chambre.» Une petite de cinq ans m'a dit: «Il n'y avait plus de bisous d'amour.» Les parents ne s'embrassaient plus depuis des mois. «Il n'y avait plus de rires dans la maison.»

Les enfants sont comme des éponges. Ils captent énormément d'informations et, le pire, des bribes d'informations, au téléphone, entre deux portes, une conversation entre la grand-mère et sa fille. Ils se font toute une montagne avec des riens, ils se fabriquent des peurs. Si on les prépare, si on leur dit, par exemple: «Papa et maman ne peuvent plus vivre ensemble – peu importe la raison – et on pense se séparer», il sera préparé. Il faut que l'on puisse lui dire que ce sera dans quelques semaines ou quelques mois. Il ne faut pas dire que ce sera dans deux ans ou dans huit mois, particulièrement pour un petit enfant, incapable d'imaginer un avenir aussi lointain. Mais on peut adapter la notion de temps à l'âge de l'enfant. Pour les plus jeunes, il vaut mieux parler d'un temps suffisamment proche, en nombre de «dodos» même, pour qu'ils puissent bien comprendre. Mais il faut les prévenir.

Les enfants éprouvent beaucoup de craintes aussi pour le parent qui va partir. Je pense à une petite de cinq ans dont le papa, pensant bien faire, l'avait emmenée visiter son nouvel appartement. Mais il n'y avait pas encore de meubles: le frigo était dans la cuisine, mais il était vide. La petite en était revenue bouleversée. En se couchant le soir, elle pleurait à chaudes larmes parce que son papa déménageait et qu'il n'avait pas de lit et rien à manger. C'était ce qu'elle avait vu! Le papa pensait bien faire en lui faisant découvrir l'appartement qu'il allait habiter. Il lui avait dit: «Tu viendras aussi me voir.» Et la petite de répondre: «En plus! Moi, je n'aurai pas de lit, pas de jouets…» Les parents sont de bonne foi, mais ils oublient ces petits détails. Il vaut peut-être mieux attendre que l'appartement soit meublé, surtout pour un enfant plus jeune. Un plus grand sera capable d'anticiper qu'il y aura des meubles, de la nourriture, etc.

Jusqu'où faut-il dire la vérité aux enfants sur la rupture ?

Il faut adapter l'information à l'âge de l'enfant. « Toute vérité n'est pas bonne à dire », dit un vieil adage. Je ne pense pas que les enfants aient besoin de connaître les détails « croustillants » sur les relations extraconjugales du partenaire, leur nombre, etc. Ce ne sont pas des détails importants pour l'enfant, même si, pour le parent, ils sont blessants et déterminants. Il a simplement besoin de savoir que les parents ne peuvent plus vivre ensemble. Peut-être parce que maman n'aime plus papa ou papa n'aime plus maman, parce qu'il a une nouvelle copine ou un nouveau copain. Cela se dit. Parce qu'on peut aussi quitter son conjoint pour aller vers une relation homosexuelle, cela fait partie des façons de vivre dans notre société, actuellement, et cela se dit aussi.

La pire situation, d'après ce que les enfants me racontent depuis trente ans, c'est d'apprendre la nouvelle par des étrangers. Certains enfants parlent même de « trahison », dans ces cas-là. « J'ai été trahi ! Mes parents m'avaient juré qu'ils ne se sépareraient jamais et j'ai su par ma cousine, une amie, une voisine, que ma mère avait un copain. Elle a quitté mon père à cause de cela. » Ne pas l'apprendre par les deux personnes les plus importantes dans leur vie, pour certains enfants, c'est une trahison. Ils n'y vont pas avec le dos de la cuillère quand ils en parlent, ils en sont extrêmement blessés.

Certains parents pensent – et c'est tout à leur honneur – qu'il vaut mieux attendre à la dernière minute pour en parler aux enfants, qu'ils en souffriront moins. Mais quand cela explose et qu'ils l'apprennent par quelqu'un d'autre, c'est bien pire. Il faut donc dire les choses, mais adapter les informations à l'âge des enfants et ne dire que ce qui est nécessaire, sans entrer dans les détails.

Après la rupture, comment faut-il agir avec un enfant ? Que faut-il faire une fois que la rupture est consommée ? J'imagine qu'il faut le rassurer d'abord ?

Disons d'abord qu'il est rare que les deux parents décident en même temps de se séparer. En général, une décision est prise même longtemps d'avance par l'un des deux parents. Les statistiques démontrent que ce sont le plus souvent les femmes qui décident de la rupture. Ce sont elles encore qui déposent les requêtes en divorce ou en séparation. La personne qui prendra cette décision longtemps à l'avance, en silence, enverra le plus souvent des messages à l'autre, qui ne les captera pas. Quand le jour J arrive, celui qui subira la décision réagira fortement.

Si la décision est irrévocable, ce serait bien que les parents s'entendent sur leur manière de faire la séparation : comment ils vont se partager les responsabilités parentales, qui quitte la maison, qui la garde, ce qui est le mieux pour les enfants. Certains parents choisissent de devenir des «parents-valises», les enfants restent dans la maison et ce sont les parents qui vont venir y habiter à tour de rôle. Il y a toutes sortes d'options possibles, la garde partagée, etc. Pour prendre ces décisions, il y a la médiation familiale, qui existe au Québec, depuis 1981. Mais une loi, adoptée en 1997, accorde aux parents qui ont un enfant à charge un certain nombre de séances gratuites. Malheureusement, beaucoup de parents ne le savent pas. Alors, si les parents ont du mal à s'entendre sur ces questions, ils peuvent consulter un médiateur familial pour les aider à prendre ces décisions. Ils peuvent aussi voir avec ce médiateur comment le dire aux enfants, quand, etc.

On trouve aussi de bons livres sur le sujet, publiés au Québec ou ailleurs qui peuvent aider à réfléchir sur le sujet : de quoi les enfants ont-ils besoin ? Que faut-il leur dire ? Que faire pour minimiser l'impact de la rupture, etc. [1]

Les enfants ont surtout besoin d'être rassurés sur l'amour de leurs parents pour eux-mêmes. Ils sont très terre à terre, ils ont besoin de leurs petites affaires : dans quelle maison ils vont habiter, est-ce que la maison sera vendue… Ils ont entendu les parents se disputer : «D'abord, on va vendre la maison ! Je n'aurai pas d'argent pour la payer toute seule, l'hypothèque et tout…» L'enfant entend cela et il se dit : «Si on déménage, cela veut-il dire que je change d'école ?» Tout de suite, il s'imagine perdre ses amis et il s'en fait toute une montagne. Il est donc important que les parents puissent informer les enfants des décisions qu'ils prennent, qu'ils disent : «On va se séparer, voici comment ça va se passer, voilà ce qu'on fera…» Parfois, l'un des deux quitte la maison parce que c'est mieux comme ça. Il s'en va vivre temporairement chez des parents, chez une sœur ou un ami. Pour l'enfant qui voit partir le parent avec sa valise, c'est un drame. Il se demande où il s'en va : dans un appartement ? chez grand-maman ? chez sa «blonde ou son chum [2]» ? Quand il le

---

1. Voir les suggestions de lecture à la fin de l'entrevue.

2. Au Québec, le terme populaire «blonde» est l'équivalent de «petite amie», «copine», ou pour les adultes, de «conjoint». De même, le terme anglais *chum*, désigne le copain masculin.

reverra : dans une semaine, dans trois mois, dans trois jours ? Pourra-t-il lui téléphoner ? Est-ce que lui va changer de maison ? Va-t-il perdre ses amis ? Ce sont de petits détails extrêmement importants pour lui et sur lesquels il faut pouvoir le rassurer. Ce ne sont pas seulement papa et maman qui se séparent, il faut qu'il sache ce qui va lui arriver.

Il faut éviter autant que possible le changement d'école : il perd déjà beaucoup de choses, dont la vie avec ses deux parents.

Oui, quand c'est possible. C'est une condition gagnante. L'enfant vit déjà un drame. Surtout que, parfois, la séparation arrive en plein milieu de l'année scolaire. Je connais des parents qui ont attendu au 1er juillet avant de déménager, même s'ils ont dû endurer de la peine et de la colère. Il est plus facile de déménager et de changer d'école pendant les vacances scolaires. L'enfant aura le temps de s'acclimater à son nouveau milieu. Si on peut lui éviter un changement d'école, c'est une condition de succès. Il aura un bouleversement de moins à vivre.

On voit des façons de faire assez maladroites parfois chez les parents séparés : un enfant qui va voir son père et qui tombe sur une nouvelle conjointe, sans qu'il en ait entendu parler… J'imagine que c'est dramatique, non ?

Oui, le petit Sébastien, dix ans, m'a raconté une aventure semblable. Ses parents ne sont séparés que depuis deux semaines et c'est son premier week-end chez son père. Il arrive chez lui et il trouve une nouvelle conjointe et ses trois enfants. Le père n'avait pas jugé bon de le prévenir. Sébastien me raconte : « Tu sais, Lorraine, quand j'ai vu tout ce monde que je ne connaissais pas, j'avais envie de pleurer et de rentrer chez moi. » C'était un peu fort, n'est-ce pas ? Le papa, bien intentionné – les parents sont toujours bien intentionnés ! – m'a dit que, comme il n'avait pas son fils avec lui, il ne voulait pas lui en parler au téléphone. Alors, il s'est dit : « Je lui en parlerai quand il viendra et je lui présenterai tout le monde. » La mère lui a dit : « Tu aurais pu attendre un autre week-end pour inviter ta blonde et ses trois enfants ! » Bien sûr, le père avait d'autres choix, mais dans sa tête, il n'en a vu qu'un : « Je vais le lui dire moi-même et puis, ils sont tellement gentils ! »

C'est une autre chose difficile à comprendre pour les parents : ils pensent que parce qu'ils aiment une nouvelle blonde ou un nouveau *chum*, ce sera l'amour spontané avec les enfants : « Si moi je l'aime, mon enfant va l'aimer. »

Des chercheurs ont montré que l'amour en famille recomposée n'est pas spontané. La seule chose qu'il est possible de viser, du moins au début, c'est la tolérance. Les parents veulent que leur enfant aime le nouveau conjoint, la nouvelle conjointe, alors que tout ce qu'ils devraient espérer, dans un premier temps, c'est qu'ils puissent se tolérer l'un l'autre. Qu'ensuite ils arrivent à s'accepter. S'ils arrivent à s'aimer, ce sera un cadeau. Un garçon, Martin, m'a dit : « Tu sais, la blonde de mon père, elle est bien *cool*, mais je ne l'aime pas. » Trouver une personne *cool* et l'aimer sont des choses très différentes pour un enfant. Les parents méconnaissent parfois l'importance de l'impact sur l'enfant, non seulement de la séparation, mais aussi de la recomposition d'une famille. Surtout quand les deux se font en même temps.

Le nouveau conjoint n'aimera pas nécessairement l'enfant de l'autre non plus. Que faut-il faire, alors ?

Des chercheurs ont voulu savoir quelles étaient les conditions de succès dans la recomposition des familles. La première, je l'ai dit, c'est de s'apprivoiser lentement, de ne pas attendre l'amour spontané, de ne pas forcer l'amour et de rechercher d'abord la tolérance.

La deuxième, la petite Pauline l'a très bien exprimée : « Tu sais, la blonde de mon père, elle est bien gentille, mais elle prend trop de place sur le sofa. Elle est toujours là, chaque fois que j'y vais. Elle est collée à mon père et elle lui donne des bisous. Je n'ai plus de place ! » Si le parent pouvait garder un peu de place pour son enfant. En général, les enfants ne sont pas si gourmands ; pour les sucreries et les friandises oui, mais pas pour l'attention. Ils me disent : « Moi, j'aimerais ça, juste trente minutes avec mon père ou ma mère, tout seul. Ou écouter un film avec lui ou avec ma mère, sans son *chum*. On resterait tous les deux, collés, sur le sofa, comme avant… Mais non, il est toujours là ! » Ils n'ont plus de moments privilégiés, comme ils en avaient avant. Pourtant, cela fait partie des conditions gagnantes.

Pour reconstituer une famille, il faut donc entre autres : ne pas forcer les choses, se respecter, viser la tolérance plus que l'amour spontané et garder quelques moments seuls avec l'enfant, sans la présence du nouveau conjoint ou de la nouvelle conjointe. Je ne veux pas dire que les nouveaux conjoints doivent être séparés pendant tout le week-end, mais qu'il y ait des moments pendant le week-end ou pendant la semaine où l'enfant puisse être seul avec son parent. Voilà ce que les enfants demandent.

Les nouveaux conjoints sont dans une relation fusionnelle, ils ne se quittent plus, et il n'y a pas de place pour l'enfant.

Oui, c'est un défi pour les familles recomposées : un couple a normalement une période sans enfant pour vivre cette étape. Mais ici, c'est tout de suite l'étape de la famille. Cela peut conduire à l'échec s'il y a précipitation et rigidité.

Dans une rupture, si l'on regarde la réaction des enfants, à quoi peut-on s'attendre, selon un tableau qui irait du meilleur au pire des cas ?

Tout dépend de l'âge. Tout dépend aussi de ce qui se passait dans la famille avant la séparation. On ne peut pas analyser une rupture simplement à partir de la date de la séparation. Il faut voir quelle était la situation avant. J'ai rencontré un enfant, appelons-le Jérémie. Pendant la vie commune des parents, le père n'était pas souvent à la maison. Il travaille pour une organisation internationale et il voyage beaucoup. Jérémie a donc grandi surtout avec sa mère, tout en gardant contact avec son père sur MSN, une petite *webcam* et Internet. Son père venait parfois passer des week-ends à la maison, mais Jérémie n'avait pas beaucoup de temps avec lui. Il dit maintenant qu'il voit son père plus souvent qu'avant. Il y a des enfants qui bénéficieront du divorce qui sera un plus dans leur vie. Jérémie voit maintenant son père à des moments fixés. Son père est en voyage, mais les moments de contacts ont été prévus et ils sont respectés. Par exemple, le mercredi soir. « Tous les mercredis soirs, peu importe où je suis dans le monde, je t'appelle à cette heure précise. » Alors Jérémie peut dire : « Tu sais, pour moi, c'est mieux qu'avant. » Il est content. Il est donc gagnant dans cette séparation.

Mais pour un enfant qui n'a pas assisté à beaucoup de disputes entre ses parents et dont les parents étaient toujours présents – le temps de présence n'est pas à calculer mathématiquement, mais chacun s'est investi dans la relation avec son enfant, ils ont eu du bon temps ensemble –, la rupture peut être une catastrophe. Il n'a pas été élevé dans un enfer, mais dans de la soie. Si la séparation est particulièrement difficile, avec des disputes, et que les parents déblatèrent l'un contre l'autre en présence de l'enfant, s'il ne voit pas l'un de ses parents pendant des semaines, il vivra la rupture d'une façon dramatique. Il est passé d'une vie agréable à l'enfer.

La majorité des enfants seront tristes devant une séparation. Ils auront de la peine et, en plus, certains auront peur parce qu'ils ne savent pas ce qui leur arrivera. D'autres éprouveront de la colère. D'autres, selon leur âge, éprouveront de la culpabilité, ils se sentiront responsables de la séparation : « C'est de ma faute. » D'autres vivront cela comme une trahison. Certains vont y perdre réellement un parent, ils n'auront plus de contact avec lui, ou, au contraire, vont gagner un parent qui sera plus présent. C'est un véritable drame pour ceux qui vivent des pertes. Avant, ils avaient deux parents et soudain, pour toutes sortes de raisons, ils en perdent un : soit le parent est parti, soit il a démissionné de sa responsabilité de parent, soit l'un des parents empêche les contacts entre l'autre et l'enfant, soit un parent est parti vivre à l'étranger et il n'est plus disponible pour son enfant. Alors, non seulement l'enfant vivra une rupture, mais aussi une perte, un deuil.

On ne peut donc pas tout mettre sur le même pied. Mais dans une séparation « ordinaire », l'enfant s'en tirera bien en général, selon les statistiques, si certaines conditions sont respectées : il continue d'avoir une relation avec ses deux parents – même si parfois les parents parlent l'un contre l'autre, ce n'est pas dramatique – et il tire des avantages de ses contacts avec chacun des deux. Voilà pourquoi les réactions des enfants vont varier selon la situation dans laquelle ils vivaient avant, selon leur capacité à rebondir dans l'épreuve, selon la façon dont s'est faite la séparation et selon les avantages qu'ils pourront en tirer après.

Il me semble que ce n'est pas très bon que l'un des parents dénigre l'autre en présence de l'enfant…

C'est très mauvais. Mais certains parents diront : « Je ne peux pas me retenir. Cela n'a pas d'allure ce qu'il fait ! » Voici un exemple typique : les parents ont la garde partagée de la petite Laure, sept ans – une semaine chez l'un, une semaine chez l'autre –, et tout se passe relativement bien. Le père va chercher sa fille à la garderie, le vendredi soir, et lui demande comment s'est passée sa semaine. La critique ne prend pas toujours la forme de : « Ta mère est une ceci, ton père est un cela ! », elle est parfois plutôt du style « petites flèches empoisonnées » qui font tout aussi mal. Le père demande à Laure ce qu'elle a fait avec sa maman, cette semaine. Elle répond : « Maman était très occupée, cette semaine, je me suis fait garder deux fois. » Alors le père réagit : « Ta mère n'est jamais là. Cela n'a pas de bon sens de te faire garder aussi souvent !

Je n'accepte pas cela. Je vais lui parler. » Ou bien c'est la mère qui demande ce que l'enfant a mangé chez son père pendant le week-end. Elle critique le fait qu'il emmène son fils chez McDonald, manger du *fastfood*. Ce sont de petits détails. Mais l'enfant souffre d'entendre une critique sur ce que fait l'un de ses parents. Même si la critique est voilée. Parfois, le commentaire est direct : « Ton père est un nul ! » ou « Ta mère est une irresponsable ! » Les adultes utilisent parfois des « gros mots » pour dénigrer l'autre, pour le critiquer non seulement sur ce qu'il fait ou dit, mais sur ce qu'il est, sur sa personne. Les enfants vivent cela très durement.

Certains, qui sont plus intérieurs, vont se retirer dans leur chambre pour pleurer. D'autres vont parler à leur chien ou à leur chat. Les enfants ont des contacts faciles avec les animaux. Ce ne sont pas tous les enfants qui peuvent dire à leur parent : « Arrête, je n'aime pas quand tu parles contre papa, contre maman ! Cela me fait de la peine. » Il faut du cran. Voilà ce que les enfants viennent me dire parfois, dans leur groupe d'entraide [3]. Pour les aider à parler eux-mêmes à leurs parents de ce qu'ils vivent, nous faisons des jeux de rôles, des mises en situation.

Je voudrais parler de la garde partagée. Y a-t-il une formule idéale, ou plusieurs formules, ou une mauvaise formule ?

Il n'y a pas de formule idéale. Tout dépend de la disponibilité des parents, des liens établis et des besoins de chaque enfant. Dans les premiers temps de la séparation, les parents sont généralement moins disponibles pour l'enfant, affectivement et psychologiquement. Ils sont eux-mêmes aux prises avec leurs propres émotions : « Je me sépare, mon mari ou ma femme m'a largué… Je me remets en question, j'ai de la peine, je ressens de la frustration. » Le parent ne peut pas être disponible à 100 % pour son enfant.

Certains parents tombent en dépression, après une rupture. Quand on a du mal à s'occuper de soi-même, cela peut être difficile d'avoir un enfant à plein temps à la maison. Mais l'avoir quelques jours par semaine peut être bien et donner l'énergie de s'en occuper même.

---

3. Pour accompagner les enfants de parents séparés ou en voie de séparation, Lorraine Filion a mis sur pied, avec d'autres professionnels du Service d'expertise et médiation des Centres jeunesse de Montréal, en 1992, un groupe d'entraide appelé « Confidences ».

Il n'y a pas de plan idéal. Ce qu'il faut, c'est de la disponibilité, des capacités à prendre soin de l'enfant, à prendre en compte ses besoins, et ne pas en faire son confident. Certains enfants vivent très bien la garde partagée : une semaine chez l'un, une semaine chez l'autre ou deux jours chez l'un, trois jours chez l'autre. Ils sont comme des poissons dans l'eau dans cette formule et ils le disent. Pour d'autres, chaque transition est déchirante. Le plan idéal serait celui qui convient à chaque enfant. Mais il n'y a pas de formule magique. Il faudrait que les parents puissent s'asseoir ensemble et s'interroger sur les besoins des enfants, en tenant compte de leur disponibilité physique et psychologique. Qu'ils trouvent ensemble le mode de garde qui correspond le mieux à leur enfant.

Parler aussi avec l'enfant et savoir ce qu'il aimerait ?

Il faut faire attention. Certains parents le font et cela devient un « c'est toi qui décides ». Comme ils n'arrivent pas à s'entendre, ils disent : « On va demander à Léo. » Il a onze ans. Prendre cette décision à onze ans ? L'un d'entre eux m'a dit, un jour : « Dire à ma mère que je veux aller vivre chez mon père ou l'inverse, c'est comme me couper un bras. Si je choisis ce parent-là, l'autre va penser que je l'aime moins. » C'est la pire question à poser à un enfant. Pour les adolescents, c'est différent : ils ont leur idée. Certains exprimeront clairement leur point de vue : « Vous vous séparez, c'est votre affaire. La garde partagée, moi, cela me convient, à la condition que vous habitiez près de mon école. J'ai tous mes amis autour de moi. Je veux bien me promener, mais je ne ferai pas le tour de la ville pour aller chez l'un ou chez l'autre. » Les adolescents sont capables de s'exprimer, quoique certains refusent de choisir, mais ce n'est pas une question à poser aux plus jeunes.

Il y a aussi les bébés, ceux qui ne peuvent pas faire de choix. Avez-vous une opinion là-dessus : certains pédiatres ou psychologues prétendent qu'il ne faut pas séparer l'enfant de sa mère avant l'âge de trois, quatre ou cinq ans ? Pour la création de liens d'attachement solides. Quel est votre point de vue là-dessus ?

Non, je ne partage pas cette opinion. Un enfant peut s'attacher à plus d'une figure parentale. Certains enfants commencent à fréquenter les services de garde à six, douze ou dix-huit mois, ils passent plus de temps avec la gardienne ou avec l'éducatrice, au Centre de la petite enfance (CPE), qu'avec leurs parents, je parle d'heures d'éveil. Ils s'attachent à ces personnes. Les parents vont chercher l'enfant à dix-huit heures et ils le couchent à dix-neuf heures trente, par exemple. Cela représente une heure trente d'éveil. Les enfants dorment à la maison et reviennent à la garderie ou au CPE le lendemain matin. Le petit peut donc être attaché à plus qu'un parent, plus qu'une personne significative dans sa vie. Ce qui est recommandé, c'est que l'enfant, à dix-huit mois, deux ans, trois ans, ait des contacts fréquents avec ses deux parents. Imaginez un enfant de trois ans en garde partagée selon la formule 1 semaine – 1 semaine, cela signifie qu'il passe sept jours ou «sept dodos», comme on dit, à cet âge-là, sans voir son autre parent, c'est une éternité pour un jeune enfant. C'est quinze jours parfois. Voilà pourquoi certains parents choisissent plutôt une garde partagée de deux jours chez l'un, deux jours chez l'autre. Ils ne veulent pas passer plus de quarante-huit heures sans avoir de contacts avec leur enfant. C'est la même chose avec la garderie, puisqu'il n'y va pas le week-end. Le lundi matin, quand le parent le ramène, c'est parfois difficile, l'enfant ne veut pas quitter son parent. Mais d'autres sautent dans les bras de la gardienne ou du gardien. Il est important, quand les enfants sont petits, de ne pas laisser passer trop de temps entre les contacts avec chacun de ses parents.

Dans le livre **Les parents se séparent**[4], *auquel vous avez collaboré, vous dressez une liste des mythes les plus courants au sujet des ruptures. Par exemple: Le divorce est moins dommageable qu'avant pour les enfants parce qu'il y en a beaucoup dans la société…*

Oui, il y a plus de divorces, mais il n'y a pas moins de peine. Je suis toujours étonnée de constater à quel point les enfants ne parlent pas de ces événements autour d'eux. Ils en parleront parfois à leur meilleur ami ou à une camarade de classe dont ils savent que les parents sont séparés. Les confidences se font entre enfants qui vivent un peu les mêmes choses. Certains enfants disent: «Moi, j'avais honte que mes parents se séparent. Je n'en ai parlé à personne. Je n'aimais pas cette idée-là, j'étais mal avec cela.» En 2010, on trouve encore des enfants qui vont s'exprimer de cette façon.

---

4. R. Cloutier, L. Filion, H. Timmermans. *Les parents se séparent, Pour mieux vivre la crise et aider son enfant*, Montréal, Éditions du CHU Sainte-Justine, 2001, chap. 6.

Un autre mythe: Les enfants de parents séparés sont marqués pour la vie. Tôt ou tard, ils auront des problèmes…

Le divorce laissera sûrement des marques, c'est indéniable. Mais là encore, tout dépend de la façon dont le divorce s'est déroulé. Certains enfants de parents séparés ont connu des trajectoires de vie tellement difficiles qu'à l'âge adulte ils diront: «Je ne veux pas d'enfant.» Quand des jeunes me disent cela, je leur demande comment ils en sont arrivés à cette conclusion. Ils me disent: «Ce que j'ai vécu, moi, je ne voudrais jamais qu'un enfant le vive. J'aimerais mieux ne pas avoir d'enfant.» Certains ont pu connaître plusieurs séparations, des recompositions de famille difficiles, ou bien la perte d'un parent, un divorce hautement conflictuel. Ces événements laissent des traces même indélébiles dans le cœur de l'enfant, ils affectent son développement et son avenir. Mais pour ceux qui ont connu des séparations moins conflictuelles, qui ont gardé des relations avec leurs deux parents, ils peuvent construire des relations amoureuses et des familles tout à fait normales.

On voit aussi des familles dans lesquelles les parents se retrouvent avec les enfants à certaines occasions, pour manger ensemble, par exemple.

Cela arrive, oui, parfois, et les enfants adorent ces moments si les deux parents font montre de respect et de tolérance l'un envers l'autre. Les enfants de cinq à dix ans le demandent à leurs parents: «Est-ce que ce serait possible, au moins à mon anniversaire?» Certains préfèrent avoir deux fêtes, l'une chez papa, l'autre chez maman. Mais d'autres suggèrent d'aller au restaurant ensemble, avec papa et maman. Certains parents ne le peuvent pas, et c'est parfois mieux qu'ils ne le fassent pas, s'ils ne peuvent pas se voir sans se disputer.

Que faut-il faire quand l'enfant ne veut plus changer de maison?

Plus les enfants sont jeunes, plus ils sont sensibles aux transitions et aux façons de les faire. Je donne souvent cet exemple d'une mère qui vient chercher son enfant, le soir, à la garderie. Parfois, elle n'est pas la bienvenue parce que l'enfant est en train de jouer. Il n'est pas prêt à partir, il s'amuse bien, il est tout entier dans son jeu. Certains parents ne le tolèrent pas: ils habillent l'enfant de force, l'assoient dans la voiture, attachent la ceinture et partent pour la maison. D'autres ont plus la capacité d'attendre encore quelques minutes: «D'accord, tu finis ton jeu, maman t'attend quelques minutes et ensuite on s'en va.»

Certains petits réagissent mal à la transition entre papa et maman, le vendredi soir. L'enfant n'a pas envie de quitter sa mère, il pleure. Si les parents s'engueulent, l'enfant pleure encore plus fort. On a remarqué qu'un terrain neutre est plus propice aux transitions. Maman va conduire le petit à la garderie, le vendredi matin : « Bisous, on se reverra lundi, tu passes le week-end chez papa. » Pendant la journée, il joue, il oublie, et quand papa vient le chercher à la garderie, le soir, il n'a pas à se séparer d'un parent. Il est content de quitter l'école pour aller chez l'autre parent. Le lundi, on fait la même chose. Certaines situations hautement conflictuelles ont été réglées de cette façon, en choisissant de faire les transitions dans des lieux neutres : garderie, école, grands-parents, etc. L'enfant se sent moins déchiré.

Maintenant, si l'enfant pleure et qu'il ne veut plus aller chez l'un des deux parents, il faut chercher ce qui se cache derrière cette situation. Certains enfants me disent : « Tu sais, moi, quand je laisse ma mère, elle pleure toute la fin de semaine. Elle ne fait rien. » C'est inquiétant donc, pour l'enfant, de laisser son parent. La maman est-elle dépressive ? N'a-t-elle aucune amie ? Est-elle complètement dévastée par le divorce ? Quand elle boutonne le manteau de son petit, pleure-t-elle et lui dit-elle : « Maman va s'ennuyer. » L'enfant quitte alors sa mère avec une grave inquiétude. S'il porte la peine de l'un ou l'autre de ses parents, il n'a pas envie de partir. De même, s'il éprouve de la culpabilité ou de la colère.

Vous avez mis sur pied des groupes d'entraide pour les enfants de parents séparés. Voyez-vous beaucoup d'enfants qui ont besoin de ce type de soutien ?

Il n'y a malheureusement pas assez de ces groupes. Il en existe ici, à Montréal, mais il en faudrait plus. Idéalement, on devrait en retrouver dans chaque Centre jeunesse et chaque CSSS, de la province de Québec.

Pourquoi les enfants aiment-ils venir dans ce groupe ? Certains demandent à y revenir après l'avoir quitté. Je leur demande : « Qu'est-ce que tu aimes ici ? » Ils disent : « J'aime venir parler à d'autres enfants. Je peux aussi parler avec toi parce que toi, tu n'as pas de peine, tu ne te fâches pas. » Ce n'est pas parce que je suis meilleure que les parents, ils restent les plus importants dans la vie de leur enfant, mais je ne suis ni leur père ni leur mère. Le fait de rencontrer d'autres enfants leur permet d'échanger des histoires semblables, de s'entraider, de se conseiller. Le groupe est comme un havre de paix.

Ils savent aussi que ce qui est dit dans le groupe est confidentiel. C'est pourquoi le groupe s'appelle «Confidences». Quand les parents questionnent les enfants, ils répondent: «Non, c'est confidentiel!» Le nom «Confidences» a d'ailleurs été suggéré par des enfants. Nous avions fait un petit concours auprès des enfants pour trouver un nom.

Je promets la confidentialité aux enfants, à moins qu'ils veuillent que je les aide à parler à leurs parents. Et c'est souvent ce qui arrive. Ils me disent: «J'ai de la misère à dire à mon père que sa blonde est trop souvent là, qu'elle m'énerve, que nous n'avons pas assez de temps ensemble. Comment pourrais-je lui dire cela?» Je leur demande: «Comment penses-tu que tu pourrais t'y prendre?» C'est merveilleux parce qu'ils le savent! «Il faut choisir le moment où il est calme: «Ce ne sera pas le matin, quand tout le monde est pressé d'aller travailler. Ce ne sera pas le soir, quand il rentre et qu'il lance ses clés sur le comptoir de la cuisine. Cela veut dire que la journée n'aura pas été bonne. Donc, tu choisis le bon moment. — D'accord. — Puis là, tu lui parles doucement. Tu essaies de lui dire que tu aimerais avoir du temps avec lui, seul.» Les enfants savent très bien comment s'y prendre pour parler à leurs parents de façon à être entendus. Les parents pourraient aussi favoriser ces moments privilégiés avec leurs enfants. Les enfants en ont besoin.

Dans les confidences que vous recevez, qu'entendez-vous le plus souvent? De quoi souffrent le plus les enfants de familles séparées?

Le plus difficile pour les enfants est de vivre dans le climat de tension entre les parents. Certains parents ne se parlent plus du tout ou ne se parlent que pour s'engueuler, se dénigrer, se critiquer l'un l'autre. L'autre chose dont les enfants souffrent le plus est ce qu'ils appellent la «guerre froide». Les parents ne crient pas, mais ils s'ignorent complètement, ils ne se disent même pas bonjour. Les enfants font la remarque suivante: «Ils pourraient se dire bonjour au moins, comme le font deux étrangers qui se rencontrent dans la rue.» Seulement, parfois, les parents ne peuvent même pas se saluer poliment. Les enfants en souffrent et se sentent impuissants. Ils sont frustrés d'être aussi incapables de trouver une solution. Comment les choses pourraient-elles changer? «Je ne suis pas capable d'en parler à maman, j'ai essayé de lui en parler, mais elle se fâche.»

Parfois, ils me disent, et c'est très émouvant : « Je ne peux pas parler de cela avec ma mère. Le soir, je l'entends pleurer dans sa chambre. Je ne peux pas aller la déranger et lui parler de mes problèmes… » C'est un enfant de sept ans qui le dit. Alors, ils gardent leur peine, leur colère, leur souffrance pour eux-mêmes. C'est dans des moments comme ceux-là que la fratrie peut être d'un grand secours. Ou bien ils se confieront à un animal : « Je parle à mon chien… à mon chat. Cela me fait beaucoup de bien parce que lui m'écoute. Il me réconforte, je l'entends ronronner à côté de moi. » C'est ce que j'entends le plus souvent, cette peine-là, ce sentiment d'impuissance.

J'entends aussi de la culpabilité. Certains enfants se sentent responsables du divorce de leurs parents. Imaginez, vivre avec un tel sentiment ! Je leur dis : « Ça rouille en dedans. Il faut faire quelque chose avec ça. Tu penses que c'est toi qui es responsable de la séparation de tes parents ? Va vérifier avec papa ou maman. Demande-leur si c'est bien toi le coupable. » Quand ils reviennent, la semaine suivante, ils me disent : « Ma mère, mon père m'a dit que ce n'était pas de ma faute. » Je les invite à valider leurs impressions.

Voilà ce que j'entends le plus souvent. En conclusion, je dirais que la solution des enfants est simple : que les parents puissent se parler, au moins comme deux étrangers, avec respect, et qu'eux-mêmes puissent garder contact avec chaque parent. Quant aux défauts de chaque parent, ils disent : « Ma mère n'aimait pas ça de mon père, mais moi, ça ne me dérange pas ! » Les petits défauts peuvent même se révéler des occasions de plaisir pour les enfants. Il faut se mettre à la place de l'enfant. Par exemple, William m'a raconté : « Avec mon père, on fait la lessive, parfois. Il n'avait jamais fait ça. On a mis le vert, le rouge, le bleu et on a mis de l'eau de Javel. Les vêtements sont sortis de toutes les couleurs et on a bien ri. » Seulement, quand il est revenu chez sa mère avec un pantalon tout délavé, cela a été fortement critiqué par la mère… Mais l'enfant s'est bien amusé avec son père et le père a appris de son expérience.

C'est la même chose quand l'enfant voit son parent faire l'apprentissage d'une nouvelle tâche. Du coup, le parent devient un peu au niveau de l'enfant. Il y a quelque chose qu'il ne sait pas faire. « Ah bon ? On va le faire ensemble. C'est super *cool* ! » Quand les parents sont ensemble, les compétences de l'un sont mises à la disposition de l'autre. Mais dans la séparation, les forces et les faiblesses de chacun se manifestent et les enfants vont devoir vivre avec.

Ils n'en souffrent pas tellement, souvent les parents sont complémentaires. Si les adultes étaient capables de respecter les différences – tous ne savent pas faire les mêmes choses –, l'enfant se porterait mieux.

Pouvez-vous nous raconter une expérience qui vous a marquée ? Une expérience positive et une moins positive, peut-être ?

Je pense à l'expérience de Frédéric, neuf ans. Il s'est retrouvé dans une situation extrêmement inconfortable, après un divorce hautement conflictuel. Comme il ne pouvait pas parler à ses parents, il a fait un dessin. Il a dessiné deux maisons et entre les deux, une route. La première était couverte de cailloux, de ronces, etc. Quand il l'a expliqué, il a dit : « Ça, c'est la séparation et les chicanes entre mes parents. » Il a dessiné une autre route, avec des fleurs, un pavé très joli, des couleurs, et il a dit : « Ça, c'est ma route, celle que je veux avoir. » J'étais là quand il a présenté son dessin à ses parents. Celui-ci a eu sur eux un effet magique, extrêmement émouvant et déstabilisant. Ils se sont excusés de lui avoir rendu la route aussi pénible. Je n'oublierai jamais cet enfant. Il disait à ses parents : « J'ai le droit, moi, d'avoir ma propre route. »

Voici maintenant une expérience moins agréable, l'une des plus difficiles que j'aie eues au cours de ma vie professionnelle. La jeune fille de onze ans avait tenté de se suicider. Elle avait avalé toutes les pilules qu'elle avait trouvées dans la pharmacie de sa mère. Elle était hospitalisée et, pendant ce temps-là, les parents continuaient de se disputer, même pour les visites à l'hôpital. Le juge a ordonné aux parents de venir en médiation : il a refusé d'entendre la cause. « Je ne peux vous entendre aujourd'hui parce que cela est impensable alors que votre fille se remet d'une tentative de suicide. Tous les deux, vous voulez la garde de votre fille. Il vaut mieux que vous alliez la visiter à l'hôpital. » Le juge a ce pouvoir et il est bon qu'il use de son autorité, dans certains cas, pour forcer les parents à se centrer sur l'intérêt de leur enfant. Je les ai donc reçus et nous avons fait un horaire des visites à l'hôpital, c'était la première urgence. Quand j'ai pu rencontrer l'enfant, à sa sortie, elle a dit devant moi à ses parents : « Je n'ai pas de chance, moi. Je suis fille unique et vous voulez m'avoir tous les deux. »

Pour qu'une enfant veuille se suicider à onze ans, il faut qu'elle n'en puisse plus de cette vie d'enfer. Les paroles de la jeune fille ont eu un effet sur les parents, mais il a fallu plusieurs mois de médiation et une thérapie pour qu'ils apprennent à se respecter l'un l'autre et qu'ils acceptent de partager les responsabilités parentales. L'enfant a sonné l'alarme, mais c'est triste de penser qu'elle a dû le faire en attentant à ses jours. Ni l'un ni l'autre des parents ne voulaient consentir à une garde partagée. Heureusement, grâce à une thérapie, dans le cadre de l'hôpital, elle a pu exprimer sa souffrance devant ses parents et ils ont été capables de l'entendre.

Suggestions de lecture

• *Histoires pour aider à redevenir heureux! Après la séparation de papa et maman*
Madeleine Grenier Laperrière, Montréal, Éducation-coup-de-fil, 1999, 49 p.

À l'aide de courtes histoires à lire et à colorier avec papa ou maman, l'auteur veut aider les petits de trois à sept ans à voir les bons côtés de la vie après la séparation. Contient un message pour les parents. Pour commander : 514 525-2573

• *Au secours, mes parents divorcent!*
Jacques Arènes, Paris, Fleurus, 2003, 164 p.

La séparation implique des inquiétudes et des souffrances, chez l'enfant et aussi chez les parents. Mais comment, pour le parent, ne pas confondre ses incertitudes avec celles de son enfant?

• *Les parents se séparent... pour mieux vivre la crise et aider son enfant*
Richard Cloutier, Lorraine Filion et Harry Timmermans, Montréal, Éditions de l'Hôpital Sainte-Justine, 2001, 154 p.

Pour aider les parents en voie de rupture ou déjà séparés à garder le cap sur l'espoir et la recherche de solutions.

• *Le divorce expliqué à nos enfants*
Stéphane Leroy et Patricia Lucas, Paris, Éditions du Seuil, 2003.

Pourquoi divorce-t-on si souvent aujourd'hui? Comment peut-on se séparer, et quelquefois se détester, lorsqu'on a tout partagé au point de concevoir ensemble des enfants? Les questions des adolescents sur le divorce laissent en général les adultes sans voix tant elles sont directes. Pour eux, comme pour les adultes, la rupture représente une épreuve dont il ne se sert à rien de minimiser les effets. Ne sont-ils pas les premiers concernés par les déménagements, les changements d'école ou l'apprentissage d'une nouvelle organisation familiale, souvent contraignante ? Comment leur donner les moyens de se construire en confiance, sans rien renier de leur histoire personnelle, entre deux maisons et deux univers différents ? À partir d'exemples vécus, les auteurs s'attachent à dédramatiser une situation douloureuse et à dégager les repères dont tout enfant a besoin lorsque ses parents se séparent.

La guerre m'a volé mon enfance

Zlata Filipovic

Née en 1980, Zlata Filipovic aurait été une jeune fille comme les autres si elle n'avait décidé d'écrire son journal à l'âge de onze ans. En 1992, elle habite Sarajevo qui sera assiégée par les Serbes pendant presque quatre ans. Son journal devient alors un document exceptionnel sur les douleurs d'un peuple. Au cours de l'été 1993, une journaliste découvre ce journal et propose sa publication chez un éditeur français. Le livre rencontrera un grand succès, ce qui permettra à Zlata et à ses parents de quitter Sarajevo pour venir s'installer à Paris.

Aujourd'hui, elle vit à Dublin et consacre son temps à témoigner de ce qu'elle a vécu et à aider des enfants victimes de la guerre. Elle a publié Paroles d'enfants dans la guerre, un recueil d'extraits de journaux intimes inédits écrits par des enfants qui ont connu la guerre à travers le monde.

Zlata Filipovic

Quel âge avez-vous, aujourd'hui, Zlata ?

J'ai presque trente ans.

Vous avez écrit votre journal [1] pendant la guerre de Sarajevo. Comment décide-t-on de tenir un journal dans des circonstances aussi difficiles ?

J'ai commencé à écrire mon journal à l'âge de dix ans, avant la guerre. J'étais une enfant européenne de classe moyenne. Mon père était avocat et ma mère, ingénieure chimiste. Nous habitions un très bel appartement, au cœur de Sarajevo et tout allait très bien. J'avais une copine, Martina, mon aînée et, à cet âge-là, on veut faire comme les plus grands. Elle tenait un journal et j'ai donc voulu l'imiter.

J'ai commencé à écrire mon journal comme des milliers de filles à travers le monde, dans des conditions tout à fait paisibles. On écrit d'abord pour soi-même, pour pouvoir se relire dans vingt ou trente ans et redécouvrir quelle enfant un peu stupide et un peu charmante on a été. J'ai eu le désir de marquer mon enfance dans un pays d'Europe centrale.

Vous avez quand même décidé de continuer à écrire votre journal pendant la guerre. A-t-il joué un rôle particulier, à ce moment-là ?

Oui, sûrement. J'ai continué tout naturellement d'écrire mon journal. D'abord, au début, nous ne savions pas combien de temps la guerre allait

---

1. Ce journal a été publié en 1993, sous le titre *Le journal de Zlata,* par la maison d'édition Robert Laffont, collection Pocket Jeunesse. L'ouvrage a connu un vif succès et a été traduit en trente-six langues. On l'a comparé au *Journal d'Anne Frank.*

durer : deux jours, trois jours [2] ? Nous ne voulions pas penser que la guerre allait envahir notre vie pendant plusieurs années. Alors, je crois que j'ai voulu tout simplement continuer d'écrire et d'enregistrer tout ce qu'il se passait autour de moi.

Avec le siège de Sarajevo, tout a changé dans ma vie. À cause des bombardements, j'ai passé beaucoup de temps enfermée dans notre appartement ou à la cave, où il fallait descendre chaque fois que les bombardements recommençaient. J'ai donc passé beaucoup de temps seule, sans amis. Ce journal est donc devenu mon ami, quelqu'un avec qui parler. Devant une page blanche, on peut dire tout ce que l'on éprouve à l'intérieur et s'en libérer d'une certaine façon. C'est un exercice thérapeutique. Le journal est donc devenu pour moi à la fois un ami et un témoin des événements. Quand il a été publié, en 1993, il a pris une dimension plus générale, il est devenu un document sur le siège de Sarajevo, sur la guerre et ses effets sur les jeunes et les enfants en particulier.

À onze ans, qu'est-ce que l'on comprend de la guerre, quand on se retrouve au cœur des bombardements ?

Avant de connaître la guerre, on pense toujours que c'est pour les autres. Ça arrive dans des pays que l'on ne sait même pas situer sur la carte du monde. Ça arrive à des gens qui ont des noms et des vies très différents des nôtres. Quand la guerre a éclaté chez moi, je ne croyais pas qu'elle allait durer. Elle est entrée dans notre vie très lentement, petit à petit, et elle a fini par l'envahir complètement.

J'ai d'abord eu très peur chaque fois que j'entendais les bombes, les obus, tous ces bruits qui me resteront dans l'oreille sans doute jusqu'à la fin de mes jours. Ensuite, j'ai découvert la colère : pourquoi ça m'arrive à moi ? Je n'ai rien fait, je n'ai rien demandé, je n'ai pas voté, je n'ai pas de pouvoir politique, je suis complètement innocente comme tous ces gens autour de moi, comme tous les jeunes qui vivent dans des pays en guerre ! Et puis, je me suis sentie

---

2. Le siège de Sarajevo est le plus long siège de l'histoire de la guerre moderne. Il a duré du 5 avril 1992 jusqu'au 29 février 1996 et a opposé les forces de la Bosnie-Herzégovine (qui avait déclaré son indépendance de la Yougoslavie) et les paramilitaires serbes (qui voulaient rester attachés à la Yougoslavie). D'après les estimations, 11 000 personnes furent tuées et 50 000 blessées pendant le siège. Les rapports indiquent une moyenne d'environ 329 impacts d'obus par jour pendant le siège, avec un record de 3 777 impacts d'obus pour le 22 juillet 1993. Les tirs d'obus ont gravement endommagé les structures de la ville, y compris des bâtiments civils et culturels. Voir site : [fr.Wikipedia.org] nov. 2010.

triste. Je crois que je suis encore triste à cause de tout ce qui s'est passé, de toutes les vies perdues, de tout ce qui a changé dans mon pays. Pas seulement pour moi, mais pour les milliers de citoyens de Sarajevo. Et la guerre continue, malheureusement, pour des gens partout dans le monde, chaque jour.

Comment fait-on pour ne pas perdre la tête, pour rester sain d'esprit quand on est un enfant dans un pays en guerre et que l'on voit ses amis mourir, les gens que l'on aime disparaître autour de soi ?

Au début de la guerre, beaucoup de familles se sont divisées. Avec mes parents, nous nous sommes demandé ce que nous allions faire : Zlata va-t-elle quitter seule Sarajevo ou partir avec sa mère ? Mon père, lui, ne pouvait pas partir. Au cours du premier mois, alors que nous ne savions pas vraiment ce qu'il se passait, il était toujours possible de partir, mais nous n'arrivions pas à prendre une décision. Ensuite, il nous est devenu impossible de partir. La ville a été complètement fermée et personne ne pouvait en sortir.

Le fait que nous soyons restés ensemble, mes parents et moi, nous a donné beaucoup de force, de courage pour survivre aux événements. Pour les familles qui ont choisi de se diviser, les choses ont été beaucoup plus difficiles ensuite. Si la mère et les enfants étaient partis se réfugier ailleurs et que le père était resté pour faire la guerre, il était difficile ensuite de se retrouver et de partager les expériences vécues. Même s'ils étaient très proches avant, ils avaient du mal à exprimer et à comprendre ce qu'ils avaient vécu chacun de leur côté. Le fait que nous soyons restés ensemble nous a beaucoup aidés. Le fait aussi que j'aie ce journal, que je puisse m'exprimer comme avec un ami, m'a beaucoup aidée.

Dans les circonstances les plus inhumaines, nous avons essayé de rester humains. Souligner les anniversaires, offrir des petits cadeaux, même si le cadeau n'était pas neuf, un bracelet que j'avais et que je donnais, par exemple, tout cela nous permettait de rester humains. Faire un gâteau, même s'il n'y avait pas grand-chose pour faire le gâteau… Je ne sais pas comment c'était possible, mais il y avait de la magie parfois pendant la guerre. Ces petites choses, même si elles ne nous protégeaient pas d'une explosion, nous permettaient de rester humains dans des situations tout à fait inhumaines.

Vous avez perdu plusieurs de vos amis. Comment apprend-on à gérer la mort et le deuil lorsque l'on est si jeune et dans des circonstances aussi atroces?

Tout le monde a perdu des proches, des amis, dans cette guerre. Vous pourriez interviewer n'importe qui et il vous dirait la même chose. Il y avait un parc devant la maison et, au début de la guerre, une explosion a blessé plusieurs de mes amies avec lesquelles j'avais l'habitude de jouer dans ce parc, avant la guerre. Nina, qui était avec moi à la maternelle, a été blessée et elle est morte. Chaque jour, autour de nous, des amis, des cousins, des cousines étaient frappés. La mort faisait partie de chacune des journées de la guerre.

Enfant ou adulte, on s'adapte aux circonstances. Si quelqu'un m'avait dit qu'à l'âge de dix ans je connaîtrais la guerre, que des gens autour de moi seraient blessés ou mourraient chaque jour, que je n'aurais pas d'eau, pas d'électricité, que je ne pourrais plus aller à l'école, j'aurais répondu: «Ce n'est pas possible! On ne peut pas subir de telles choses!» Mais comme on est des humains, on s'adapte. À n'importe quoi, malheureusement. On n'a pas vraiment le choix non plus. Mais ces mécanismes d'adaptation nous permettent peut-être de rester sains psychologiquement, dans notre tête.

J'aimerais que vous me racontiez la journée d'une enfant qui grandit pendant la guerre. Il n'y a pas d'amis, pas d'école... Alors, comment se passent vos journées?

Il y a de bonnes et de mauvaises journées. S'il y a beaucoup de bombardements, ceux-ci orientent complètement votre journée. Ils ont peut-être commencé au milieu de la nuit et quand vous les entendez approcher de votre quartier ou de votre maison, vous vous levez et vous descendez dans la cave pour vous mettre à l'abri. Vous y restez jusqu'à ce que les bombardements cessent. Vous n'avez donc aucun contrôle sur votre vie. Vous vous adaptez au fait que vous êtes bombardés et que vous ne savez pas combien de temps ça va durer.

Les bons jours, vous vous levez et vous n'avez pas d'école. Pendant des mois, je ne suis pas sortie de la maison parce que nous étions encore plus en danger dans la rue. Nous avons complètement réaménagé notre appartement. Nous avions un grand appartement avec des fenêtres qui donnaient sur la rue et sur les collines autour de la ville. En temps de paix, ces collines étaient très belles, mais en temps de guerre, c'est de là que venait le danger, puisque l'ennemi y avait pris position. Nous avons donc installé nos lits dans la cuisine et nous n'entrions plus dans les belles chambres dont les fenêtres donnaient sur les collines.

J'ai passé beaucoup de temps seule et je lisais énormément. L'un de nos voisins avait trouvé un petit chat dans la rue, il m'a tenu compagnie et m'a permis de rester saine. Chaque jour, mes parents devaient sortir pour trouver de la nourriture ou faire la queue aux pompes de la ville pour rapporter de l'eau. Nous n'avions plus d'eau courante. Je ne savais jamais si j'allais les revoir. On s'ennuie pendant la guerre : vous attendez et vous ne savez pas quand ça va se terminer. Le danger et la mort sont partout. Vous vivez comme au Moyen Âge, sans électricité, sans tout le confort de la fin du XXe siècle.

Vous n'aviez pas suffisamment de nourriture, non plus.

Non. Nous avions parfois de l'aide humanitaire des Nations Unies ou de différents pays, mais c'était toujours en quantité limitée : deux cents grammes de farine par famille, pour tout un mois, par exemple. Je ne sais pas comment nous avons survécu. Un peu par magie…

Vous souvenez-vous d'avoir eu très faim ? Ou y avait-il toujours un peu quelque chose ?

Il y avait toujours quelque chose. Mais là aussi, on s'adapte. On mange ce que l'on trouve. Mais moi, j'ai toujours aimé manger et beaucoup de choses me manquaient. Je rêvais de pizzas, de hamburgers, de Coca-Cola. Je rêvais à mes amis, je rêvais de sortir. Tout ce que j'avais avant la guerre prenait la forme de rêves, pour moi.

Dans votre livre, vous dites à plusieurs reprises que vous avez l'impression que la guerre vous a volé votre enfance…

Oui, je dis toujours que la guerre m'a volé mon enfance. La tragédie, c'est que ce n'est pas seulement la mienne. Partout dans le monde, des enfances sont volées à ceux qui devraient y avoir droit. L'enfance est une période très courte dans la vie. Nous avons toute la vie pour être adultes. Chaque personne dans le monde a droit à son enfance, à ce moment très bref. Elle m'a été volée parce que tout ce qui constituait mon enfance avant : l'école, les amis, les leçons de piano, les cours de ski, les voyages au bord de la mer, m'a été retiré. Tous ces petits bonheurs ont été remplacés par la mort, la guerre, le manque de ce dont on a besoin pour vivre. Oui, mon enfance m'a été volée par la guerre.

Après la guerre, avez-vous pu récupérer un peu de ces choses perdues ou était-il trop tard, parce que les souvenirs étaient trop atroces ?

Quand vous avez survécu à la guerre, quand vous avez eu la chance de survivre, vous en êtes changé et certaines choses sont définitivement perdues. On peut en récupérer d'autres. Quand j'ai quitté Sarajevo, j'ai eu le bonheur d'aller à l'école à Paris. C'était vraiment ce que je souhaitais le plus : aller à l'école. À partir de ce moment-là, tout devient possible : vous avez des amis, vous apprenez. C'est votre travail d'enfant d'aller à l'école, c'est votre occupation. Le jour où j'ai recommencé à aller à l'école, je me suis réapproprié un peu de ce que la guerre m'avait volé.

En même temps, vous étiez déracinée parce que tous vos repères étaient à Sarajevo. Il vous fallait apprendre à vivre dans un nouveau pays, une nouvelle ville. C'était difficile ?

Oui, très difficile. Nous avions laissé derrière nous mes grands-parents, nos amis, nos voisins, tous ceux avec qui nous avions partagé des moments pénibles pendant la guerre. Ils restaient, eux, dans des conditions que nous connaissions très bien. Nous éprouvions beaucoup de culpabilité du fait de les avoir laissés là-bas : pourquoi moi ? Je suis sortie parce que j'avais écrit un journal, mais ma meilleure copine, elle, faisait des dessins. Alors, pourquoi moi et pas elle ? Certains enfants qui avaient perdu leurs parents sont restés dans les hôpitaux, gravement blessés. Et moi, je suis sortie du pays parce que j'avais écrit un journal. C'était tout à fait bizarre. Mais assez rapidement, je me suis débarrassée de cette culpabilité. Ce n'est pas un sentiment utile. Il faut prendre ce que l'on a et en faire quelque chose pour ceux qui sont restés là-bas : pour mes grands-parents, pour ma meilleure copine avec ses dessins. Alors, j'ai commencé à parler du siège de Sarajevo, de ma vie qui n'était qu'un exemple de toutes les autres vies. J'ai travaillé à faire connaître ce qui s'était passé.

Avez-vous repris contact avec vos amis ? Êtes-vous encore en contact avec eux aujourd'hui ?

Oui, je suis en contact avec presque tout le monde. L'une des premières choses que j'ai faites a été de retrouver deux copines, deux sœurs qui étaient en Slovénie. Je suis allée les voir. Maintenant, avec Internet et Facebook, on n'est jamais très loin. Je parle d'elles dans le livre, je leur ai pris leurs plus beaux vêtements quand elles n'étaient pas là.

Est-ce que le fait d'avoir vécu la guerre pendant votre enfance change le regard que vous portez sur la vie maintenant, change votre perspective ?

J'ai parlé avec beaucoup d'enfants qui ont connu la guerre, en Afrique, par exemple, comme enfants-soldats [3]. Ce qui est intéressant, c'est qu'il y a une sorte de parenté entre nous. On se reconnaît les uns les autres. Nous avons tous compris que la vie est très fragile, qu'elle peut disparaître en une fraction de seconde. Tout ce que l'on croit permanent, tout ce qui en a les apparences, peut changer. Les choses peuvent passer du meilleur au pire en une seconde. Je retiens aussi la capacité d'adaptation de l'être humain et la nécessité de profiter du moment présent : « *Carpe diem* ».

Faites-vous encore des cauchemars, avez-vous des flashbacks ? Vous sentez-vous fragile psychologiquement ?

Avant et pendant la guerre, je rêvais beaucoup. Je rêvais de toutes les choses qui me manquaient : mes amis, l'école, la nourriture, les voyages. Depuis que j'ai quitté Sarajevo, et ça fait longtemps maintenant, je rêve très peu, deux ou trois fois par an peut-être. J'en ai parlé avec des psychologues, des psychiatres. Ils m'ont dit que mon conscient est devenu plus fort et que mon inconscient le protège. Je ne sais pas ce qu'il y a sous la surface, mais peut-être qu'il y a une protection du conscient.

Je suis restée très sensible aux sons, aux explosions. Quand il y a des fêtes avec des feux d'artifice par exemple, je supporte mal ces bruits soudains. Ils me font peur. J'accepte maintenant de devoir vivre avec ce souvenir.

---

3. Zlata Filipovic a pris part aux actions de la fondation Anne-Frank et de l'Unicef. Récemment, elle a travaillé au département de l'ONU pour les enfants engagés dans des conflits armés.

Ce qui ressort de votre livre, c'est la stupidité de la guerre, surtout quand elle est vue par les yeux d'un enfant. Il n'y a pas de vainqueurs, surtout pas les enfants.

À Sarajevo, personne n'a gagné, tout le monde a perdu. Personne ne pourra me convaincre qu'il est possible de gagner quelque chose en faisant la guerre, que ce soit en Bosnie, en ex-Yougoslavie ou ailleurs dans le monde. Une autre chose que j'ai comprise, c'est à quel point la paix est précieuse. Il faut la protéger, il faut trouver des moyens de prévenir la guerre, trouver des solutions non violentes avant que la guerre n'éclate. Une fois qu'elle est commencée, elle est difficile à arrêter, et personne ne gagne. Des vies sont perdues qu'on ne retrouvera jamais. Il y a aussi le processus de reconstruction, pas seulement la reconstruction des bâtiments. Il faut beaucoup de temps. Pour une guerre comme en Bosnie, qui a duré quatre ans ou presque, il faudra quarante ans pour retrouver ce que l'on avait avant.

Quel a été pour vous le pire moment ? Il y en a eu beaucoup, j'imagine…

Oui, il y a eu toutes sortes de mauvais moments. Parfois, je me disais : « Des gens sont blessés chaque jour, certains ne peuvent plus marcher. Qu'est-ce que je ferais si ça m'arrivait à moi ? Alors, je jouerais du piano. Je deviendrai pianiste, si je ne peux plus marcher. » C'est terrible qu'un enfant de onze ans doive se poser ces questions.

Il y avait surtout les moments où mes parents devaient sortir et où je ne savais pas si j'allais les revoir. Et les moments où l'on perd tout espoir, où on a l'impression que la guerre va durer vingt, trente, cinquante ans. C'est important de garder l'espoir. Ça ne nous protège pas des bombes, mais ça aide à vivre psychologiquement. Les pires moments, donc, ce sont ceux où je désespérais, où j'avais peur de perdre mes parents. Ces jours-là, je ne pensais plus comme une enfant, mais comme une adulte.

Il y a eu des moments où vous avez eu envie de mourir aussi. Vous en parlez dans votre journal…

Oui, c'étaient des moments de désespoir. Heureusement, j'avais mes parents et nos voisins qui, comme je l'ai dit, ont tout fait pour rester humains. Il faut avoir des projets pour l'avenir, même s'ils sont tout petits, pour demain seulement : l'anniversaire d'une personne et ce que l'on fera pour le fêter. Cela nous donne un peu d'espoir. Sans espoir, nous n'avons vraiment rien.

Est-ce que les personnes ne partagent pas beaucoup plus, dans des conditions difficiles comme celles-là ?

Oui, c'est assez incroyable et je devrais le dire. Une chose que l'on découvre aussi dans la guerre, ce sont les deux facettes de l'être humain : son côté horrible, violent, et son côté généreux, chaleureux. On voit les extrêmes de ces deux facettes.

Accepteriez-vous de lire deux passages de votre livre ?

Bien sûr. Même si c'est un peu difficile pour moi en français.

> Plus de cris d'enfants, plus de jeux. Les enfants ne semblent plus être des enfants. On leur a pris leur enfance et sans enfance, il n'y a pas d'enfants. J'ai l'impression que Sarajevo meurt lentement, disparaît. C'est la vie qui disparaît. Alors comment est-ce que je pourrais sentir le printemps, lui qui réveille la vie, puisqu'ici il n'y a pas de vie, puisqu'ici tout semble mort […]

> En recourant à la force d'une guerre qui me remplit d'horreur, on tente de m'enlever, de m'arracher subitement, brutalement, au rivage de la paix, au bonheur d'amitiés merveilleuses, au jeu, à l'amour et à la joie. Je suis comme un nageur qui n'a aucune envie de plonger dans l'eau, l'eau glacée, et qui y est forcé. Je suis décontenancée, triste, malheureuse. J'ai peur et je me demande où on cherche à m'emmener. Je me demande pourquoi on m'a volé la paix du bord des rivages de mon enfance. J'étais heureuse de vivre chaque nouvelle journée, car chaque jour à sa manière est beau. J'étais heureuse de voir le soleil, de jouer, de chanter. En un mot, j'avais plaisir à vivre mon enfance. Je ne souhaitais rien de plus. J'ai de moins en moins de force pour nager encore dans ces eaux glacées. Ramenez-moi sur le rivage de mon enfance, là où j'avais chaud, là où j'étais heureuse et contente. Ramenez tous les enfants dont on détruit l'enfance et qui n'ont plus le droit au plaisir de la vivre. Le seul mot que je souhaite dire au monde entier est *Peace*.

(*Le journal de Zlata*, p. 130 et 158)

*Un enfant n'est pas programmé par
sa génétique à devenir tout à coup
agressif, déprimé ou hyperactif*

Yvon Gauthier

Le docteur Yvon Gauthier est l'une de ces personnes pour lesquelles le mot « retraite » n'existe pas. Il vient de publier un vaste bilan des connaissances en psychiatrie de l'enfant, depuis les origines de cette spécialité : L'avenir de la psychiatrie de l'enfant (Toulouse, Éditions Érès, 2009).

Ses connaissances et sa formation de psychanalyste à Philadelphie ont admirablement servi une longue carrière vouée à la cause des enfants. Directeur du Département de psychiatrie de 1972 à 1980, puis doyen de la Faculté de médecine de l'Université de Montréal, de 1981 à 1989, il est également cofondateur de l'Académie canadienne de psychiatrie de l'enfant et de l'adolescent. Attaché à l'hôpital Sainte-Justine depuis 1960, il y fonde en 1994, avec deux collègues, les docteurs Gloria Jéliu et Gilles Fortin, la Clinique d'attachement, au sein de laquelle il a travaillé pendant près de quinze ans.

Yvon Gauthier

Docteur Gauthier, vous avez d'abord fait de la psychanalyse, à une époque où les psychanalystes travaillaient surtout avec des adultes. D'où vient votre intérêt pour les enfants ?

Mon intérêt pour les enfants s'est manifesté à l'intérieur de ma formation de psychiatre. Vous savez comment les choses se passent : on est attiré par la psychanalyse, on entre dans ce monde-là et on débouche nécessairement sur le monde de l'enfance. Quand on met les patients adultes en condition de raconter ce qu'ils vivent dans leur tête, très rapidement ils parlent de leur enfance. C'est la démarche de Freud. En construisant cette démarche, Freud a découvert l'enfance. Alors, quand on s'intéresse à la psychanalyse et qu'on commence à rencontrer des patients, en utilisant une théorie qui influence ce que l'on entend, on écoute justement toutes sortes de souvenirs d'enfance. Voilà le point de départ de mon intérêt pour les enfants.

Au cours de ma formation en psychiatrie, à Philadelphie, dans les années 1950, j'ai fait un stage de deux mois avec des enfants et j'ai beaucoup aimé. Deux de mes professeurs m'ont dit que je semblais avoir des dispositions particulières pour écouter, parler et jouer avec les enfants. Alors, quand j'ai eu à choisir une spécialité, après ma formation de base de trois ans, deux possibilités s'ouvraient devant moi : travailler dans un centre pour délinquants qui cherchait de jeunes psychiatres en formation ou continuer mes études en psychiatrie pour les enfants, dans un centre dont je connaissais le patron, qui était un professeur très spécial. J'avais déjà suivi ses cours sur le développement de l'enfant, des cours très influencés par la psychanalyse puisqu'il était psychanalyste d'enfants. Je suis donc allé travailler avec lui. Ces deux années avec lui, et avec l'équipe de psychanalystes qui l'entourait, dans cette faculté de médecine de Philadelphie, ont été décisives pour moi.

En lisant votre livre [1], j'ai été surprise de découvrir que l'on peut offrir des services psychanalytiques à de tout jeunes enfants, avant même qu'ils sachent parler.

Dans l'histoire de la psychanalyse, il y a eu d'abord la psychanalyse des adultes puis, assez rapidement, avec Anna Freud et Mélanie Klein, celle des enfants. Ces deux femmes représentent deux grandes écoles nées en Autriche et en Allemagne. Les deux sont ensuite venues s'installer à Londres et c'est là que les deux courants se sont séparés. Elles avaient des perspectives très différentes, mais ce sont elles qui ont commencé à travailler avec des enfants.

Comment travaille-t-on avec des enfants ? Mélanie Klein a probablement été la première à travailler avec de tout jeunes enfants et c'est elle qui a inventé la thérapie par le jeu. Alors, on joue avec les enfants et, à travers son jeu, l'enfant exprime ce qu'il n'est pas encore capable dire par le langage.

C'était la façon de travailler, dans les années 1950, 1960, 1970. Maintenant, les psychanalyses d'enfants ne se font plus beaucoup.

Pourquoi ?

La psychiatrie de l'enfant a évolué en se tournant de plus en plus vers la pharmacologie. C'est une approche beaucoup plus facile et qui prend moins de temps. On s'intéresse aux symptômes et on passe beaucoup de temps à faire le diagnostic. Mais on consacre beaucoup moins de temps au traitement. Les thérapies de jeu, comme on les faisait il y a trente ou quarante ans, prennent beaucoup trop de temps.

Dans une psychanalyse, on voit les enfants très fréquemment, trois ou quatre fois par semaine. Même dans les années 1960, 1970, ce n'était pas facile, vous pouvez l'imaginer. Il fallait d'abord être certain que les problèmes de l'enfant nécessitaient une thérapie intensive et profonde. Nous arrivions rarement à cette conclusion. À cette époque, il n'y avait pas non plus de Régie de l'assurance maladie pour payer les traitements. Il fallait donc que les parents aient les moyens de payer de tels traitements. J'ai fait quelques psychanalyses d'enfants dans mes premières années de pratique, mais,

---

1. Le docteur Gauthier a publié plusieurs livres dont *L'avenir de la psychiatrie de l'enfant*, Toulouse, Éditions Érès, 2009.

comme d'autres psychanalystes, au fur et à mesure que le temps passait, à cause de ce contexte, nous sommes devenus encore plus restrictifs. Il est devenu de plus en plus rare que nous puissions dire : « Il faut une psychanalyse, dans le sens strict du terme, pour cet enfant-là. » Il fallait que les troubles soient vraiment complexes et importants pour que nous prescrivions la psychanalyse plutôt qu'une thérapie d'orientation psychanalytique. Celle-ci s'inspire des mêmes principes, mais les rencontres sont moins fréquentes : une ou deux fois par semaine. Nous sommes donc passés de la psychanalyse à la thérapie d'orientation psychanalytique, moins onéreuse.

Actuellement, quand on regarde la littérature sur la psychanalyse d'enfants, on constate qu'il se fait de plus en plus de psychanalyses mère-enfant, plus rarement père-enfant. Ou bien, on fait : mère-père-enfant, mais les plus fréquentes sont : mère-enfant. Les deux sont vus en même temps et on observe les interactions entre les deux. Donc, la psychanalyse pour les enfants existe toujours, mais voilà en quel sens elle évolue. Il n'y a plus beaucoup de psychanalystes d'enfants, mais ce sont des gens extrêmement bien formés et tout à fait compétents. Ce qu'ils arrivent à faire est très intéressant.

Dans votre livre, vous êtes parfois très critique devant l'orientation que prend la psychiatrie pour enfants aujourd'hui. Je vous cite : « Je m'aperçois que même chez de jeunes enfants, des médications telles qu'amphétamines, anxiolytiques, antidépresseurs, voire antipsychotiques, sont de plus en plus utilisées pour calmer l'angoisse, la tristesse et les troubles de comportement. Je ne peux plus ignorer que nous voyons de plus en plus d'enfants hyperactifs, qui éprouvent précocement d'énormes difficultés à se concentrer et à s'asseoir. »

Oui, je suis critique. Ce que je décris, c'est ce que l'on voit de plus en plus. D'une part, on voit une symptomatologie qui se développe chez les enfants. Est-elle vraiment nouvelle ou sommes-nous plus sensibles au comportement des enfants, ce qui fait que les parents consultent plus rapidement et que les médecins répondent moins : « Ça va passer » ? D'autre part, il y a aussi une tendance plus grande à utiliser la pharmacologie.

Ce que je dis, dans mon livre, c'est qu'il faut absolument intégrer toutes les connaissances. Le mouvement actuel vers la pharmacologie est fondé sur de nouvelles connaissances en génétique et en pharmacologie. Nous avons fait des progrès remarquables dans la connaissance du développement et du fonctionnement du cerveau. Nous savons maintenant que le fonctionnement du cerveau est basé sur ce que nous appelons les neurotransmetteurs. La pharmacologie est très utile pour influencer le jeu des neurotransmetteurs, qui ont un rôle dans la dépression, l'angoisse, etc. Je ne minimise pas ces travaux et je ne propose pas de ne pas en tenir compte. Ils ont leur importance dans la thérapeutique des adultes. Mais dans la thérapeutique des enfants, je constate que l'on utilise des médicaments conçus pour les adultes afin de calmer leur agressivité, leur hyperactivité, tout ce qui fait que la vie quotidienne avec eux est difficile. On a commencé à utiliser avec les enfants des anti-dépresseurs, des anxiolytiques, des antipsychotiques que l'on prescrit aux adultes psychotiques. Ça m'inquiète beaucoup.

Voilà pourquoi je dis qu'il ne faut pas mettre de côté ce qui a été découvert et utilisé, il y a trente, quarante ou cinquante ans. Le message le plus important de mon livre est celui-ci : s'il y a eu des progrès remarquables du côté de la connaissance du cerveau et de la pharmacologie, il y en a eu de tout aussi remarquables dans la connaissance du développement de l'enfant. Nous savons mieux, maintenant, l'importance de l'environnement, du contexte, dans le développement de l'enfant et dans le développement du cerveau. Je remets en question l'accent qui est mis actuellement sur la pharmacologie. J'ai l'impression que cet accent est mis au détriment de tout le reste.

La pilule magique est plus facile, c'est la solution instantanée ?

Exactement. Et puis nous vivons dans une société tellement axée sur les résultats immédiats, où tout va tellement vite… Or, qu'est-ce que l'on veut apprendre aux enfants dans « l'élevage », si vous me permettez cette expression ? On veut leur apprendre, en particulier, à contrôler leurs impulsions. Ils veulent avoir tout de suite ce à quoi ils pensent et ce qu'ils désirent. Les éduquer, c'est leur apprendre à mettre un peu de temps entre le « je veux ça » et le fait de l'avoir, éventuellement, peut-être pas non plus, pour toutes sortes de raisons. C'est ce que l'on appelle le contrôle des impulsions. L'agressivité est étroite-ment liée à ce mouvement. Quand un enfant n'a pas ce qu'il veut, que fait-il ? Il fait un *temper tantrum*, une crise, une scène : il crie, il se jette par terre, il pleure… C'est le comportement d'un enfant d'un an et demi, deux ans, deux ans et demi. Les parents apprennent à l'enfant que : « C'est bien dom-mage, mais tu n'auras pas tout de suite ce que tu veux. Et tu iras dans le coin pour te calmer et réfléchir… » Ils apprennent à l'enfant que son désir ne peut pas toujours être réalisé tout de suite. Mais nous vivons dans une société où tout va vite. Je vois des jeunes et des moins jeunes se balader avec ces petits appareils qui rendent la communication tellement rapide. Nous envoyons aux enfants et aux adolescents le message que «oui, ça peut aller aussi vite que ça». Alors, pourquoi ne pourraient-ils pas avoir tout de suite ce qu'ils désirent?

L'utilisation de la pharmacologie donne cette impression. «On va donner un médicament et vous verrez, dans une semaine ou deux – ça peut être plus long, le cerveau doit s'habituer –, les choses vont se tasser.» Je ne dis pas que tous mes collègues fonctionnent de cette façon, mais la tendance est forte en ce moment. Surtout, quand ils sont débordés, parce qu'ils ont trop de patients, des cours à donner et tout ce qui remplit la vie quotidienne. Mais quand on fonctionne de cette façon, on ne prend plus le temps de voir les enfants, de les suivre et d'étudier un peu plus en profondeur ce qui fait que ce symptôme est apparu. Pourquoi ce jeune a-t-il commencé à déprimer? Je ne nie pas les symptômes, ils existent. Mais comment essaie-t-on d'y faire face, de les comprendre?

Un enfant n'est pas programmé par sa génétique à devenir tout à coup agressif, déprimé, hyperactif. Il s'est passé quelque chose dans sa vie. Il faut donc étudier le contexte actuel de l'apparition des symptômes et le contexte de son développement. Quelle est son histoire? Et quand on touche à son histoire, on entre aussi rapidement dans l'histoire de ses parents, c'est que ce l'on appelle le «transgénérationnel». Les connaissances dans ce domaine ne sont pas restées statiques.

Je ne sais pas si c'est encore le cas, mais le Québec était le champion mondial du Ritalin, à une certaine époque. Quelles sont les conséquences de la médication, dès le jeune âge, pour le développement du cerveau?

C'est l'une des critiques que l'on peut faire à cet égard: en réalité, nous ne savons pas. Nous ne connaissons pas les effets à moyen et à long terme d'une médication prolongée.

N'y a-t-il pas danger de geler les émotions? De geler les capacités de l'enfant à ressentir, à s'exprimer, à communiquer?

Voilà peut-être justement ce que l'on fait actuellement. Je ne dirai pas qu'il n'y a pas de facteur génétique ou familial à l'hyperactivité, c'est très possible. Mais je connais une équipe de chercheurs du Minnesota qui a procédé à une étude longitudinale sur le développement d'un grand nombre d'enfants et leur famille. L'hyperactivité était un aspect de leur recherche. Ils ont trouvé qu'une grande partie de l'explication de l'hyperactivité se trouvait dans l'environnement et pas seulement dans la génétique. Le facteur environnemental est important.

Que mettez-vous dans le facteur environnemental ?

D'abord la famille, l'environnement familial. Entre un et deux ans, l'enfant vit une période axée sur le développement de la motricité. Il commence à marcher, il explore, il veut tout voir, toucher à tout. Comme il ne possède pas encore le langage, s'il vit du stress dans son environnement, comment pourra-t-il exprimer son malaise ? Ce stress peut venir du fait qu'on ne s'occupe pas assez de lui, qu'on le contrôle trop ou pas assez. Son seul moyen de réagir alors, c'est de devenir «plus». Certains enfants pourront au contraire se retirer, et c'est aussi inquiétant. Mais souvent, le petit réagit par de l'hyperactivité. Elle prend de l'ampleur, au fur et à mesure de son développement, si le milieu est stressant et ne répond pas à ses besoins affectifs.

Au cours de mes dernières années de pratique, je ne travaillais qu'avec de jeunes enfants et je les rencontrais toujours avec leurs parents. C'était souvent pour des cas d'hyperactivité. Vous savez ce que c'est : on vit dans une société où les parents sont très occupés. Les deux travaillent, en général, ils rentrent fatigués le soir à la maison. Ils essaient d'oublier leur travail, ils ont un, deux, trois enfants, ils doivent préparer le repas, puis mettre les enfants au lit. C'est à ce moment-là que les enfants sont particulièrement difficiles. Alors, après avoir cherché à comprendre la dynamique familiale, j'en venais à demander aux parents : «Est-ce que vous prenez parfois une demi-heure, trois-quart d'heure, pour jouer avec votre enfant ? Le jeu qu'il aime, qu'il aura choisi ? Il n'est pas nécessaire que vous soyez là tous les deux, vous pouvez vous partager la tâche…» Non, ils ne le faisaient pas. Mais le seul fait de le faire pendant une semaine ou deux ou trois changeait tout. Très souvent, les enfants ne se sentent pas écoutés. Ils ont l'impression qu'ils ne sont pas importants. Ils vont à la garderie, à la maternelle, ils vont bien, ils se développent bien, ils sont intéressants… mais une chose leur manque : ce contact, l'écoute de parents qui passent du temps avec eux.

Donc, l'hyperactivité est un symptôme. Je ne dis pas que ce symptôme n'a pas une composante génétique, mais je crois que la composante environnementale est beaucoup plus importante que ce que l'on en dit dans nos milieux, actuellement. Il faut s'y attarder et chercher à comprendre à quoi cet enfant est en train de réagir par ce moyen très spécifique, qui est énervant pour tout le monde.

Est-ce que le bébé devrait passer le plus de temps possible avec sa mère? Le fait de le porter très tôt à la garderie a-t-il des conséquences? Quelle est votre opinion sur cette question?

C'est une grande question… Je pense qu'il est souhaitable que l'enfant passe le plus de temps possible avec sa mère, durant la première année de sa vie et un peu plus, si possible. De cette façon, il y a beaucoup moins de risques dans le processus de construction, pendant ces premières années.

Votre question me fait entrer dans la théorie de l'attachement. Aujourd'hui, on ne peut pas parler de la première année de la vie sans mentionner les découvertes de Bowlby[2], de Mary S. Ainsworth et de ceux qui ont continué leurs travaux. Même si je ne suis pas anthropologue, je me suis beaucoup intéressé à cette question et j'en arrive à dire que ce que Bowlby a mis en lumière, sur le développement précoce de l'enfant, c'est ce qui a permis à l'humanité de survivre, à travers les siècles. On a toujours élevé les enfants dans le milieu de leur naissance. Et la mère a toujours été le personnage principal dans le développement de l'enfant. Elle le porte pendant neuf mois, ce n'est pas rien. Ensuite, il y a l'accouchement, l'allaitement. Pendant des siècles, l'allaitement a été maternel au sein. Beaucoup le font encore aujourd'hui, heureusement. Le plus souvent, c'est encore la mère qui est la plus présente à l'enfant pendant les premières années de sa vie. Heureusement, aujourd'hui, le père est aussi très présent. Mais avant ces découvertes, cette façon de faire existait. On la voit encore dans certaines cultures, dans des pays moins développés: les enfants sont élevés par la famille élargie, par tout un clan. C'est ce qui a fait que les enfants, depuis toujours, se sont sentis protégés. Ils étaient protégés de fait par cet ensemble et leurs besoins étaient satisfaits. Pas seulement les besoins physiques, physiologiques, mais les besoins affectifs. La grande découverte de Bowlby a été d'arriver à la conclusion que l'enfant qui vient au monde est un être social. Il a besoin d'entrer en relation avec quelqu'un, la mère surtout. Ce besoin existe dès sa naissance. C'est pourquoi il dit: «C'est bien

---

2. John Bowlby (1907-1990) est un psychiatre et psychanalyste anglais. Il est célèbre pour ses travaux sur l'attachement et la relation mère-enfant. Pour lui, le bébé a un besoin inné du sein, du contact somatique et psychique avec un être humain.

beau, l'allaitement…» Freud et beaucoup d'autres mettaient l'accent sur l'allaitement, le «nourrissage», la phase orale, etc. Mais Bowlby dit: «Oui, l'allaitement, mais ce qui est important, c'est la relation qui s'établit, c'est-à-dire le besoin de relation et comment on répond à ce besoin.»

Dans votre livre, vous parlez des enfants qui n'ont pas créé cet attachement, qui n'ont pas eu le milieu propice à leur épanouissement et qui développent des symptômes. Vous expliquez comment leur système nerveux se développe moins bien.

Oui, nous rejoignons ici les travaux de René Spitz[3]. Il a observé le développement d'enfants vivant en orphelinat, en Amérique du Sud. Il a comparé deux groupes: l'un dans lequel on s'occupait très bien des enfants, même si la mère était absente, et l'autre dans lequel la mère s'occupait de son enfant. La seule variable était donc la présence de la mère. Les recherches ont démontré des retards de développement et des déficiences importantes chez les enfants élevés sans leur mère.

Maintenant, nous avons aussi des études sur la capacité de réagir au stress. Nous avons un système nerveux organisé pour répondre au stress, c'est-à-dire à toute situation perçue comme dangereuse. Mais ce système n'est pas en place dès la naissance. Il se développe durant la première, la deuxième année. Et il se développe en rapport avec la qualité des soins que l'enfant reçoit et la qualité du milieu familial. C'est le milieu familial qui crée la sécurité. S'il répond justement aux besoins de l'enfant, il permettra à l'enfant de se sentir en sécurité, en confiance. Les enfants qui ont un milieu moins disponible, moins à l'écoute, parfois méprisant même à l'égard à leurs besoins, vont développer un système de réactions au stress orienté vers l'hyperactivité. Ou, au contraire, vers le retrait: ce sont des enfants qui se retirent parce qu'ils n'ont pas développé cette capacité de réagir au stress.

L'importance du milieu familial primaire et l'importance de l'attachement nous viennent de ces grandes découvertes récentes. Quand il y a attachement, il y a sécurité, sinon, c'est l'insécurité. On a maintenant de grandes cohortes

---

3. Docteur en médecine, né à Vienne en 1887 et analysé par Sigmund Freud en 1910, René Arpad Spitz a beaucoup travaillé avec Anna Freud. Émigré aux États-Unis, il est mort à Denver, au Colorado, en 1974. Il a fait des études psychosomatiques sur des nourrissons.

d'enfants et de familles qui ont été suivies jusqu'à l'adolescence et même à l'âge adulte. On peut donc prédire avec une certaine assurance ce qu'un enfant deviendra.

J'ai plusieurs autres grandes questions pour vous, par exemple, sur la résilience. J'aimerais bien comprendre pourquoi dans une même famille, avec les mêmes forces et les mêmes carences, un enfant s'en sort et l'autre pas. Qu'est-ce qui explique cette différence ?

C'est une question très intéressante. D'abord, disons qu'il n'y a pas un enfant pareil à un autre, à la naissance. D'autre part, le milieu familial n'est pas le même tout le temps non plus. Il pourra avoir telles caractéristiques au moment de la naissance du premier enfant et se situer différemment selon qu'il est un garçon ou une fille. Ce milieu va évoluer, il ne sera pas exactement le même, au moment de la naissance du deuxième enfant, qui lui aussi sera un garçon ou une fille.

Si on a des jumeaux, la question est plus complexe. Mon collègue, Klaus Minde [4], a fait des études très intéressantes sur cette question. J'ai aussi souvent entendu Boris Cyrulnik raconter comment une mère n'a pas nécessairement les mêmes réactions et les mêmes interactions avec chacun des deux enfants. Cela, à partir de ses attentes, d'une part, et à partir de ce qu'elle voit ou ressent d'autre part devant ces enfants qui, même s'ils sont jumeaux, ne sont pas pareils : l'un est arrivé avant l'autre, par exemple, ou l'un est plus éveillé que l'autre. Cyrulnik est un chercheur, un clinicien, mais c'est aussi un merveilleux conteur. Il a une façon de faire part de ses observations qui est extrêmement intéressante. Je l'ai entendu raconter comment une mère, quoiqu'on lui dise que ses deux enfants allaient bien, savait que l'un d'eux n'allait pas bien. Klaus Minde, qui a fait des recherches sur les enfants prématurés et qui donc a vu beaucoup de jumeaux, mentionnait des cas semblables.

C'est dire que dans le développement d'un enfant, il ne faut pas seulement tenir compte de ce que l'on appelle le tempérament : ce qu'il apporte avec lui en naissant et qui vient de sa génétique et aussi, sans doute, de la sorte de grossesse que la mère a vécue et des événements qui ont eu lieu pendant cette grossesse. Il faut aussi tenir compte de l'interaction que le parent organise,

---

4. Le professeur Klaus Minde est professeur de psychiatrie et de pédiatrie à l'Université McGill de Montréal et pédopsychiatre au Montreal Children's Hospital.

structure avec cet enfant. Dans l'évolution d'un parent, chaque enfant est différent et il arrive à une étape différente de son évolution. Ce qu'il attend d'un deuxième enfant, par exemple, est différent de ce qu'il attendait du premier, consciemment et souvent très inconsciemment. Tout cela joue et fait qu'à l'intérieur d'une même famille les enfants sont très différents les uns des autres.

Tout le monde s'entend pour dire que si l'on est aimé, accompagné et que l'on a l'affection dont on a besoin pour grandir, cela permet un meilleur départ dans la vie. Mais si on ne l'a pas, est-ce que l'on peut devenir un adolescent, un jeune adulte, un adulte équilibré? Dans votre livre, vous donnez l'exemple d'une mère de famille qui regarde son enfant pleurer et qui est incapable de répondre à ses besoins parce que ses propres besoins n'ont pas été comblés. Est-ce réversible?

Vous me renvoyez à l'un des messages importants de mon livre. Je me bats contre la tendance, souvent véhiculée par les médias, à nous faire croire que tout est programmé d'avance. Les grands généticiens le disent, et je cite en particulier Axel Kahn: la génétique est activée par l'environnement. L'un des chapitres de mon livre porte le titre: «Les interventions précoces, des résultats très prometteurs». À partir de la théorie de l'attachement, chercheurs et cliniciens se sont demandé si, en intervenant très tôt dans les familles à haut risque, ils pouvaient modifier les facteurs de risque. On connaît maintenant les facteurs qui font qu'un enfant aura des problèmes dans l'enfance et à l'adolescence. Si on travaille avec les parents, quand l'enfant a six mois, un an, deux ans, avant six ans en tout cas, peut-on modifier le climat, l'entourage et faire que le petit devienne un enfant suffisamment en sécurité pour se développer normalement?

Un grand nombre de recherches ont été faites sur cette question, en particulier celles de David Olds[5], aux États-Unis. Il montre que les résultats des interventions précoces sont assez rapidement observables. Si l'on agit alors que le bébé a un an, deux ans, on voit très rapidement une amélioration de son état. L'enfant va mieux, la mère va mieux. Elle pourra, par exemple, se trouver un travail, alors que jusque-là elle vivait d'aide sociale. On voit donc apparaître

---

5. David Olds est professeur de pédiatrie, de psychiatrie, de nursing et de médecine préventive au Centre des sciences de la santé de l'Université du Colorado, aux États-Unis. Au cours de sa carrière, il s'est intéressé particulièrement aux programmes de visites pré et postnatales à domicile, effectuées par des infirmières, et à leur impact sur le développement social et affectif des enfants de zéro à cinq ans.

de réels changements, tant chez le parent que chez l'enfant. L'enfant ira à la garderie, à la maternelle. Ces améliorations vont-elles perdurer ? L'enfant ira-t-il bien à douze ou quinze ans, à l'adolescence ? La recherche menée par Olds a permis de suivre des enfants jusqu'à l'adolescence et au début de l'âge adulte. Les résultats sont très intéressants. Donc, oui, c'est possible d'intervenir et de modifier une condition qui ne semblait pas favorable au départ.

Si les interventions ne sont pas faites dans la petite enfance, la situation est-elle encore réversible à l'âge adulte ?

Même si je mets beaucoup l'accent sur les premières années de la vie, je suis de ceux qui croient que le cerveau humain est un organe très plastique. Le développement n'est jamais complètement terminé et on ne doit jamais dire : « C'est fini, on ne peut plus rien faire. » Ces dix ou quinze dernières années, j'ai beaucoup travaillé avec les Centres jeunesse, dans le cadre de notre clinique d'attachement [6]. J'ai bien souvent entendu des constatations de ce genre : « Cet enfant-là, on ne sait plus quoi faire… » C'était bien souvent des enfants de huit, dix ans, avec des histoires de vie catastrophiques. Est-il possible que cet enfant s'attache à quelqu'un ? Qu'arrive-t-il à un enfant qui ne peut plus faire confiance à qui que ce soit ? Tout peut arriver, à ce moment-là, et ce ne sont jamais de belles choses. L'insécurité se manifeste dans des troubles graves du comportement. J'ai toujours eu tendance à dire : « Ce n'est jamais fini, il faut trouver quelqu'un, un petit centre de jour, une petite équipe. Il faut recommencer à neuf. Peut-être que cet enfant pourra s'y attacher à un éducateur, à une personne. » Il ne faut jamais baisser les bras. Il s'est attaché à des personnes dans le passé, mais elles l'ont laissé tomber ou il a tout fait pour qu'elles le laissent tomber, alors c'est devenu très menaçant pour lui de s'attacher. Il faut essayer encore, ne jamais dire que c'est fini, qu'il n'y a plus d'espoir.

Si nous parlions de la situation des enfants au Québec. Traitons-nous bien nos enfants ? Y a-t-il encore beaucoup d'enfants maltraités ?

Je n'ai pas de statistiques là-dessus. Ce que je sais, c'est que les signalements à la Direction de la protection de la jeunesse (DPJ) sont plus nombreux. Bien sûr, après étude, tous les signalements ne débouchent pas sur une intervention,

---

6. En 1994, le docteur Gauthier a fondé avec deux collègues, les docteurs Gloria Jéliu et Gilles Fortin, la Clinique d'attachement du Centre hospitalier universitaire mère-enfant Sainte-Justine. Il y a travaillé pendant quinze ans.

mais cela veut peut-être dire que l'entourage des familles négligentes et maltraitantes est beaucoup plus sensible qu'avant. Un voisin hésitera moins à appeler pour dire : «Allez donc voir ce qui se passe dans cette famille…»

Il ne s'agit pas toujours de maltraitance physique ou mentale. On ne signalera pas à la DPJ un enfant qui manque d'affection parce que ses parents travaillent et ont des vies trop remplies…

Non, bien sûr. Au Québec, actuellement, il y a une augmentation du nombre des naissances. Je pense que c'est un bon signe. Les familles immigrantes ont aussi beaucoup d'enfants. De façon générale, je dirais que le milieu est très chaleureux, très protecteur des enfants.

Le gouvernement a aussi adopté de nouvelles lois en faveur des congés parentaux[7] qui permettent au père et à la mère de rester plus longtemps à la maison avec le bébé.

Oui, les parents peuvent maintenant rester un an avec leur nouveau-né à la maison. C'est très important, comme je le disais plus haut. Il y a aussi tout un système de garderies qui ne répond peut-être pas à toutes les demandes, mais qui est quand même très présent.

Sur les garderies, il faut dire que ce n'est pas parce qu'un enfant va à la garderie que les parents ne répondent pas à ses besoins. Les besoins d'un enfant se manifestent surtout le matin, le soir, la nuit. Si ces trois moments sont organisés, chaleureux, cohérents, si le choix de la garderie est convenable, si les éducatrices sont sensibles au rôle qu'elles ont à jouer, si tout le milieu est cohérent, les enfants s'en sortent bien. Je ne suis pas de ceux qui disent que l'on ne doit pas mettre les enfants en garderie. Pas dans notre système actuellement. Les adultes qui veulent avoir des enfants ont aussi des objectifs professionnels et sociaux, la vie sociale est importante pour eux. Cela veut dire qu'ils sont intégrés à la société, qu'ils y ont un rôle à jouer. Les entreprises devraient offrir de meilleures conditions de travail aux jeunes parents, tenir compte du fait qu'ils ont de jeunes enfants. Les heures de travail devraient être plus adaptées.

---

7. Le père et la mère d'un nouveau-né ainsi que la personne qui adopte un enfant ont droit à un congé parental sans salaire d'une durée maximale de cinquante-deux semaines continues. Ce congé s'ajoute au congé de maternité d'une durée maximale de dix-huit semaines. Dans le cas du père, il s'ajoute au congé de paternité d'une durée de cinq semaines continues.

Dans votre livre, vous parlez beaucoup de somatisation. J'aimerais bien que vous nous expliquiez comment les problèmes physiques sont parfois des problèmes psychosomatiques.

Les êtres humains que nous sommes sont constitués d'un corps et d'un esprit. L'intégration des deux fait que nous sommes humains. Le langage apparaît et permet la socialisation. Le corps est une partie de nous extrêmement sensible à tout ce qui se passe sur le plan de l'affectivité. Il réagit aux événements stressants. Une réaction d'anxiété est d'abord une réaction somatique. On sait qu'on a peur parce qu'il y a des manifestations dans notre corps : les battements du cœur, le souffle court, les sens en éveil… La peur déclenche tous ces phénomènes dans notre corps.

Certains organes sont plus sensibles chez une personne, plus fragiles d'emblée. C'est la génétique. Quand un enfant éprouve un stress, à une étape de son développement, cet organe plus fragile sera touché le premier ou réagira le plus.

Je pense à la question de l'asthme infantile. J'ai fait tout un chapitre sur ce sujet dans mon livre. Je décris le rôle que cette question a joué dans mon évolution personnelle. Pendant vingt, trente, quarante ans, dans la psychiatrie de l'enfant, on a attribué un rôle très pathogène à la mère, comme si elle était responsable de l'asthme de son enfant. On disait aussi que la maladie avait des origines très précoces. Mais personne ne savait ce qui s'était passé dans les premières années de la vie de cet enfant et comment les crises avaient commencé. Les études portaient sur des enfants de sept, huit, dix ans et sur des adolescents ou des adultes. On y voyait effectivement une relation très pathogène entre la mère et l'enfant. On en concluait : «Vous voyez bien, c'est le problème de la mère qui s'est transmis à l'enfant. Les mères sont à la fois très protectrices et très exigeantes. L'enfant est coincé et il continue à vivre une relation très conflictuelle avec la mère.» Quand on a commencé à faire des recherches avec des enfants d'un an ou deux, on n'a pas trouvé cela du tout, dans la majorité des cas ! Mais dans certains cas, on a dit : «Oui, chez certains enfants… certains parents… certaines familles… on trouve un facteur affectif important qui est en général le problème de l'un ou des deux parents. Et cela joue parce qu'il y a une fragilité pulmonaire chez cet enfant, une fragilité qui conduit à des réactions asthmatiques.» Les réactions deviennent de plus en plus complexes, de plus en plus difficiles à gérer. Elles créent un problème qui est à la fois somatique et psychique, donc psychosomatique.

Dans votre livre, vous critiquez la Loi sur la protection de la jeunesse qui, selon vous, a tendance à protéger plus les adultes que les enfants.

On a fait beaucoup de progrès avec la révision de la loi, en 2006[8]. La nécessité de développer un projet de vie, très tôt chez les enfants, y apparaît beaucoup plus clairement. Quand on constate que la famille ne peut pas répondre aux besoins fondamentaux de l'enfant, il ne faut pas attendre trois ans, quatre ans, cinq ans et des passages d'une famille à une autre, avant de prendre une décision. Si l'enfant reste dans la même famille et que cette famille s'est investie dans son développement, il se développera parce qu'il sent qu'un adulte prend soin de lui et répond à ses besoins. Il s'attache à cette famille. Si les parents biologiques ont mis trois ans, quatre ans, cinq ans à construire leur capacité parentale et qu'ils veulent reprendre leur enfant, c'est bien dommage, mais ses véritables parents sont ceux auxquels il s'est attaché. On ne peut pas dire à un enfant de trois ans, quatre ans : « Écoute, on s'est trompé. Tes parents ne sont pas les personnes avec qui tu vis depuis l'âge de six mois. Ce sont celles que tu voyais de temps en temps. » La rupture de liens sera alors extrêmement traumatique.

Nous sommes parvenus à convaincre la ministre, dans le processus de révision de la loi, qu'il y a des conséquences à ces décisions. Il ne faut pas attendre que l'enfant ait quatre ou cinq ans avant de prendre une décision. Il faut le faire à l'intérieur des deux premières années. Nous ne sommes pas les seuls à être intervenus, les Centres jeunesse aussi l'ont fait. Mais nous avons pu le faire en nous appuyant sur la théorie de l'attachement et sur notre expérience clinique, en tant que pédiatres, neurologues et pédopsychiatres. Jusque-là, le système avait plutôt tendance à dire que le droit des parents était plus important que le droit de l'enfant. Pour nous, le personnage principal, c'est l'enfant et c'est l'intérêt de l'enfant qui doit être protégé.

---

8. La Loi sur la protection de la jeunesse a été adoptée par l'Assemblée nationale du Québec le 24 décembre 1977. Le début de son application, le 15 janvier 1979, a donné lieu à la création de la Direction de la protection de la jeunesse maintenant intégrée dans les Centres jeunesse du Québec. Elle a fait l'objet d'une révision importante en 2006.

On n'a pas parlé de résilience finalement. Mais je voudrais vous entendre là-dessus.

C'est Boris Cyrulnik qui a introduit ce concept-là. C'est un concept important et très intéressant. Mais je crains, et je ne suis pas le seul, que dans son utilisation il véhicule l'idée d'une certaine invulnérabilité de l'enfant. On pourrait faire n'importe quoi, l'enfant s'en sortira toujours. Alors, je dis : « Ce n'est pas vrai, ce n'est pas ce que la résilience veut dire. »

Dans sa théorie, Cyrulnik a introduit la notion de « tuteur de résilience ». Quand on regarde l'histoire de certains enfants, on peut se demander comment il se fait qu'avec les événements affreux, traumatiques qu'ils ont vécus, ils s'en soient sortis. Voilà la question. Cyrulnik répond : « Il y a eu quelqu'un dans la vie de cet enfant-là, à un certain moment, qui a joué le rôle que ses parents n'ont pas joué. Ce rôle est venu compenser les drames qu'il a connus. » Quelqu'un a joué pour cet enfant le rôle de figure d'attachement : un professeur, un oncle, une tante, un voisin, peu importe. J'ai plusieurs de ces histoires en tête, même si on ne rencontre pas tous les jours des gens qui ont survécu à de grands malheurs. Dans ces histoires, on voit que, à un moment donné, pendant une certaine période, il y a eu une personne qui a joué ce rôle auprès d'un enfant. Ou bien, pendant les premières années de sa vie, une personne a joué ce rôle. Parce que tous n'ont pas connu une enfance dans un milieu traumatisant ou négligent. Il est bien possible que pendant les premières années de leur vie, ces enfants aient pu construire suffisamment leur sentiment de sécurité, une confiance en soi suffisamment solide. Alors, même si après ils ont connu des situations terribles, ils ont pu y faire face. L'équipe du Minnesota, dont je parle dans mon livre, est arrivée à cette conclusion : ce sentiment initial, primordial de confiance pourra faire que certains enfants traverseront des épreuves terribles avec suffisamment de force, plus tard.

Plus il y a d'enfants blessés,
plus la société s'appauvrit

Gilles Julien

Longtemps vu comme un idéaliste, le docteur Gilles Julien est aujourd'hui l'un des représentants les plus tenaces et les plus crédibles de la lutte pour les droits des enfants. Après avoir roulé sa bosse en Afrique, en Europe et dans le Grand Nord canadien, il s'installe à Montréal, dans Hochelaga-Maisonneuve, l'un des quartiers les plus pauvres de la métropole. En 1997, il y ouvre son premier centre de pédiatrie sociale, l'Assistance aux enfants en difficulté (AED). En 2003, le Centre de services préventifs à l'enfance (CSPE) verra le jour dans le quartier multiethnique Côte-des-Neiges. Depuis, d'autres centres de pédiatrie sociale sont en gestation à travers le Québec. Ils exigent l'engagement de toute une communauté.

Le docteur Julien a publié Vivre avec un enfant qui dérange *(Montréal, Bayard, 2007) et* Tous responsables de nos enfants, Un appel à l'action, *en collaboration avec Hélène Sioui Trudel, en 2009.*

Gilles Julien

Docteur Julien, qu'est-ce qui vous touche chez les enfants, au point d'y avoir consacré trente ans de votre carrière ? Pourquoi un pareil engagement ?

Ce qui me touche, c'est à la fois la vitalité des enfants et la souffrance qu'ils expriment de différentes façons. Tous les enfants sont heureux au départ. Il y a donc un contraste toujours présent entre leur espoir, leur goût du bonheur, et les souffrances qu'ils portent, parfois très longtemps.

Il y a donc de la souffrance chez les enfants, même chez ceux qui sont heureux ?

Absolument, bonheur et souffrance sont présents, à des degrés variables, chez tous les enfants. La souffrance fait partie de l'humanité. Cette souffrance est ancienne et actuelle. Tous les enfants sont porteurs d'une génétique et d'une culture qui se transmettent. Ils sont tous stigmatisés par ce qui s'est passé avant dans leur famille, dans leur nation. On le sait pour des maladies comme la tuberculose, l'alcoolisme, les dépendances toxiques présentes dans certaines familles. Ces maladies influencent la génétique à long terme, même d'une façon transgénérationnelle. Mais il en est de même pour les blessures psychologiques, les interdits, les secrets de famille. Tous les êtres humains sont aussi porteurs de ces souffrances. Un enfant n'est pas un être « pur » à sa naissance, il est un être qui a évolué à travers des générations, à travers une histoire de famille. Cet héritage conditionne aussi sa vie. Les blessures n'appartiennent pas seulement à de l'acquis, elles sont aussi innées.

Dans votre livre Enfances blessées [1], *vous dites qu'un enfant blessé est une perte sèche pour la société et qu'une société qui n'a pas les moyens de prendre soin de ses enfants est vouée à l'échec. En quoi une société a-t-elle intérêt à s'occuper de ses enfants?*

Tous les enfants arrivent avec des blessures, mais ceux qui naissent dans des milieux où les conditions de vie sont difficiles accumulent plus que leur part de souffrance. Ils sont marqués profondément et le danger que leur développement soit compromis est très grand. Ils arrêtent parfois volontairement leur évolution. Alors, les risques qu'ils décrochent de l'école et qu'ils soient attirés par la criminalité sont beaucoup plus sérieux que pour les enfants de milieux privilégiés. L'accumulation des blessures ou des ruptures qu'ils vivent, et qui ne sont ni prévenues ni bien traitées, laisse des stigmates. Elle donne des adultes qui sont handicapés et qui seront donc moins utiles à la société. Ils ne pourront pas exploiter leurs talents et ne pourront pas contribuer de façon positive à l'avancement de la société. Je ne parle pas seulement de l'aspect économique, mais de tout ce qui fait qu'une société est saine.

Toute l'attention est portée sur l'économie, de nos jours. Les gouvernements font beaucoup d'investissements dans l'éducation pour assurer une main-d'œuvre plus compétente, pour que l'économie progresse. Mais pour moi, plus il y a d'enfants blessés, plus la société s'appauvrit. Nous le voyons aujourd'hui: une partie importante de la population n'apporte pas sa part au développement de la société. Pourquoi? Non pas parce que ces gens n'ont pas de talents, qu'ils ne sont pas des êtres humains ayant autant de valeur que les autres, mais parce que des iniquités durables ont entraîné cette situation. Et je ne parle pas ici de cas isolés, on voit des populations entières d'enfants qui sont sacrifiés. C'est dramatique et c'est bien le signe que nous vivons dans une société très malade.

Diriez-vous que la société québécoise a une attitude saine à l'égard de ses enfants?

Le Québec est dans une situation d'ambiguïté totale à l'égard de ses enfants. Cela, après avoir vécu, dans les cent dernières années, toutes sortes d'événements en concordance avec le reste du monde. Au cours des dernières décennies,

---

1. *Enfances blessées, sociétés appauvries, Drames d'enfants aux conséquences sérieuses*, Montréal, Éditions Hôpital Sainte-Justine, 2006.

le Québec a vécu des changements profonds qui ont affecté et même décimé les familles. De nouvelles valeurs sont apparues qui ont remplacé des valeurs fondamentales. Ces valeurs fondamentales étaient peut-être mal encadrées ou mal soutenues par des systèmes comme les systèmes religieux et politique, mais elles étaient profondes. Aujourd'hui, elles sont oubliées, escamotées et reléguées à la vie individuelle. Ce qui fait que la société québécoise n'a pas évolué comme elle aurait dû le faire.

Bien sûr, de nouveaux mécanismes sont apparus : on dit que le Québec est un exemple avec son système de santé et des services sociaux. Mais quand on y regarde de plus près, on y retrouve ce qui se passe dans à peu près tous les pays que j'ai visités. Les intentions sont bonnes, le papier sur lequel elles sont écrites est beau, les systèmes ont été mis en place, mais on n'arrive pas à atteindre l'équité dans l'accès et dans la qualité des services. Ce n'est pas qu'au Québec. Mais malgré les pas qu'on a faits, ici chez nous, malgré le fait que tout le monde dise que l'on a un bon système, le problème demeure. Bien sûr, les pères peuvent maintenant prendre une année de congé après la naissance d'un enfant, c'est fantastique ! Les places en garderie se multiplient, bravo ! Mais je ne connais pas beaucoup de pères, dans les populations vulnérables, qui peuvent se payer une année de plus d'aide sociale pour prendre soin de leur bébé. Je ne vois pas non plus un accès plus large aux services de santé, pour ces populations.

C'est ce que nous essayons de faire, en pédiatrie sociale : développer des services complémentaires de ceux des grands systèmes. Ceux-ci n'arrivent pas à atteindre une proportion importante d'enfants ou de populations appauvries et, surtout, à changer les perspectives. Je pense en particulier à tout le domaine de la prévention qui a été relégué à l'arrière-plan, ces dernières années, avec pour conséquences une facture qui gonfle pour les soins curatifs et les médicaments. Qu'est-ce qui permet de subventionner ce système ? Les coupures dans la prévention. C'est aberrant ! Notre société va toujours d'un extrême à l'autre. Elle réagit à des problèmes particuliers plutôt que d'agir selon une vision d'ensemble qui permettrait d'être efficace, autant en prévention qu'en soins curatifs. Une telle vision permettrait aussi d'éviter que des enfants « tombent entre deux chaises » continuellement et se retrouvent finalement dans le lot des personnes non productives, dans un sens large, pour la société.

Prenons l'exemple d'un quartier défavorisé de Montréal comme le quartier Hochelaga-Maisonneuve. Que devrait faire une société qui prend vraiment soin de ses enfants?

Il y a plusieurs coins du Québec où les conditions de vie sont aussi difficiles que dans le quartier Hochelaga-Maisonneuve de Montréal : les emplois sont rares et les logements insalubres. Les grandes chaînes d'épicerie ne vont pas s'y installer, ce qui oblige les familles à faire leurs achats au «dépanneur», où elles ont moins de choix et paient plus cher. L'insécurité règne dans les rues et les parcs. Voilà de quoi nous parlons quand nous parlons de «conditions de vie difficiles».

Il est clair qu'il faut travailler d'une façon globale pour renverser ce type de situations. Ce sont elles qui font qu'un enfant arrive à l'école à quatre ans sans avoir les acquis nécessaires pour réussir. Un enfant sur deux ou sur trois n'a pas été suffisamment stimulé. Pourquoi? Les parents l'ont gardé dans la maison parce qu'ils avaient peur de l'envoyer jouer dehors, dans une ruelle ou dans un parc mal fréquenté. L'enfant n'a pas appris à vivre en société. Les taux de décrochage sont énormes dans le quartier parce qu'il n'y a pas d'accompagnement scolaire, parce que l'école n'est pas valorisée. L'aide sociale est davantage mise en valeur que le développement et l'utilisation des talents. Donc il faut tout faire en même temps. Par exemple, il faut s'assurer d'avoir des logements plus salubres. Les coopératives d'habitation se développent dans le quartier. Elles permettent aux familles d'améliorer leurs conditions de vie. Les gens sont plus fiers de leur environnement et ils veulent voir leurs enfants s'épanouir. C'est pourquoi nous avons travaillé à sécuriser les ruelles et les parcs pour leur donner un lieu où ils peuvent aller jouer, sortir de la maison. Tout le monde le sait, plus on est nombreux dans une maison, plus on risque de se tomber sur les nerfs, surtout quand on ne peut pas en sortir. Les enfants étouffent dans un tel milieu et les parents aussi. Il faut des portes de sortie pour permettre aux uns et aux autres de respirer. C'est vrai pour toutes les populations appauvries où qu'elles soient.

Pour venir ici, rue Adam, je fais le trajet en vélo à partir du quartier Notre-Dame-de-Grâce. C'est un quartier qui possède des parcs magnifiques avec de beaux arbres, des tennis extérieurs, des piscines rénovées. Plus je roule vers Hochelaga-Maisonneuve, plus je vois l'environnement se modifier. Ici, il n'y a pas beaucoup de parcs et ils ne sont pas très sûrs. Il n'y a pas beaucoup d'arbres et de terrains de jeux. On trouve une seule piscine, dans le marché, et je n'ai jamais vu de tennis extérieurs. Pourtant, nous sommes dans la même ville et les conditions de vie sont complètement différentes. Pourquoi ? J'ai vu la même chose en Amérique du Sud : d'un côté de la rue, se dressent de grosses maisons, de l'autre, des bidonvilles. Là-bas, le contraste est plus frappant parce qu'il se trouve dans la même rue. Ici, ce sont deux quartiers presque côte à côte, puisque le quartier qui les sépare, le Centre-Sud, ressemble à Hochelaga. Plus on se déplace vers l'ouest de la ville, plus l'environnement s'améliore. Pourquoi ? Il y a là un manque total d'équité. Les pistes cyclables du quartier sont dangereuses, celles qui commencent à la rue de Maisonneuve et traversent le quartier Westmount sont magnifiques. On trouve un panneau de signalisation stop à chaque coin de rue, les voitures sont forcées de s'arrêter. On ne voit pas cela devant nos écoles, ici. Il y a près de chez moi une belle petite école anglophone. Une fois par semaine, la police est là, avec son radar, pour contrôler la vitesse des voitures. Des dos d'âne ont été installés à chaque coin de rue ou presque. Ici, rue Adam, il y a trois écoles. La police vient s'y promener une fois ou deux par an. Voilà ce que je veux dire quand je parle d'iniquité. Il faut s'attaquer à tous les aspects du problème en même temps.

En pédiatrie sociale, nous commençons par mettre sur pied les services indispensables : l'accueil des enfants, le soulagement des souffrances. Mais en même temps, nous avons toujours en tête la Convention relative aux droits de l'enfant. Il faut donc agir aussi sur le logement des familles et sur tous les facteurs qui font qu'un enfant pourra se développer sainement. Nous ne pouvons pas rester dans notre clinique parce que les soins ne sont qu'une facette de ce qui doit être fait pour les enfants. Notre rôle est d'interpeller la communauté, la société. Nous avons un rôle d'*advocacy*, de défense active des droits des enfants. Plus nous parlons, plus nous intervenons sur la place publique, plus nous éveillons les esprits à cette réalité. Car il y a encore des gens qui ne savent pas et d'autres qui ne veulent pas entendre parler de la situation réelle des enfants. Mais tôt ou tard, la société sera rattrapée par sa négligence. Prenons l'exemple du décrochage scolaire. Les enfants sont de moins en moins scolarisés, ils sont de moins en moins performants en lecture. Dans la société, on trouve de plus en plus d'adultes qui ne savent pas lire d'une façon adéquate : ils se contentent de lire minimalement ce qu'ils trouvent sur Internet, mais ils sont incapables de lire un livre. C'est désastreux pour notre culture. Voilà pourquoi nous avons institué un festival, le « Festival des petits bonheurs » pour provoquer dans le milieu une ouverture au théâtre, à la culture en général. À l'aide de toutes sortes de méthodes et de projets, nous investissons dans la communauté d'une façon massive. Si nous n'agissons pas ainsi, si nous nous contentons par exemple de viser le décrochage scolaire, nous perdons notre temps. Parce que le décrochage n'est qu'une conséquence. Il faut travailler en amont, sur un ensemble de facteurs qui font que les enfants ne sont pas attirés par la culture. Seulement, un travail à long terme comme celui-là n'est pas rentable pour des politiciens. Ils veulent un investissement qui aura un impact rapide sur le taux de décrochage. C'est une illusion.

Nous sommes donc dans un cercle vicieux. Nous laissons aller les choses et certaines populations sont négligées et même stigmatisées…

Oui, dans le quartier, la situation est transgénérationnelle. Nous avons maintenant des enfants de parents que nous avons connus petits, parce qu'ils n'arrivent pas à se sortir de conditions de vie déplorables. Au début, nous disions : « Prenons un enfant à la fois et accompagnons-le le mieux possible. » Le problème, c'est que nous n'y arrivons plus, il y a trop d'enfants en difficulté. Nous arrivons à toucher 10 % des enfants du quartier, cela signifie que les autres échappent au système et aux services disponibles. Si la communauté ne se mobilise pas, si la société ne réagit pas, la cause est perdue. Ce que nous faisons n'est qu'une goutte d'eau dans l'océan. Voilà pourquoi notre vision s'est étendue à toute la province maintenant. Nous créons un réseau de centres de pédiatrie sociale, à la fois pour suivre les enfants et pour interpeller la communauté et l'ensemble de la société. C'est notre projet pour les dix prochaines années.

Et vous appelez cela de la pédiatrie sociale.

Au début, cette façon de travailler n'avait pas de nom particulier. Mais quand je me suis mis à rassembler mes notes, à écrire des articles et des livres, il a bien fallu lui trouver un nom. Comme j'étais déjà pédiatre et que je cherchais à travailler d'une façon sociale, j'ai tout simplement allié les deux termes : « pédiatrie sociale ». Nous étions aussi à une époque où le gouvernement voulait absolument unir la santé et les services sociaux, ce qui, à mon avis, était une perspective très profonde. Il voulait vraiment changer des choses au Québec en associant la santé et les services sociaux. Le projet n'a pas abouti dans les établissements, pour toutes sortes de raisons administratives et bureaucratiques. Ce sont deux mondes différents. J'ai travaillé dans plusieurs établissements, des CLSC par exemple, et je n'ai jamais pu constater que l'on facilitait la pratique d'une santé sociale, même si c'était ce que souhaitaient les politiciens et les dirigeants des CLSC. On me disait : « Tu es médecin, ne te mêle pas de social. »

En sortant du système, je me suis trouvé dans une situation plus facile : les écoles m'ont ouvert leurs portes, des travailleurs sociaux se sont joints à moi et maintenant, les CSSS, les successeurs des CLSC, nous prêtent des travailleurs sociaux pour réaliser des objectifs que les artisans de la pédiatrie sociale avaient déjà, il y a trente ou quarante ans.

Qui dit « pédiatrie sociale » dit « approche globale » ?

La pédiatrie sociale se veut essentiellement un travail pédiatrique au sein d'une communauté. Elle offre des services globaux pour des besoins globaux, des besoins d'enfants sur tous les plans. Quand des parents nous amènent un enfant, nous faisons une première évaluation de l'ensemble de ses besoins et des droits qui sont bafoués dans sa situation. Ces besoins peuvent être physiques, psychologiques, psychoémotifs, culturels, identitaires ou même spirituels. Nous établissons un programme pour que l'enfant trouve une réponse à l'ensemble de ses besoins. En même temps, nous intervenons sur les différents systèmes : l'école, l'hôpital, le CSSS, le centre des loisirs, etc., pour que les conditions d'accompagnement de l'enfant soient améliorées. Le noyau dur de la pédiatrie sociale, c'est d'être en contact étroit avec l'enfant et sa famille. Plus largement, nous avons une mission dans la défense et le respect des droits des enfants. Notre mission est donc aussi communautaire et sociale. Nous interpellons les systèmes à tous les niveaux pour que soit amélioré le sort fait aux enfants. Voilà ce que fait la pédiatrie sociale.

Nous avons parlé de la situation des enfants au Québec, mais de façon générale, dans le monde, voyez-vous des progrès ou des reculs dans les conditions de vie des enfants ? On entend parler d'enfants-esclaves sexuels, d'enfants-soldats, etc. Est-ce un effet des médias plutôt que la réalité ?

Dans le monde, les enfants ont toujours été vus comme des citoyens de second ordre. Leurs droits ne sont reconnus légalement que depuis 1989. Il y a toujours eu des enfants-esclaves, objets de guerre ou objets sexuels. Ce n'est pas une invention du xxᵉ siècle. D'ailleurs, aux États-Unis, la première loi concernant la protection a été proclamée, non pas pour les enfants, mais pour les animaux.

Cela peut paraître étonnant, mais c'est la réalité. Donc, nous avons fait des progrès importants, il faut le reconnaître. Mais, en même temps, des fossés énormes se sont creusés et des iniquités importantes sont apparues. J'ai travaillé dans quelques pays, en Afrique et en Europe de l'Est, et j'ai vu des choses épouvantables un peu partout. Quand un pays est en guerre et qu'il utilise des enfants, la situation est plus visible et plus choquante. Mais les abus sont parfois simplement plus cachés dans d'autres pays.

Je suis donc revenu à Montréal avec le désir de faire mieux qu'ailleurs. Mais, je dois le reconnaître, une bonne partie de ma clientèle est constituée d'enfants agressés physiquement ou sexuellement. Donc, nous ne faisons pas mieux qu'ailleurs, pas mieux qu'en Thaïlande, même si le problème est plus caché ici. J'ai travaillé au Nouveau-Québec [2] et là aussi, on retrouve les mêmes problèmes. Seulement, c'est tabou, personne n'en parle. Le Québec n'a donc pas de leçons à donner au reste du monde.

Je m'étais promis de repartir quand j'aurais l'impression d'avoir réussi à Montréal. Mais la situation s'est détériorée. C'était l'époque où le premier ministre canadien, Brian Mulroney, promettait d'éradiquer la pauvreté des enfants pour l'an 2000. C'était aberrant de croire qu'il était possible d'éradiquer la pauvreté en dix ans! En 2010, on se retrouve avec une plus grande pauvreté encore. La carte de la pauvreté à Montréal est devenue hallucinante. Avant, elle se trouvait cantonnée dans un ou deux secteurs: le Centre-Sud et Hochelaga-Maisonneuve, aujourd'hui, selon une carte produite par le ministère de l'Éducation, une grande partie des écoles de Montréal sont devenues pauvres. Une école pauvre, cela signifie un taux de décrochage élevé, même au primaire, des petits qui arrivent à l'école sans avoir la préparation nécessaire et qui coûteront une fortune en services d'accompagnement qu'il est de moins en moins possible de leur offrir. On ne s'en sort pas.

En tant que société, il faut vraiment revoir notre façon de travailler avec les enfants, surtout les tout-petits qui ne vont pas encore à l'école. Il faut voir quels services on peut leur offrir. Nous croyons que la pédiatrie sociale peut apporter une réponse. C'est pourquoi nous sommes en train de développer un réseau de centres de pédiatrie sociale, à travers la province, pour augmenter

---

2. La région administrative appelée Nord-du-Québec ou Nouveau-Québec comprend un territoire grand comme la France et la Belgique. Elle représente plus de la moitié de la superficie totale du Québec et ne compte que 0,5 % de sa population, soit environ 40 000 habitants. Les Autochtones (Cris et Inuits) forment 60 % de cette population. C'est la région la plus au nord de toute la francophonie.

le nombre d'enfants qui auront accès aux différents services. Ils auront la chance d'avoir un soutien direct, eux et leur famille, mais aussi de bénéficier de l'accompagnement d'adultes significatifs de leur milieu. Les communautés se prendront en main pour répondre aux besoins des enfants et leur offrir toutes les chances de réussir globalement. Le secret est d'être présent à toutes les étapes de la trajectoire de la vie d'un enfant, du début à la fin, de lui donner accès à des outils qu'il n'aurait pas autrement. Car on ne sait pas toujours quel outil a été le plus efficace : le cours de guitare ou le club de boxe. C'est l'ensemble des actions qui est porteur et bien souvent chaque action n'est pas très coûteuse par rapport à ce qui se dépense dans les systèmes publics. En pédiatrie sociale, les services sont offerts par des professionnels, mais souvent bénévolement et dans un accompagnement que l'on pourrait dire «amoureux» de l'enfant. Les personnes qui se sont engagées avec nous aiment les enfants et veulent qu'ils réussissent. Ils partagent avec eux leur savoir et leurs talents et ils mobilisent les talents des enfants. Nos grands amis, les professeurs de soccer, les éducateurs qui travaillent dans les ruelles, les personnes qui aident aux devoirs et aux soupers du centre AED du quartier, tout le monde souhaite que chaque enfant aille bien, mange mieux et ait du plaisir dans la vie. Voilà comment nous travaillons et cela ne coûte pas très cher.

Vous dites que toute la société doit s'investir pour donner des conditions gagnantes aux enfants et aux parents. On a souvent tendance à accuser les parents...

Pour nous, il est clair que les parents sont aussi des victimes. Quand on fait l'histoire de la famille – c'est souvent la première étape dans notre intervention –, nous découvrons la plupart du temps une histoire d'une souffrance inouïe chez les parents. Cette souffrance est transmise aux enfants qui en deviennent porteurs eux aussi. Les parents ont beau dire que les enfants ne savent pas, ils savent, ils sentent. Il n'est pas nécessaire de tout leur raconter, ils savent et ils portent cette souffrance. Ils deviennent des enfants moins attentifs à l'école, qui se battent plus souvent dans la cour de récréation, qui se révoltent. Ils ont du mal à tolérer cette souffrance, celle qu'ils portent pour leur parent blessé. C'est pourquoi nous avons une approche qui refuse de juger les parents. Nous pouvons faire quelques erreurs, mais la plupart ne sont pas réellement coupables, ils sont surtout des victimes. Ils font de leur mieux. Alors nous voulons leur offrir de partager les responsabilités qu'ils ont avec leurs enfants, nous voulons les accompagner afin qu'ils deviennent capables d'apprécier les capacités de leurs enfants. Par exemple, nous offrons des cours de musique avec l'école Samajam[3]. À la fin de l'année, quand les enfants invitent leurs parents au concert, les parents sont absolument renversés de découvrir ce que leurs enfants peuvent faire. Ils n'auraient jamais cru cela possible. À partir du moment où ils voient que l'enfant est heureux dans ce qu'il fait, un processus de changement se met en branle, une fierté s'installe. C'est ainsi que nous mobilisons les parents, à partir de la beauté de leur enfant, une beauté que souvent ils ne voyaient pas, qu'ils étaient incapables de voir. Je crois que nous sommes les seuls dans le monde à utiliser cette approche, une approche fondamentale pour le développement de la personne humaine. Elle nous permet de remettre en selle bien des familles, en seulement quelques mois parfois.

Dans le passé, vous vous êtes élevé contre le retrait des enfants de leur famille. D'après vous, est-il possible d'agir auprès des familles avant que l'enfant soit déraciné?

Oui, notre message a été parfois assez dur sur cette question. Maintenant, nous agissons de façon plus concertée avec la Direction de la protection de la jeunesse (DPJ) et avec les Centres jeunesse. Il était clair que les taux de placement étaient trop élevés et les taux de succès de ces placements n'étaient pas si bons. Nous proposons de faire un plus long parcours avec la famille, avec la communauté, avant de faire intervenir une loi d'exception comme celle de la protection de la jeunesse. Nous avons maintenant développé des projets de partenariat avec la DPJ et les Centres jeunesse.

Mais notre message reste le même: déplacer un enfant, c'est créer un nouveau traumatisme, un traumatisme qui peut être pire que celui qui était à la base de la décision. De plus, bien des droits de l'enfant peuvent être brimés dans cette opération, droits de vivre dans son milieu avec ses amis, son école, respect de son identité et de ses appartenances, etc. La plupart des intervenants de la DPJ veulent bien faire, ils ne veulent pas nuire à l'enfant. Mais quand des méthodes sont érigées en système, il y a risque de dérapage. Nous nous sommes

---

3. École de percussions, de musique et de danse de Montréal, très engagée dans des œuvres sociales et communautaires. Elle offre des cours à plusieurs jeunes des centres de pédiatrie sociale.

élevés contre cela. Dans tous les systèmes, il y a des credo, des normes, des rigidités qui s'installent. Je me dis parfois que nous vivrions mieux sans systèmes, mais ce n'est pas possible non plus.

Dans le quartier Côte-des-Neiges, vous avez à travailler avec beaucoup d'enfants de familles immigrées. Quels sont les problèmes qu'ils rencontrent?

Cela peut paraître surprenant, mais ce sont les mêmes problèmes que rencontrent les enfants d'ici. Avec une couche supplémentaire liée aux difficultés de la migration. Au début, nous pensions que le traumatisme de la migration était le plus fort. Il existe, mais le véritable problème vient plutôt des circonstances qui ont précédé la migration. Dans le quartier, nous trouvons plus de réfugiés économiques que de réfugiés politiques. Ces gens vivaient dans des conditions absolument misérables dans leur pays. Ils viennent ici pour améliorer le sort de leurs enfants. Ce qui est tout à fait louable. En même temps, leur départ a brisé beaucoup de liens. Donc, en plus de la pauvreté matérielle, ils vivent une pauvreté due à la rupture des liens de filiation, des liens sociaux et des liens culturels. Les parents tentent de sauvegarder leur culture, mais les enfants sont déboussolés et cherchent plutôt à rompre les liens culturels. En général, la catastrophe apparaît à la deuxième génération.

Fondamentalement, ces enfants ont les mêmes besoins émotifs que les autres. Quand on accompagne les parents – et cela vaut pour toutes les cultures –, quand on les aide à découvrir les talents de leurs enfants, leur potentiel, leurs chances de réussite, ils deviennent des partenaires. Et la démarche fonctionne! Nous avons déjà réussi à récupérer des familles dans lesquelles le fossé ne cessait de s'élargir entre les enfants et les adultes, à cause de l'appartenance à une double culture, à des problèmes de langue, etc. Les parents se remobilisent autour du talent de leurs enfants. Je leur dis: «Vous êtes venus ici pour que votre enfant aille bien, pour qu'il sauve finalement la famille. Regardez, il est en train de le faire à sa façon, dans une autre culture.» À l'aide de ces explications, ils comprennent, ils commencent à s'ouvrir, à bouger. Dans toutes les cultures que j'ai vu passer dans le quartier: Italiens, Grecs, Juifs, Africains, Asiatiques du Sud-Est, Sri Lankais, la même approche est porteuse d'espérance. Elle est centrée sur l'enfant. La richesse de l'enfant est une valeur sûre, à travers toutes les cultures.

Notre société n'a pas encore reconnu cette perspective. Il faut vraiment passer par des circuits comme le nôtre pour trouver un appui dans les problèmes d'identité culturelle, de désintégration familiale liée à l'immigration, pour remettre en selle ces familles.

La société doit vraiment pouvoir changer son approche, être plus ouverte, plus active. Comment cela peut-il se faire, par l'école peut-être?

Les écoles font des efforts remarquables. Dans le quartier Côte-des-Neiges, nous travaillons avec toutes les écoles. C'est d'ailleurs de ce lien avec les écoles que sont nés toutes sortes de projets porteurs pour les enfants immigrants. Certaines initiatives sont venues du milieu scolaire, d'autres sont nées de nos suggestions. Le plus bel exemple de cette collaboration est le service offert aux enfants autistes. Il y a dix ou quinze ans, on voyait peu de ces enfants dans le quartier, mais depuis quelques années, le nombre a augmenté d'une façon spectaculaire, sans que l'on sache trop pourquoi d'ailleurs. Il n'y avait pas d'aide pour les parents. Un enfant de trois ou quatre ans qui ne parle pas, qui ne se laisse pas prendre dans les bras, qui ne regarde pas ses parents, c'est très difficile, surtout pour des parents qui viennent d'arriver au pays en pensant améliorer le sort de leur enfant. Nous avons donc mobilisé des groupes de parents, nous avons fait des «camps d'été» et les écoles ont accepté d'ouvrir des classes spécialement pour les enfants autistes, à partir de quatre ans. Nous avons maintenant six classes dans le quartier. L'équipe de pédiatrie sociale fait maintenant le diagnostic parce qu'à l'hôpital il faut attendre deux ou trois ans avant d'avoir des services. Or, on le sait, si les services ne sont pas disponibles au moment où les troubles apparaissent, vers deux ou trois ans, c'est la catastrophe. Grâce au Centre de pédiatrie sociale et à son lien avec les écoles, tout a changé. Ce sont les parents d'enfants autistes eux-mêmes qui s'investissent auprès d'autres parents pour les aider.

Votre organisme n'a aucun lien avec le gouvernement? Comment vivez-vous?

La Fondation du Dr Julien pourvoit aux besoins du Centre AED dans Hochelaga-Maisonneuve, du CSPE de Côte-des-Neiges et soutient les centres associés. Nous en avons sept nouveaux, à travers le Québec. La Fondation s'occupe aussi de formation continue et du développement des premiers centres qui sont devenus aussi des centres de formation universitaire. La pratique de la pédiatrie sociale est donc reconnue maintenant par les associations médicales et par les universités. Tous les résidents en pédiatrie doivent faire un stage chez nous. On peut noter l'évolution qu'il y a eu chez les médecins quand on sait qu'ils organisent maintenant des collectes de fonds pour nous aider, une chose impensable il y a dix ou quinze ans. On me qualifiait plutôt de « docteur bohème », à ce moment-là. Aujourd'hui, nous fonctionnons donc presque uniquement avec des fondations privées et l'aide de la population.

Le ministère de la Santé et des Affaires sociales et le ministère de l'Éducation jouent un rôle dans certains des programmes particuliers que nous sommes en train de développer. Mais c'est à nos conditions. Ils espèrent intégrer ces programmes dans leurs systèmes. Ils contribuent ainsi à une partie de notre financement, mais ce n'est que depuis trois ans. Notre financement est donc toujours précaire. Il repose beaucoup sur la guignolée que nous faisons chaque année, un peu avant les Fêtes. Mais il suffit d'une tempête de neige qui bloque les rues pour que nous soyons acculés à la fermeture. Donc nous faisons appel aux fondations privées et aux corporations d'affaires. Nous souhaitons qu'elles se mêlent de nos affaires et qu'elles participent au bien-être de la société en le voyant comme un investissement. D'ailleurs, elles prennent de plus en plus conscience qu'elles sont redevables envers les populations défavorisées. De grandes sociétés nous soutiennent, telles que Power Corporation et la Fondation Chagnon, à titre d'exemple. C'est heureux que les choses changent au Québec maintenant. Pendant longtemps, la société a été privée de fonds importants parce que les riches ne s'investissaient pas dans les causes sociales.

*Je pense que le rôle précieux
des parents consiste à laisser aller
l'enfant devant soi*

Jean-Marie Lapointe

Jean-Marie Lapointe n'est pas que le fils de Jean Lapointe, le comédien très connu et ancien sénateur canadien. Il est aussi un acteur, un sportif, un animateur et, surtout, un homme soucieux d'engagement social. Il est le porte-parole de l'organisme Le Grand Chemin qui vient en aide aux adolescents aux prises avec des problèmes d'alcool, de toxicomanie ou de jeu pathologique. Il accompagne des jeunes malades dans la dernière étape de leur vie, comme il soutient des jeunes trisomiques dans l'ascension du Machu Picchu, au Pérou. Cet engagement prend sa source dans une vie spirituelle nourrie de méditation.

Dans son livre Mon voyage de pêche (Montréal, Stanké, 2005), il raconte avec tendresse l'histoire d'une réconciliation entre un fils et son père: « Tu es le père que j'ai aimé avoir », dit-il.

Jean-Marie Lapointe

Jean-Marie, vous vous intéressez beaucoup à l'enfance. Je sais que vous avez accompagné des enfants handicapés. De quel type d'enfants vous occupez-vous?

Je suis impliqué dans plusieurs projets. Par exemple, j'ai fait partie de l'équipe qui a accompagné des jeunes dans l'expédition « Trisomie 21, le défi Pérou ». Il s'agissait d'abord de relever un défi physique, avec des jeunes vivant avec une déficience : l'ascension du Machu Picchu. Nous en avons fait ensuite un film documentaire. Cette expérience a été pour moi une révélation : j'ai découvert qu'il était possible d'exercer une activité du cœur, c'est-à-dire du bénévolat, et, en même temps, d'en faire un métier. Je suis maintenant animateur et porte-parole de ce groupe. Depuis deux ans, je donne des conférences sur le thème du dépassement de soi ou sur le non-jugement et les préjugés à l'égard de l'apparence, des limites, des handicaps, etc.

Depuis une dizaine d'années, je travaille avec les adolescents en thérapie, dans ce qui s'appelait d'abord « Les Centres Jean Lapointe » et qui est devenu maintenant « Le Grand Chemin ». Tout le monde se rappelle des centres Jean Lapointe et l'époque où mon père et moi nous animions les téléthons Jean Lapointe pour amasser des fonds afin d'offrir des thérapies gratuites aux jeunes, ce que nous faisons toujours au « Grand Chemin ». Je suis engagé dans cette activité depuis que je suis tout jeune.

Je suis impliqué aussi dans les activités de la « Maison l'Éclaircie » de Québec, qui offre des soins aux jeunes souffrant de troubles de conduites alimentaires. Je suis aussi porte-parole – avec des personnalités comme Yvon Deschamps, Jean-Pierre Coallier, Alain Choquette, Debra Arbec, Chantal Petitclerc – pour le « Défi sportif » qui célèbre chaque année le dynamisme des athlètes handicapés. Et depuis 2002, plus discrètement, sans que ce soit médiatisé, je fais de l'accompagnement de fin de vie auprès d'enfants et d'adolescents de l'hôpital Sainte-Justine, avec Leucan. Grâce à cette association, j'ai reçu la formation nécessaire pour ce type de bénévolat. Je suis aussi suivi par Gisèle Laberge, qui m'a appris à méditer et qui fait elle-même beaucoup d'accompagnement de fin de vie. Je la considère comme un véritable maître. Je suis donc entouré de plusieurs beaux maîtres qui m'aident, m'encouragent et m'encadrent. Ils me donnent les outils nécessaires pour intervenir de façon adéquate dans ces situations très particulières et ce bénévolat colore ma vie depuis une dizaine d'années. Parallèlement, je suis engagé dans une démarche spirituelle bouddhiste. Je soutiens les œuvres et les projets de Matthieu Ricard, quand il est de passage au Québec. Cette démarche me permet d'intégrer mon bénévolat à mon quotidien d'homme.

Un peu paradoxalement, je gagne ma vie grâce au bénévolat, mais je continue de m'engager dans des activités non rémunérées mais tout aussi enrichissantes. C'est un peu le caractère singulier de ma vie actuelle. Je pourrais donc me définir ainsi : je suis un bénévole spirituel qui s'engage dans des projets qui nourrissent son cœur et lui permettent de prendre sa place dans la société, tout en étant un athlète semi-professionnel. Depuis bientôt huit ans, je fais du bateau dragon [1] avec des adolescents en thérapie. J'ai d'abord formé un groupe avec mon entraîneur, Pierre-Olivier Girard. Les trois centres de thérapie « Le Grand Chemin » de Montréal, Québec et Saint-Célestin, en Mauricie, pratiquent ce sport depuis presque cinq ans maintenant, sous la direction d'une équipe d'entraîneurs et de bénévoles. C'est devenu pour les jeunes une activité thérapeutique, comme elle l'a été pour moi.

Vous côtoyez donc des jeunes qui souffrent. Est-ce que cette souffrance est liée à l'enfance, au tempérament, à un concours de circonstances ? Quelle est la place de l'enfance dans cette souffrance ?

Un enfant qui vient au monde avec une déficience physique est stigmatisé dès le départ, bien sûr. Dès sa naissance, le regard porté sur lui le fera se sentir différent. Pour certains, qui ont des parents aimants, cette différence sera ressentie moins négativement : ils savent qu'ils possèdent une particularité, mais celle-ci peut apparaître comme un atout : « Aie ! Je suis différent, moi ! » Ils développent des petites clés dans leur cœur qui ouvrent des serrures chez les autres. Ils permettront à certaines personnes de les voir autrement : ils ne

---

1. Le bateau dragon est une embarcation longue de douze mètres. Elle est propulsée par vingt rameurs ou rameuses. Un barreur, à l'arrière, en assure la direction, et un tambour, à l'avant, donne le rythme à l'équipage. Le véritable défi de ce sport est d'obtenir une parfaite synchronisation des rameurs. Ce sont les Chinois qui auraient inventé le bateau dragon, il y a plus de deux mille ans.

seront plus seulement des enfants sans bras ou vivant avec une déficience intellectuelle ou affublés d'une apparence qui dérange. Ce regard bienveillant vient de l'entourage : les parents, les enseignants, les frères et les sœurs, mais l'enfant naît aussi avec une capacité de vivre sa différence avec des ailes ou avec une enclume.

Cette capacité se manifeste très rapidement et nous la percevons en particulier chez un jeune qui souffre d'une dépendance à l'alcool ou aux drogues. Comment se fait-il que dans un *party*, une fête entre amis, un jeune prend un verre de bière et se comporte de façon tout à fait convenable, alors qu'un autre vide verre après verre pendant que son comportement, son langage, son attitude se modifient ? Il y a donc chez cet adolescent quelque chose d'inconscient qui provoque une souffrance. Nous le voyons en thérapie : un garçon de quatorze ans arrive chez nous dans un état de délabrement et huit ou dix semaines plus tard, il est comme une fleur resplendissante. Il a retrouvé sa naïveté, sa beauté intérieure. Il est comme un diamant : même jeté dans la boue, celui-ci garde sa nature de diamant. Il suffit de le nettoyer, de le frotter pour qu'il retrouve son éclat. Voilà ce que nous essayons de faire en thérapie.

À partir de quand ces jeunes ont-ils été blessés ? C'est un mystère, souvent. Sont-ils venus au monde avec une sensibilité particulière, une petite blessure ? Parfois, dans une famille, on voit quatre enfants dont un seul développe une dépendance à l'alcool et aux drogues ou un trouble alimentaire. Pourquoi ? Cet après-midi, justement, je participerai à la célébration du départ de Roxane. Sa thérapie est terminée. Un problème comme celui-là touche toute la famille. C'est toute la dynamique familiale qui devient dysfonctionnelle. Pour l'expliquer, j'utilise souvent l'image du mobile que les parents installent au-dessus du berceau d'un bébé. Le mobile tourne harmonieusement aussi longtemps que toutes les pièces sont en place, mais si on en enlève une, l'équilibre est rompu. Dans la vie familiale, cette perturbation s'appelle alcoolisme, violence, agression sexuelle. Toute la famille en est ébranlée et pour rétablir l'équilibre, elle doit déployer une énergie extraordinaire. La situation d'un jeune qui arrive à l'un de nos centres nous permet de saisir la dynamique de sa famille. Il n'est pas le seul à souffrir. Comme il n'est pas le seul, sans doute, à déclencher ce qui déséquilibre le fonctionnement de la famille. Tous les membres sont interdépendants.

Nous ne connaissons pas toujours la cause de ce déséquilibre. Les parents ne sont pas responsables de tout. Les enfants ont leur vie aussi, ils vont à l'école, ils rencontrent des gens qui abusent d'eux, qui leur font de la peine, qui les harcèlent, qui utilisent la violence pour installer leur pouvoir. Comment se fait-il qu'un enfant se laissera malmener sans se défendre et qu'un autre se dressera pour se défendre? «Aie! attends une minute, toi… C'est pas parce que tu es plus vieux, plus grand, plus fort que tu peux m'écraser!» Il suffit souvent d'une parole comme celle-là pour faire cesser un climat de violence, pour arrêter un enchaînement d'actes de harcèlement qui est en train de s'installer. Je trouve cela fascinant de voir ces différences de comportement chez des enfants malades d'un cancer ou handicapés physiquement, émotionnellement ou spirituellement. En particulier chez ceux qui souffrent d'une dépendance à l'alcool ou aux drogues, d'un trouble alimentaire ou d'une maladie mentale. Il faut beaucoup de patience, d'ouverture, de non-jugement pour les accueillir. C'est pourquoi je suis entouré de maîtres qui m'apprennent la tolérance.

Il suffit de se promener dans la rue pour rencontrer un mendiant, un jeune *squeegee*[2], par exemple. On peut changer de trottoir ou le chasser pour ne pas avoir à lui parler. On peut le juger: «Comment se fait-il qu'il en soit arrivé là, lui?» On peut aussi se sentir privilégié d'avoir tous ses membres, un toit sur la tête. En une fraction de seconde, on a vécu toutes sortes d'émotions. Mais le seul fait d'être là et d'éprouver du malaise est un enseignement. Et cet enseignement vient du jeune *squeegee*. Il nous enseigne le non-jugement, la patience, la générosité, peut-être, dans le don d'une petite pièce. Si on n'a pas d'argent, on peut prendre un moment avec lui, le regarder simplement en lui disant: «Excuse-moi, je n'ai pas d'argent, mais je veux quand même te souhaiter une bonne journée. J'imagine que ta vie n'est pas facile…» Il suffit d'engager la conversation, une parole qui va faire en sorte que cette personne, qu'elle soit jeune ou vieille, se sentira regardée comme un être humain, non pas avec un air condescendant, méprisant. J'imagine que c'est terrible de vivre comme cela, dans la rue, sous le regard méprisant des passants. Pourtant, c'est un être humain, il ne vient pas d'une autre planète! Les animaux sont parfois mieux traités que les clochards.

---

2. Jeunes qui se tiennent aux coins des rues et qui nettoient les parebrises de voitures qui s'arrêtent au feu rouge, en échange d'un peu d'argent. Le surnom leur vient de leur instrument de travail, «racloir» en anglais.

À leur époque, Jésus, Bouddha et les autres grands prophètes de l'humanité allaient dans les rues pour enseigner la sagesse, la générosité et la compassion. En échange, on leur donnait un bol de riz ou un morceau de pain. Pourquoi ne pourrait-on pas aujourd'hui s'arrêter devant un mendiant, un jeune de la rue comme devant un maître ? Les parents disent parfois que les enfants sont leurs plus grands maîtres. Le jeune de la rue est aussi un enfant. Le mendiant édenté qui titube est un enfant lui aussi. C'est une personne qui m'a appris un jour à regarder ceux qui vivent dans la rue avec cet œil-là : « Mais ce jeune, il a des parents… Il n'est peut-être pas en contact avec eux, mais si je lui donnais un carré de chocolat, quelque chose à manger, un dollar, il me semble que ses parents seraient contents de savoir que quelqu'un a pris soin de leur fils ou de leur fille. » Avec cette façon de voir, on ne peut pas en rester à la première impression : il est sale, il sent mauvais, il fait un *bad trip*, c'est un *bum*, un voyou. Il faut aller plus loin : c'est le fils ou la fille d'un père et d'une mère qui s'inquiètent. Après trente secondes de réflexion, on ne le voit plus de la même façon. C'est en ce sens-là que je dis qu'il nous enseigne quelque chose de très précieux. Regarder les jeunes de cette façon, c'est ce que nous enseignent les intervenants dans les centres jeunesse, les hôpitaux, les cabinets de médecins, les psychologues. Cette attitude de base nous permet de toucher le cœur du jeune, la petite pierre précieuse qui a peut-être été salie, mais qui reste précieuse. Ce regard nous permet d'établir une vraie relation, une relation d'aide, dans le respect. Ces jeunes ont besoin d'être aimés, respectés, encadrés, accueillis sans jugement. Quand ils sont accueillis de cette manière, leur violence est désamorcée. Ils savent qu'ils peuvent tout dire sans être jugés. Pour eux, c'est le début d'une vie nouvelle !

Les jeunes que vous avez accompagnés au Machu Picchu vous ont donné aussi des leçons ?

C'étaient de jeunes adultes âgés de dix-huit à trente ans. Ils sont un peu comme des enfants puisqu'ils sont très naïfs, très spontanés. La trisomie 21 se caractérise par une déficience intellectuelle, mais aussi par des déficiences physiques : une malformation du cœur souvent, des problèmes d'équilibre et de vision : ils ne voient pas toujours bien et leur perception des dimensions n'est pas toujours juste. Alors, imagine, faire l'ascension de Machu Picchu : on monte, on descend, les sentiers sont parfois très larges ou très étroits, à travers les rochers. Ces jeunes ont dû se dépasser à tout moment, c'était pour eux un véritable défi. De même pour les accompagnateurs qui étaient tous des étudiants de dix-neuf à vingt-quatre ans. Ils avaient la responsabilité des jeunes vingt-quatre heures sur vingt-quatre et pendant treize jours. Une tâche épuisante pour eux !

Le voyage comportait deux aspects, je dirais. Il s'agissait d'abord d'un défi physique : une longue randonnée à pied pour atteindre le Machu Picchu. Le second aspect représentait un défi plus personnel, plus humain. Nous étions hébergés dans des familles d'un village perdu du Pérou qui vivent encore comme au Moyen Âge. L'espagnol n'était pas d'un grand secours puisque la plupart des habitants parlaient plutôt le quechua. Il fallait donc se débrouiller pour manger, dormir comme au Moyen Âge. Il fallait s'adapter. Sans révéler le contenu du film, je peux dire que nos jeunes qui présentent une trisomie ont repoussé leurs limites et nous ont appris à le faire. Ils ont affronté leurs peurs. Il y a une scène dans le film où la petite Simone est paralysée par le vertige. Julie qui l'accompagne finit par trouver une façon de l'encourager et de l'aider en lui proposant de descendre sur les fesses : « Penses-tu que tu pourrais essayer ? lui dit-elle. — Je ne sais pas, mais je vais essayer » dit Simone. On voit son ouverture d'esprit, elle n'a pas dit : « Je ne veux pas et je m'en retourne chez moi. » Elle pleure, elle a peur, mais elle est prête à dépasser sa peur, avec l'encouragement des autres. Il fallait toujours trouver la manière d'intervenir pour encourager celui ou celle qui était dans la misère. Jean-François Martin, l'instigateur du projet, l'explique en une phrase dans une scène du film : oui, ils ont des limites, mais chacun en a, les accompagnateurs aussi. Pourtant, qui aime se faire dire : « Toi, tu as des limites, ne va pas là, tu n'y arriveras pas » ? Nous aimons beaucoup plus découvrir nous-mêmes nos limites : « Peut-être que je vais frapper un mur, mais si ça ne marche pas j'essaierai à droite et si ça ne marche pas encore, je passerai par en dessous. » Après deux ou trois tentatives, on sera peut-être forcé de reconnaître une de nos limites, mais au moins on aura essayé. C'est un peu ce que nous voulons faire avec les jeunes souffrant de handicaps ou de toxicomanie : plutôt que de leur coller une étiquette : « Handicapé, ne peut pas faire ceci ou cela », nous voulons les aider à découvrir leurs limites. Le film en est une belle illustration.

Certains parents agissent ainsi avec des enfants normaux, ils leur mettent sans cesse des limites. C'est de la surprotection, non ?

Oui, parfois même de la violence verbale ou de la violence psychologique. Ce qui m'a touché dans ce projet de livre et d'émission sur l'enfance, c'est votre question dans l'introduction : qu'est-ce qui fait que dans une famille un enfant est entouré d'amour, encouragé à déployer ses ailes et que rien ne lui est impossible, alors que dans une autre le climat est malsain ? Je crois que c'est inconscient chez les parents, certains souffrent de maladie mentale, ils ont vécu de grandes souffrances, ils ont des blessures qu'ils transmettent involontairement à leurs enfants. Par exemple, si à cause d'un accident vécu tout petit, tu as peur de la vitesse et des sports extrêmes, il est bien possible que tu dises « non » quand ton fils ou ta fille voudra faire de l'escalade ou de la plongée sous-marine : « C'est trop dangereux ! Je te défends d'y aller. Je te déshérite si tu fais cela ! » Moi, j'avais un côté rebelle. Je les ai tous essayés, ces sports-là. Peut-être pour prouver à mon père que j'étais capable, malgré sa peur ; peut-être pour lui mettre sous le nez mon certificat de parachutiste. En même temps, je peux comprendre sa peur. C'est très puissant la peur, elle contient une large part d'inconscient. Et quand tu es le seul fils de la famille, tu n'as pas envie de te retrouver dans la rubrique nécrologique : « Décédé dans un accident de moto ou de parachutisme. » Tu sais bien que ce serait une peine immense pour tes parents.

Je n'ai pas encore d'enfants, mais je pense que le rôle précieux des parents consiste à laisser aller l'enfant devant soi : le laisser essayer son premier tricycle, le redresser quand il va un peu trop à gauche ou à droite, mais être là pour l'encadrer. Le redresser quand c'est nécessaire, comme le jardinier le fait pour un plant de tomates. C'est ce que font les mordus du jardinage, l'été : ils mettent une petite semence en terre et l'arrosent, la plante pousse et il faut installer un tuteur pour qu'elle pousse droit. Une fois que la plante a des racines solides, que sa tige est forte et que les tomates apparaissent, ils peuvent enlever le tuteur. Voilà le rôle des parents, je pense : savoir à quel moment ils peuvent se retirer pour laisser les enfants vivre leur propre vie. Parce que la vie leur donnera aussi les expériences qui leur permettront d'apprendre. Mais il n'est pas facile pour les parents de voir leurs enfants pleurer. Ils se disent : « J'aurais peut-être dû intervenir plus tôt… faire ceci ou cela. » Les larmes font aussi partie de l'apprentissage.

Ce n'est pas facile pour les parents d'imposer un minimum de discipline non plus. L'enfant a besoin d'être encadré. Aujourd'hui, nous sommes plutôt à l'ère des enfants-rois…

Ce problème existe et il est lié à celui du travail des deux parents. Ils ont moins de temps à la maison, moins de temps pour encadrer les enfants, pour être présents. C'est normal de vouloir un meilleur revenu, mais est-ce nécessaire de posséder deux ou trois voitures, une maison et un chalet ? Est-ce indispensable de s'offrir des vacances dans le Sud, chaque année, et de payer toutes sortes d'activités aux enfants pour en faire des adultes qui courent partout comme leurs parents ? Quand je parle avec les adolescents qui viennent en thérapie ou avec les enfants malades, je comprends que ce qui les marque, c'est le temps de qualité, le temps de vérité que les adultes passent avec eux. Ce sont des moments dont un enfant garde le souvenir : quand son père ou sa mère faisait un détour pour venir le chercher à l'école. Ça peut sembler banal, mais c'est du temps riche.

J'aime à dire que moi j'ai hérité « du vivant de mon père ». Au primaire, j'étais pensionnaire et je voyais arriver les fins de semaine avec bonheur. Quand mon père me disait : « Veux-tu m'accompagner ? J'ai un spectacle à faire à tel endroit, on va faire la route ensemble. » Ma mère était contente parce que j'accompagnais mon père, il ne serait pas seul, et moi j'étais content parce que mon père me racontait sa vie et s'intéressait à la mienne. Il y avait entre nous un climat de confidences. Il y a peu de gens qui ont eu ce genre de relation avec leur père, je crois. Pourtant, les amis de mon père aimaient à dire qu'il vivait « stationné en double file » depuis vingt ans, tellement il était occupé. Il courait partout. Moins maintenant parce qu'il a soixante-quinze ans et qu'il est sénateur. Il s'est calmé un peu. Mais j'ai bénéficié de ses plus belles années d'énergie, de disponibilité. Tous les enfants devraient pouvoir en dire autant. Au moment de notre mort, de quoi aimerions-nous nous souvenir, sinon des moments de qualité que nous avons vécus avec ceux et celles que nous aimions ? Je n'ai jamais entendu une personne dire, à ce moment-là : « J'aurais dû travailler plus ! » On entend plutôt en général : « J'aurais dû travailler moins et prendre plus de temps pour aimer et me laisser aimer. » Un vieux proverbe chinois dit à peu près ceci : « Dans la vie, pour être heureux, il faut voyager avec deux sacs : l'un pour donner, l'autre pour recevoir. » Voilà ce qu'il faut enseigner à nos enfants et pratiquer soi-même : accepter de recevoir, d'être vulnérables, de se laisser toucher ; accepter de donner, mais de recevoir aussi. Le don est valorisé, il est facile, recevoir est beaucoup moins facile.

Vous disiez que vous avez fait votre cours primaire au pensionnat. J'imagine que c'est triste de préparer sa valise le dimanche soir, à huit, neuf, dix ans ?

Je déprimais carrément. Je regardais mes sœurs qui, elles, restaient à la maison et je me sentais abandonné. En même temps, je vivais une relation très intense avec mes amis. Nous faisions du sport, nous dormions dans le même dortoir, nous vivions en communauté, nous devenions une grande famille. Mais ça ne m'empêchait pas de me sentir un peu rejeté, de façon inconsciente, bien sûr : «Comment ça se fait que moi que je suis pensionnaire ?» C'était une école privée : il fallait porter un costume, étudier à heures fixes, faire de la musique plutôt que du sport, parce que mes parents m'avaient inscrit à des cours. Aujourd'hui, je suis très content, mais assis dans ma petite salle à m'exercer, j'étais triste de ne pas pouvoir jouer au hockey dans la rue avec mes amis. Je me rendais compte qu'à cet âge-là, je n'avais aucun pouvoir de décision. C'est à cette époque que j'ai connu mon premier épisode de trouble alimentaire. Je me privais de manger, un peu pour attirer l'attention, un peu pour appeler à l'aide. La nourriture était la seule chose sur laquelle j'avais du pouvoir. J'avais des comportements anorexiques et ce n'est que plus tard que j'ai eu aussi des comportements boulimiques. Mais je n'ai jamais pu me faire vomir. Je ne me sentais pas aimé et je voulais disparaître : maigrir, maigrir jusqu'à disparaître. C'est inconscient, bien sûr. Quand arrivait la fin de semaine et que je rentrais chez moi, j'étais heureux : je retrouvais mon père, mes sœurs, ma mère, mon chien et je mangeais. Alors, aux yeux de mes parents, tout allait bien. J'aurais dû faire le contraire : manger au pensionnat et ne pas manger les fins de semaine, mes parents auraient peut-être compris.

Vos parents ne se rendaient pas compte que c'était cruel ? Bien sûr, ils avaient leurs raisons, mais ils ne comprenaient pas à quel point c'était dur pour vous ?

Je crois que le pensionnat était la norme à cette époque. Beaucoup de parents qui vivaient loin des grandes villes, en Gaspésie, par exemple, et qui voulaient donner une bonne éducation à leurs enfants les mettaient dans un pensionnat. Certains élèves ne rentraient chez eux qu'aux grandes vacances de Noël ou de fin d'année. Ils étaient loin de leur famille pendant des mois.

Au secondaire, tout a changé. Le fait de pouvoir rentrer à la maison chaque soir m'a permis de tout oublier. Je me suis adapté à ma nouvelle vie sans difficulté. J'étais très content d'aller au Collège Notre-Dame. Je pouvais faire du sport et comme je rentrais chez moi tous les soirs, j'avais ma petite dose de famille. J'avais donc une vie plus équilibrée. Mais je pense que l'expérience du pensionnat a laissé des traces. Je suis resté avec une fragilité, une peur de l'abandon, une peur de ne pas être aimé, de ne pas être à la hauteur. Mes engagements ensuite, dans la société, mes choix de bénévolat sont peut-être liés à cette douleur d'être abandonné. Je la reconnais rapidement chez les autres aussi. Souvent, on se soigne en soignant les autres, on se fait du bien en faisant du bien aux autres. J'ai aussi quelques années de thérapie à mon actif, de l'aide, de la méditation, des lectures… L'expérience du pardon aussi. Je ne peux pas en vouloir à mes parents, leur intention était bonne. Mais il m'a fallu du temps pour comprendre. Je crois aussi que rien n'arrive pour rien. On dit souvent que la souffrance apporte un enseignement puissant. C'est vrai qu'elle est un grand maître, mais à condition de la transformer. On parle alors de résilience. Viktor Frankl disait : «On peu survivre à toutes les souffrances quand on y trouve du sens.» Il avait connu les camps de concentration et il pouvait affirmer cela. Donc, ce n'est pas pour rien que j'ai vécu ces souffrances d'enfant. Aujourd'hui, je peux les partager avec d'autres. J'ai toujours parlé de mes problèmes, je n'étais pas du genre à me taire et à accumuler de la rancœur. Et j'ai toujours eu autour de moi des personnes prêtes à m'écouter : mes parents, des amis à l'école ou des figures paternelles d'adoption ou de remplacement.

Je crois que c'est un bon geste de résilience que de trouver autour de soi des modèles de père et de mère, des remplaçants pour écouter, pour être inspiré dans la vie. Quand j'allais dans la famille de mes amis et que je voyais des parents qui s'aimaient, qui riaient, qui organisaient des sorties avec les enfants, je me disais : «Ouah, c'est comme ça ici!» J'ai un couple d'amis à Québec qui était pour moi le modèle d'une relation d'amour, François et Josée. Quand je les voyais et que je ressentais l'amour qu'il y avait entre les deux, je me disais : «Ouah, vous ne me faites pas seulement vivre un beau moment de tendresse, vous me permettez d'y croire ! Je le vois, je le ressens, je sais que c'est possible. Je peux donc rêver d'une relation semblable pour moi, un jour.» Sans aller jusqu'à me projeter dans l'avenir, le fait de voir une aussi belle relation me fait du bien. J'ai le sentiment de la vivre, moi aussi.

J'ai entendu Wayne Dyer [3] dire, dans une conférence, qu'une personne qui accomplit un geste de bonté ressent physiquement quelque chose dans son cœur. Son geste déclenche de la sérotonine et des endorphines. Celle qui bénéficie de ce geste a aussi une réaction dans son cœur et dans son corps. Les personnes qui sont témoins du geste ont aussi des manifestations physiques. Alors, devant la scène de mes amis amoureux, plutôt que de dire : «Pourquoi

---

3. Docteur en psychologie et psychothérapeute, Wayne W. Dyer enseigne à la St. John's University de New York. Il est l'auteur de plusieurs livres qui ont été traduits en français dont *Les excuses, ça suffit!* publié chez AdA, en 2010.

ça ne m'arrive pas à moi, cet amour-là ?», au lieu de me fermer et de développer de la jalousie, je veux rester ouvert et me laisser toucher. Voilà ce que j'essaie de faire : accepter d'être ému par une belle scène d'amour, même si ce n'est pas moi qui la vis. Bien sûr, ensuite, on peut s'interroger : « Pourquoi ça ne m'arrive pas à moi ?» Mais d'abord s'émerveiller de ce qui est beau. Aimer la beauté du geste d'une maman qui prend son petit garçon par la main pour traverser la rue, plutôt que de se plaindre : «J'aimerais donc ça, avoir un fils… » Il faut nous laisser aller à notre première réaction d'être humain : c'est beau, c'est de l'amour, ça me touche. Nous sommes faits pour aimer, pour éprouver de la compassion, pour nous laisser émouvoir. Ce n'est pas toujours possible, à cause de nos blessures. Nous avons fermé notre cœur, il faut apprendre à l'ouvrir.

Vous avez écrit un livre dans lequel vous disiez que vous veniez d'une famille dysfonctionnelle, mais que vous avez eu de beaux moments avec votre père. Voulez-vous nous en parler ?

J'ai écrit un livre, il y a quelques années, *Mon voyage de pêche*[4], dans lequel je raconte ma relation avec mon père[5]. Au cours de ce week-end, nous nous étions beaucoup parlé. Nous nous étions pardonné et nous avions tourné la page sur le passé. Je lui avais parlé de mes problèmes d'anorexie, de boulimie et d'une tentative de suicide liée à une dépression que j'avais vécue dans la vingtaine. Ce n'est donc pas difficile pour moi d'en parler maintenant, au contraire, ça me fait du bien. D'ailleurs il y a peut-être quelqu'un quelque part à qui ce témoignage fera du bien. S'il se sent moins seul, j'aurai accompli ma tâche.

Dans notre famille, le dysfonctionnement s'est manifesté surtout à travers l'alcoolisme de mon père qui n'a pas atteint mes sœurs comme il m'a atteint, moi. Ma mère aussi a souffert d'alcoolisme. Elle en est morte à quarante-neuf ans, ce qui a été pour moi une grande perte, une grande blessure. Mon père n'a donc pas été présent de la façon dont j'aurais eu besoin qu'il le soit. Mais quand il était là, il était vraiment présent, nous faisions toutes sortes de choses ensemble. À d'autres périodes de ma vie, il a été moins présent, il vivait sa vie comme tout adulte et moi je grandissais et j'avais aussi ma propre vie. Je repense

---

4. Montréal, Éditions Alain Stanké, 2005.

5. Le père de J.-M. Lapointe est le comédien bien connu Jean Lapointe, ancien membre du Sénat canadien.

au symbole du mobile au-dessus du berceau de l'enfant, que j'utilisais plus haut : quand tout va bien, l'ensemble est harmonieux, mais il suffit que l'on retire un élément pour que le mobile soit déséquilibré. Chaque fois que mon père retombait dans son alcoolisme, la famille se retrouvait complètement déséquilibrée. Et il fallait une dose énorme d'énergie à tous les membres pour rétablir un équilibre temporaire. Dans ces situations-là, on voit des enfants qui deviennent des clowns, par exemple, ou des enfants Téflon ou des sauveurs, des « mère Teresa ». Comme j'étais le seul garçon de la famille, j'ai cherché à devenir le protecteur, le père, le responsable. D'ailleurs, ma mère me disait : « Papa est malade, il est parti en cure. Sois gentil, fais attention à tes sœurs, fais ceci, fais cela... » Très jeune, j'ai commencé à me comporter comme un adulte, même si je n'avais que sept ou huit ans.

Cette situation a aussi sensibilisé mon cœur, elle m'a ouvert à la compassion, elle m'a rendu attentif à la souffrance des autres. Très jeune, j'ai donc développé un côté « mère Teresa » pour essayer de soulager leur douleur. D'ailleurs dans la famille, j'avais aussi des modèles semblables : Cécile, la sœur de mon père, était une vraie « mère Teresa ». Elle était là pour les autres, vingt-quatre heures sur vingt-quatre, sept jours par semaine ! J'ai donc eu autour de moi des modèles auxquels j'ai cherché à ressembler. Mon père lui-même est devenu un modèle, avec la création de la Maison Jean Lapointe. L'un de mes amis, Jean-Pierre Chiasson, a aussi créé un centre de thérapie, la clinique Nouveau Départ. Il a compris assez rapidement qu'il avait créé cette clinique pour affronter ses propres démons. Mon père a fait la même chose, en ouvrant la Maison Jean Lapointe. C'est ce que je fais aussi en m'impliquant dans toutes sortes de causes. Quand j'accompagne un jeune qui se trouve en phase terminale, je vis avec lui quelque chose d'ultime et de lumineux. C'est une expérience différente de celle qui est vécue avec un adolescent en thérapie ou une personne qui souffre d'anorexie ou de boulimie.

Vous avez donc eu la chance de transformer votre souffrance, provoquée par une famille dysfonctionnelle, en une sorte de bonheur ?

Oui, et je ne suis pas le seul de la famille à avoir cette chance. L'une de mes sœurs, Anne-Élisabeth, est coordonnatrice-directrice de la Maison Jean Lapointe et elle s'occupe particulièrement des problèmes de jeu pathologique. Mes sœurs et moi, nous avons tous un cœur sensible et généreux, car mes parents, malgré leurs problèmes personnels, étaient des parents aimants. Ils nous ont tous aimés. Et être aimé est une très grande richesse. Personne n'a été battu, humilié chez nous. On entend parfois des histoires d'horreur d'enfants abandonnés seuls dans une pièce, pendant des années, ou battus, maltraités. Ce n'est pas notre cas, nous avons été aimés, même si ce n'était pas toujours comme nous l'aurions souhaité.

Je pense que ce petit côté « mère Teresa » fait maintenant partie de mon code génétique, de celui de ma famille. Un grand maître a dit : « Si tu veux être heureux dans la vie, aime les autres, donne, sois disponible. Mais si tu veux être misérable, ne pense qu'à toi. » Le Dalaï-Lama reprenait la même idée avec humour : « La façon intelligente d'être égoïste, c'est de réaliser que la plus belle chose que tu peux faire pour ton propre bonheur, c'est d'être là pour les autres et d'aimer les autres. » Quand je me sens triste ou seul, que j'ai un peu le cafard, j'ai accès à des causes qui peuvent me faire du bien. Je m'en vais voir les adolescents en thérapie. Pendant le trajet, j'ai le temps de me détendre, de vivre mon deuil ou ma peine. Quand j'arrive au centre, je suis ouvert : « Ouah, la vie est ici ! » Le combat des jeunes me nourrit, je me reconnais dans leur lutte, je reconnais mes propres démons. Je me reconnais aussi dans leur désir d'être heureux, malgré leur maladresse. Bien sûr, certains ont le don de saboter leurs succès, mais ils veulent s'en sortir. Et comment ne pas être rempli d'énergie devant une personne qui se bat contre la maladie ou contre ses démons ? C'est une énergie contagieuse. Je me fais donc du bien en allant les voir. Je ne sais pas toujours ce que je leur apporte, avec mes bouffonneries, mon amour du sport, ma pseudo-sagesse, mais je sais ce qu'eux m'apportent. Pouvoir accomplir ces gestes-là d'une façon consciente est déjà beaucoup.

Avoir un père aussi connu, avec des problèmes de jeu et d'alcool, ne devait pas être simple pour vous…

Non. Mon père est l'une des personnalités les plus aimées du Québec. C'est un monument ! Il est applaudi partout comme acteur, philanthrope, artiste, chanteur, humoriste. Je l'ai redécouvert à travers la série télévisée *Les sentiers de ma vie*, présentée en 2006. C'est facile de vouloir s'identifier à un modèle comme celui-là : on se dit qu'on est capable, qu'on a du talent aussi, qu'on peut atteindre un certain degré de renommée, de succès. Mais il y a l'envers de la médaille : mon père est aussi un humain, avec ses problèmes. J'aime ce côté fragile, vulnérable, de mon père. Il est beau quand il ose se montrer tel qu'il est et partager sa vulnérabilité. Mais la différence était tellement forte entre son image publique et son image privée, qu'elle produisait une sorte de divorce dans mon cœur. J'étais tenté de dire : « Mon père n'est pas ce que vous pensez… Ce n'est pas un héros ! » Tu ne peux pas crier cela sur les toits ; pour les autres, ton père est merveilleux !

J'ai donc eu à jongler avec ces images de mon père. Jusqu'au jour où j'ai compris que je n'étais pas parfait non plus. Je reçois parfois des lettres de remerciements, de félicitations pour ce que j'essaie de faire ou d'être ; mais dans ma vie privée, je connais des filles qui pourraient dire : « Jean-Marie, il n'est pas aussi gentil que vous le croyez. » J'ai donc compris que moi aussi j'avais mon côté « ombre ». C'est facile d'accueillir son aspect lumineux, facile de s'aimer quand on vient de gagner la coupe Stanley. Mais pour celui qui a perdu et qui regarde l'autre équipe en train de célébrer, il faut transformer cette défaite en une belle occasion d'apprendre : « Pourquoi on a perdu ? Qu'est-ce que j'ai fait ou n'ai pas fait qui a mené à la défaite ? » J'arrive mieux maintenant à accueillir mon ombre. Quand je peux le faire avec de la bienveillance, la tentation de juger disparaît et la compassion prend toute la place, avec la capacité de ne pas juger mon père, par exemple, puisque l'on parle de lui.

Ma mère a certainement beaucoup souffert, surtout les cinq dernières années de sa vie. Pour mourir d'un problème d'alcool, il faut être vraiment malheureux, vraiment broyer du noir, avoir vraiment de la peine. L'alcool agit comme un dépresseur, ce n'était pas pour l'aider. Oui, j'ai perdu ma mère, mais je ne peux qu'éprouver de la compassion pour sa douleur. Si elle avait été accompagnée, avec les outils que nous connaissons aujourd'hui, elle serait sans doute encore vivante. Je ne dis pas que moi, j'aurais pu la sauver, mais simplement qu'on aurait pu l'aider avec les méthodes que nous utilisons maintenant.

Aux parents qui vivent des difficultés personnelles comme les vôtres, quel conseil donneriez-vous dans l'éducation de leurs enfants ? Que peuvent-ils leur donner, en sachant qu'eux-mêmes sont imparfaits ?

Je crois que quand on est conscient d'avoir un problème de santé mentale, de toxicomanie, d'alcoolisme, peu importe, la première chose à faire est d'aller chercher l'aide d'un thérapeute ou d'un groupe. Sinon, tôt ou tard, les enfants en seront blessés. La souffrance de l'adulte retombera sur eux, même si le parent ne le veut pas. Pour cela, il faut être conscient de son problème : « Qu'est-ce que je suis en train de faire ? C'est malsain, pour moi, pour mes enfants, pour mon mari, pour mes proches. » Il faut bouger, faire les démarches nécessaires.

Heureusement, aujourd'hui, il y a Internet et toutes sortes de ressources. Non seulement dans les grandes villes, mais aussi en région. Il y a toujours quelque part un psychologue, un médecin, un travailleur social qui peuvent conseiller et orienter vers les ressources disponibles. C'est la première chose à faire, après la prise de conscience du problème : ne pas en rester là.

C'est le premier pas qui est le plus difficile : s'avouer à soi-même que l'on a un problème, que l'on souffre. C'est une démarche d'ouverture et de bienveillance envers soi-même : « J'ai un problème, je ne fonctionne pas bien, je vais demander de l'aide pour moi et tout le monde en bénéficiera. » Cette prise de conscience agit comme un éclair dans un ciel sombre : « Enfin, je fais quelque chose. » Il faut parfois des années avant qu'une personne en arrive là. Le rythme de chacun est différent.

L'enfance joue un rôle fondamental
mais les rencontres qui suivront joueront
aussi un rôle fondamental

Michel Lemay

Né en Bretagne, le professeur Michel Lemay est installé au Québec depuis plusieurs années. Pédopsychiatre, il est directeur de la clinique de l'autisme et des troubles envahissants du développement de l'hôpital Sainte-Justine de Montréal, et l'un des spécialistes mondiaux dans ce domaine.

Sa renommée lui a permis d'être invité à de nombreux colloques et d'animer des séminaires de formation tant au Québec qu'en France, en Belgique ou en Suisse. Il est l'auteur d'ouvrages qui ont fait leurs marques. Notons en particulier: Psychopathologie juvénile (Paris, Fleurus, 1973), Les psychoses infantiles (Paris, Fleurus, 1987); J'ai mal à ma mère (Paris, Fleurus, 2005); Famille, qu'apportes-tu à l'enfant? (Montréal, Éditions CHU Sainte-Justine, 2001).

Michel Lemay

Docteur Lemay, vous êtes pédopsychiatre, dites-moi, pourquoi fait-on des enfants?

Je crois qu'à un moment donné, dans un couple, apparaît curieusement une idée chez l'un, parfois chez les deux simultanément : « Si l'on avait un enfant ? » C'est un changement extraordinaire qui se produit à ce moment-là puisqu'avant, au contraire, les deux personnes ne désiraient pas trop avoir un enfant. Ils avaient des soucis professionnels ou financiers, ou tout simplement ils voulaient vivre en couple pleinement et n'avaient pas du tout envie d'avoir un bébé. Et puis quelque chose se modifie : « Si on avait un enfant ? » Ils ne sont plus seulement des amants, des époux, ils deviennent des parents potentiels. Quelque chose se remanie profondément à l'intérieur de leur personnalité puisque, à la fin de chaque mois, les deux attendront avec une certaine inquiétude : « Est-ce que les menstruations vont disparaître ? » Si oui, la grossesse sera annoncée, sinon c'est la déception et les menstruations reviennent.

Dans le désir d'enfant, il y a aussi, je crois, quelque chose de l'ordre de « compléter l'union ». Dans le couple, il y a une union sexuelle, souvent très satisfaisante, mais en même temps, quelque chose manque, à un moment donné. Ce qui manque, c'est une troisième personne, c'est-à-dire un bébé.

Je crois qu'il y a aussi dans le désir d'enfant, l'envie de donner quelque chose : de se donner quelque chose, mais aussi peut-être de donner quelque chose à ses propres parents, s'ils vivent encore, avec une certaine affirmation de soi : « Tu m'as donné beaucoup et je veux te donner aussi quelque chose. »

Je crois qu'il y a aussi dans le désir d'enfant un certain besoin de prendre sa revanche, de réparer quelque chose. On n'a jamais eu une enfance tout à fait comme on la voudrait et il y a des zones de soi-même qui ont été égratignées. On a l'espoir, un peu utopique d'ailleurs, d'élever son enfant d'une manière différente et de faire que lui, n'ait pas de zones égratignées. Bien sûr, il en aura, en réalité. Mais ce désir de réparation existe. Il peut même être très puissant et jouer des tours, si le parent place d'emblée ce bébé dans un statut d'objet réparateur de sa propre enfance blessée.

Je dirais aussi qu'il y a, dans le désir d'enfant, un rêve un peu fou d'immortalité. On fait reculer la mort, puisqu'on se continuera à travers un enfant. Il y a donc quelque chose de l'ordre d'une transcendance, d'un dépassement, d'une quête spirituelle, dans le sens plus général du terme, c'est-à-dire un désir d'aller au-delà de l'immédiateté et de faire en sorte que quelque chose se poursuive après nous.

Il y a toutes ces choses-là puis, bien sûr, un grand désir d'amour. Faire en sorte que l'on puisse partager cet amour, non pas simplement entre deux personnes, mais créer une famille et, à partir de là, vivre une aventure à la fois problématique – créer une famille n'est pas évident – mais aussi passionnante. Tout cela est déposé dans l'enfant, un enfant que l'on imagine, bien sûr. À partir du moment où la grossesse est annoncée, on aura un « enfant de rêve » à l'intérieur de soi. Le couple rêvera donc cet enfant, différemment selon qu'on est femme ou homme, mais cela lui permettra aussi de se préparer à ce moment extraordinaire de la naissance. Du coup, ce n'est plus un « enfant de rêve » qu'il aura devant lui, mais un enfant réel, un peu braillard, un peu dérangeant et un peu problématique.

Oui. Un enfant un peu complexe. Que faut-il transmettre ou donner à un enfant pour en faire un être heureux, équilibré? Quelle est la base à mettre en place, une fois qu'on a cet enfant?

Il faut préciser d'abord que, dans tout ce que je viens de décrire, il y a des pièges. Vouloir entrer en union avec un autre être, qu'est-ce que cela veut dire : le situer devant soi comme une chose qui nous appartient ou bien comme une personne que l'on aura envie de laisser s'éloigner progressivement pour qu'elle puisse se construire? Je dirais donc que l'une des premières choses auxquelles les adultes doivent être attentifs, c'est à ne pas confondre un désir de grossesse et un désir d'enfant. Qu'est-ce que je veux dire par là? Je veux dire que la grossesse signifie posséder en soi un enfant. Une mère, évidemment, vit quelque chose d'extraordinaire quand elle sent peu à peu ce bébé à l'intérieur de son ventre. Elle se mettra d'ailleurs à lui parler, généralement à partir du quatrième mois. Elle commencera à dialoguer avec ce bébé et elle aura cette surprise extraordinaire de découvrir que quand elle vit des émotions, tout se passe comme si le bébé vivait aussi des émotions. Il se met à bouger différemment. Donc un dialogue se construit entre la mère et ce bébé, que j'ai appelé « bébé de rêve ». Mais c'est une expérience très égocentrique, cela se passe dans la fusion. Le papa, lui, qui est un petit peu à côté, ne sait pas très bien comment se situer. L'une des frustrations des hommes c'est de ne pas pouvoir porter d'enfant. On sait bien qu'un jour, on retrouvera cet enfant, dans la mesure où la mère voudra bien nous l'accorder. Mais pour le moment, on est plus à côté que dans le processus de grossesse.

Je crois donc qu'il est extrêmement important, pour une mère et pour un père aussi, de ne pas placer leur enfant dans le statut d'une sorte d'objet qui les réparerait, qui leur permettrait de se réenfanter. Ce statut le ramènerait à l'état de « bébé de rêve ». Les parents ne lui accorderaient pas de liberté puisqu'ils le fixeraient dans une position de « je te veux tout entier », « je souffre dès que tu t'éloignes de moi ». Ils ne créeraient pas un être destiné à s'individualiser et à devenir progressivement, non pas une partie d'eux-mêmes, mais lui-même. Ce premier élément me semble fondamental.

Le deuxième élément, c'est qu'il faudra apporter à ce petit bébé beaucoup de sécurité et de confiance en lui-même. Cela ne peut se faire que dans la mesure précisément où les parents ne se confondent pas eux-mêmes avec l'enfant. C'est ce que l'on appelle l'empathie. Ils auront une connaissance intuitive de l'enfant et le reconnaîtront comme une personne qui déjà veut s'exprimer, qui a des désirs différents des leurs. Je vous donne un exemple : supposons que je sois fatigué, ce soir, et que bébé pleure. Si je n'ai pas suffisamment de distance par rapport à lui, alors qu'il pleure pour que je le prenne, je ne pourrai pas entendre son appel. Je ne le prendrai pas, parce que je pense qu'il est fatigué puisque je suis fatigué. Le lendemain, comme je suis un peu déprimé et que j'ai envie d'être materné, d'être réconforté, si bébé pleure parce qu'il a besoin de dormir, je ne pourrai pas entendre son message. Je le prendrai sur mes genoux, je lui ferai des câlins alors que lui, le pauvre, il se défendra comme un beau diable. Il se trouve lésé par cette prise de possession. Je me sentirai mal par rapport à cet enfant et lui se sentira mal par rapport à moi. Tous les parents vivent ce genre de situation, sans s'en rendre compte.

Ici, j'ai confondu les besoins de l'enfant et mes propres besoins. Mais si cela se répète tous les jours et que je ne peux pas voir ce petit comme un sujet qui a ses propres sentiments, ses propres désirs, et qui évoluera dans une direction qui ne sera pas forcément la mienne, je risque de le placer dans une position de fusion et de confusion. Je ne pourrai pas avoir d'empathie pour lui. Et comme je ne pourrai pas avoir d'empathie, je ne pourrai pas non plus le protéger à certains moments. Je ne pourrai pas lui donner les bonnes choses au bon moment. Nous entrerons dans une sorte de spirale : lui ne se sentira pas bien et se mettra à pleurer, à réagir par des troubles alimentaires ou du sommeil. Il deviendra un bébé décevant. Et moi, dans ce bébé que j'avais voulu réparateur, je découvre un bébé persécuteur. J'attaque ce bébé persécuteur ou, en tout cas, je ne réponds pas à ses besoins d'une manière ajustée. On pourra peut-être sortir de ce cercle vicieux, mais pour le moment, l'enfant ne reçoit pas tout à fait ce que, idéalement, il aurait voulu recevoir.

Est-ce que l'on peut dire que la majorité des parents se veulent des bons parents ? La très vaste majorité aime leurs enfants, mais y a-t-il des êtres humains qui ne devraient pas avoir d'enfants, des adultes qui seront toujours inadéquats ? C'est une question délicate, bien sûr, on ne peut empêcher personne d'avoir des enfants. Mais est-il possible que certains n'aient pas ce qu'il faut pour avoir des enfants ?

Il y a des adultes qui n'ont pas toujours, en tout cas, ce qu'il faut au début pour avoir des enfants. Le problème, c'est que pour avoir un enfant, et donc pour être parent, il faut avoir un parent à l'intérieur de soi. Il faut que soi-même on ait été aimé, sécurisé ; il faut que soi-même on ait confiance en soi. Sinon, si on a été plus ou moins abandonné et à plus forte raison si on a été agressé et négligé, il y aura une souffrance à l'intérieur de soi. Il y aura justement cette tendance à placer le bébé dans une position d'enfant réparateur plutôt que d'individu qui s'éloigne. Les premières relations risquent d'être perturbées.

Ces perturbations peuvent être légères ou profondes. Dans mon métier, hélas, je rencontre quelquefois de ces mamans qui sont très seules, très déprimées. Très seules, parce qu'elles n'arrivent pas à avoir un homme stable auprès d'elles. Elles ont tellement la nostalgie de devenir une maman parfaite qu'elles placent le bébé dans la situation d'objet réparateur que je viens de décrire. À la fin de la première année, comme le bébé commence à marcher, à vouloir exprimer son individualité, elle se sent extrêmement déçue de ce bébé. Elle commence à le négliger, elle investit ses énergies ailleurs et puis, finalement, elle l'abandonne plus ou moins. Elle refait un autre bébé… dans l'espoir que ce deuxième bébé corresponde finalement à ses rêves. Alors on voit comme ça de ces mères de très bonne volonté et quelquefois aussi des pères, bien sûr, d'une grande bonne volonté, qui rejouent sur les enfants tous ces investissements qu'ils auraient voulu avoir et qu'ils n'ont pas eus. Ils pensent les recevoir par l'intermédiaire non pas d'un sujet mais d'un objet. Bébé devient un objet.

Quel genre d'enfants ça donne, des enfants à problèmes?

Ça peut faire un enfant problème, oui. Mais j'ai l'air de dire que la maman est seule avec son bébé. Bien sûr, il y a une maman avec son bébé, mais il y a aussi un papa, des grands-parents, quelquefois une fratrie, des oncles, des tantes, des amis. Il peut y avoir tellement de facteurs qui interviennent comme éléments substitutifs. Alors, dire que tout est joué au début, parce qu'on a un passé difficile, ce serait dangereux. D'autant plus que, quelquefois aussi, le bébé apporte effectivement des satisfactions, il répare un petit peu les parents. On est dans une interaction, ce n'est pas seulement l'un qui apporte quelque chose à l'autre, l'autre aussi apporte quelque chose à l'un. Et c'est dans ce jeu, dans ce duo, que finalement se constituera une personnalité. D'ailleurs, ce n'est pas simplement un duo, ce duo fait lui-même partie d'un groupe, un groupe dans lequel certains membres peuvent rectifier, pallier les manques d'autres membres.

Janette Bertrand dénonçait à ce micro les mensonges qui entourent la maternité. D'après elle, il y a un plus grand nombre de mères qui n'aiment pas leurs enfants qu'on ne le croit. Elle disait: « Moi, je n'ai pas été aimée par ma mère, mais c'est quelque chose qui ne se dit pas. On ne peut pas dire: "Je n'ai pas aimé mes enfants."» Le voyez-vous dans votre pratique?

Le problème est de savoir ce que l'on met dans l'expression «aimer son enfant». Une mère peut avoir l'impression d'aimer profondément son enfant tout en en faisant un objet de possession. Elle peut vouloir profondément aimer son enfant, mais être tellement déprimée qu'elle n'arrive pas finalement à lui donner tout ce qu'elle voudrait. Elle voudrait avoir un mari qui la soutienne, avec lequel constituer un couple, sans que cela se produise. Alors, je serais prudent par rapport à cette notion du non-amour d'enfant. D'autant plus quand même que, maintenant, dans la majorité des cas, à cause de la contraception, il y a un choix: on peut décider d'avoir ou non un enfant. Ce n'était pas le cas, il y a un certain nombre de décennies, on subissait le fait d'avoir un bébé. Je crois que le désir d'aimer un enfant existe, mais c'est une chose d'avoir le désir de bien l'aimer et une autre de le réaliser dans les actes concrets de la vie quotidienne. Ce n'est pas facile finalement d'élever un enfant.

C'est du gros travail! Un bon parent, vous l'avez dit un peu, laisse se développer l'individualité d'un enfant. C'est fondamental.

Oui, mais alors le problème, c'est qu'à la fois il faut être un bon parent, sans être un trop bon parent. Vouloir être un trop bon parent peut devenir écrasant. Je vais vous raconter une anecdote qui m'a bien amusé. Ça se passe en France, il y a longtemps, et je rencontre un garçon d'une douzaine d'années, avant de voir ses parents. Ce garçon traînait un lourd sentiment d'échec. Il avait l'impression que tout ce qu'il faisait dans la vie était en dessous de ce l'on attendait de lui, en particulier à l'école, et il était déprimé. Je rencontre la mère ensuite – le père n'était pas là – et je lui dis : «En tout cas, cet enfant, il a une image extrêmement forte de son père. Ce doit être un homme formidable.» La mère sourit en disant : «Mais il n'a pas connu son papa.» C'était juste après la guerre et ce père était un marin, un homme d'ailleurs fort connu, et il avait péri de manière courageuse dans le naufrage de son navire de guerre. Ce garçon avait donc été élevé avec l'image d'un père extraordinaire. Tellement extraordinaire qu'il était devenu écrasant, même si ce n'était qu'une image. Le garçon écrasé donc par cette très belle image de son père ne se donnait pas le droit de réussir parce que cet homme-là était tellement magnifique que lui, son fils, ne pouvait être que décevant.

Il ne faut pas non plus idéaliser les attitudes à avoir à l'égard d'un enfant. Bien sûr, il faut être empathique, l'aimer, lui laisser une zone de liberté, l'écouter, le protéger, etc., mais il faut aussi qu'il rencontre du manque. Il faut qu'il se heurte à la réalité, à savoir qu'il sera un petit être de solitude, un petit être de souffrance ; qu'entre ce qu'il voudrait avoir et ce qu'il aura, il y aura toujours un décalage. Il y aura même une vacherie un jour : il mourra, comme tout le monde. Toutes ces expériences sont là pour qu'il découvre que oui, il a besoin de ses parents, mais qu'il doit aussi mobiliser des forces en lui-même pour se débrouiller dans l'existence. C'est pourquoi les égratignures de l'enfance sont nécessaires. Ce qui est terrible, c'est d'avoir des blessures profondes, des plaies qui suppurent et que l'on traîne durant toute son existence. Mais vivre une enfance trop parfaite ne serait pas également sans m'inquiéter.

Parce que les blessures sont fondatrices aussi.

Oui. D'ailleurs Cyrulnik a eu ce beau titre pour l'un de ses livres: *Un merveilleux malheur*[1]. Il ne s'agit absolument pas de glorifier le malheur, mais il n'empêche que si l'on veut se développer, en tant que petit être humain puis en tant qu'être humain tout court, on doit à la fois recevoir, pour avoir de la confiance en soi, de la sécurité, une estime de soi-même, une vision positive du monde et, à partir de là, oser expérimenter, oser créer, etc., et aussi éprouver le manque. Il faut aussi du manque parce que c'est ce qui nous permet de mobiliser les forces qui sont en nous, de développer des mécanismes d'adaptation et de chercher à combler le manque en créant. Il n'y a pas de création sans manque, j'en suis tout à fait persuadé. Je dis souvent, en boutade, et ça surprend les gens: «Ce à quoi je tiens le plus, c'est à mon anxiété», c'est-à-dire à ce sentiment d'incomplétude que je porte, que je garderai jusqu'à la fin de ma vie et qui fait que, puisque j'ai un sentiment d'incomplétude, j'ai envie d'aller vers quelque chose qui m'apportera une certaine complétude. C'est ce qui mobilise mon dynamisme.

Il ne faut donc pas surprotéger les enfants?

Oui. Vous savez qu'on parle beaucoup de résilience à l'heure actuelle. Je pense que surprotéger les enfants est de l'antirésilience. Parce qu'il faudra bien que l'enfant rencontre des obstacles un jour, qu'il découvre qu'à certains moments, il sera seul. Il ne pourra pas faire l'économie de la souffrance, ne serait-ce que du mal de dents. Il ne pourra pas faire l'économie de l'échec, de la compétition, d'un décalage entre ce à quoi il aspire et qu'il reçoit.

Il y a donc des petites souffrances, dans l'enfance, que les parents doivent laisser survenir finalement. Il faut laisser un enfant tomber et faire ses erreurs.

Oui. Je raconte souvent une petite anecdote dans mes conférences. Nous sommes invités chez des gens et au moment de l'apéritif, le soir, il y a un petit garçon ou une petite fille de trois ou quatre ans qui fait un peu l'intéressant au milieu de nous. À un moment donné, la maman dit: «Écoute, petit garçon, petite fille, il est temps que tu ailles au lit.» Évidemment, ça ne se passe pas très bien. Que fera la maman? Elle emmènera son enfant dans la

---

1. Paris, Éditions Odile Jacob, 1999, réédité en 2002.

chambre, le rassurera, acceptera quelques petits rituels : dire bonne nuit à la lune, prendre un petit nounours près de soi, etc. À partir de cette transition qu'elle favorise, l'enfant se sentira suffisamment sécurisé pour pleurnicher un peu, mais finalement accepter d'être seul dans sa chambre. Ensuite la maman se retire. Nous sommes dans la pièce voisine, la cloison est mince et nous entendons l'enfant qui commence à pleurer. La maman ne bouge pas. Comme nous voulons aider et que les pleurs nous énervent un peu, nous finissons par dire : « Il pleure ! » Et la maman de répondre : « Mais oui, ça lui fait même les poumons ! »

Il y a une boutade dans ce que la mère est en train de dire, mais derrière cette boutade, il y a quelque chose de génial : elle connaît suffisamment son enfant pour savoir que ses pleurs ne sont pas des pleurs de désespoir. Elle a suffisamment confiance en lui pour savoir qu'elle lui a donné tous les ingrédients nécessaires, ce soir et dans la vie, pour qu'il puisse se débrouiller tout seul, dans sa chambre. Il va se coller contre son nounours, se balancer un petit peu, faire un petit rêve qui lui permettra de se rassurer et il réussira à traverser cette étape. Derrière tout cela, elle est en train de lui dire : « Tu sais, petit garçon ou petite fille, je suis obligée de t'annoncer deux nouvelles : 1) il faudra que tu fasses avec ta solitude, que tu acceptes de souffrir un peu. Il faudra donc que tu acceptes d'être frustré et 2) il faudra que tu ne dépendes pas entièrement de tes parents, mais que tu mobilises à l'intérieur de toi, par ta vie imaginaire, par tes jouets, par tes souvenirs, etc., que tu mobilises en toi des forces pour subvenir en partie à tes besoins. En même temps, elle lui dit que maman est là, papa est là, grand-père, grand-mère, tout le monde est là pour le soutenir quand l'angoisse est trop forte ou qu'elle le submerge trop.

C'est le contraire de la surprotection, c'est un bel équilibre. Parce que la surprotection conduit à l'enfant-roi aussi, non ?

Oui, la surprotection engendre un enfant-roi. Dans notre métier, nous rencontrons principalement deux problèmes : il y a des enfants qui, vraiment, ont été négligés, qui ont été très mal investis par leurs parents et qui donc n'ont pas reçu la dose d'amour dont ils avaient besoin pour se construire. Ils gardent à l'intérieur d'eux-mêmes une blessure qu'ils risquent de traîner toute leur existence, s'ils n'arrivent pas à combler peu à peu leur manque en créant. C'est le cortège des enfants que moi j'appelle « les enfants carencés », « les enfants négligés », avec quelquefois de véritables drames : des enfants traumatisés, maltraités, victimes d'agressions sexuelles, etc. On est vraiment dans le cortège du malheur. Mais il y a une autre catégorie d'enfants, ce sont ceux qui ont beaucoup reçu au début de leur existence. Mais, pour toutes sortes de raisons, les parents ne veulent pas les désillusionner. Ils ne réussissent pas à accepter que leur enfant puisse être un être de solitude et de souffrance. Ils le laissent dans l'illusion de la toute-puissance et du tout avoir. Vers trois ans et demi, la période difficile où l'enfant commence à s'affirmer et à dire « non, non, non, non » très fort – ce que l'on appelle « la petite adolescence » d'ailleurs –, l'enfant se trouve face à des parents complètement désarmés. Parce qu'ils ne savent pas poser des limites. On a alors le cortège des enfants qui veulent rester dans la toute-puissance. Rapidement, ils se heurtent à la réalité de la maternelle, à la réalité de l'école, des copains et des copines, la réalité de la vie. Ils deviennent des enfants amers, des enfants carencés parce qu'ils ont l'impression de ne pas avoir reçu suffisamment alors qu'ils ont trop reçu. C'est qu'ils n'ont pas été préparés à l'affrontement, à la vie de tous les jours. Ils deviennent soit des enfants « agissants », soit des enfants déprimés. À trop vouloir leur éviter la souffrance, on les a plongés finalement dans l'échec scolaire, l'échec de la socialisation, l'échec de la camaraderie, etc.

Il y a un autre excès aussi, celui des enfants que l'on veut performants à tout prix… On leur impose des cours de chinois le soir, des cours de violon…

Là aussi il faut se demander ce que contient ce désir de vouloir que l'enfant soit performant : est-ce vraiment une façon d'accompagner l'enfant dans ses besoins ou une manière subtile de l'utiliser pour satisfaire ses propres rêves de réussite ? Je n'ai pas très bien réussi à l'école, mon enfant va réparer mon échec scolaire, en devenant professeur d'université, alors que ce n'est pas du tout son désir.

Ça ne fait pas des enfants très heureux non plus. Dites-moi, il y a eu ce fameux livre **Tout se joue avant six ans**[2], *est-ce vrai ?*

Il y a à la fois du vrai et du faux. Les premières années de la vie sont extrêmement importantes, bien sûr, de la même manière que les fondations sont importantes dans une maison. Si les fondations ne sont pas solides, la maison sera

---

2. Succès de librairie américain écrit par le Dr Fitzhugh Dodson, publié en français chez Hachette, dans la coll. Marabout, en 2006.

bancale. Il est clair que beaucoup de choses se jouent dans les premières années de la vie, en ce qui concerne les liens d'attachement, la sécurité de base, la confiance en soi, la capacité d'explorer. Seulement, tout ne se joue pas là non plus. D'abord, on peut se réparer. Six ans, c'est le quinzième de la vie d'une personne, en étant optimiste quand même. Donc bien des événements par la suite pourront combler ce que l'on n'aura pas reçu.

D'autre part, on sait bien, sans trop savoir pourquoi, qu'une alchimie très curieuse fait que certains sujets métabolisent mieux que d'autres la souffrance. Ils sont capables plus que d'autres de tirer du positif de ce qui ne les a pas satisfaits, au début de leur existence. Donc des slogans comme ceux-là me semblent dangereux. Et il y en a beaucoup : *Tout se joue avant six ans*, *Père manquant, fils manqué*. J'y ai d'ailleurs participé avec mon livre *J'ai mal à ma mère*[3]. J'avais parfois trop tendance à dire que si l'on avait eu une mère très peu «investissante», on en garderait des séquelles très profondes dans l'existence. Mais il faut se méfier de ces slogans parce qu'ils sapent l'espérance. Ils donnent l'impression que si l'on a eu une petite enfance profondément traumatisante, on en gardera des traces toute sa vie. Bien sûr, il y aura des manques, mais encore une fois, le manque n'est pas quelque chose de négatif seulement. Il ne se situe pas au même degré pour tout le monde et se modifie selon les tempéraments.

Il n'y a pas plus antidémocratique que l'espèce humaine ! Au moment de la rencontre entre un spermatozoïde et un ovule, on tire déjà des bons ou des mauvais numéros pour ce qui a trait aux gènes. On se développe ensuite dans un utérus où tout va bien, mais il arrive aussi qu'on attrape un virus dans les quatre premiers mois de la vie. À la naissance, tout se passe très bien ou on se trouve coincé dans la filière pelvigénitale et on développe une anoxie néonatale, avec une destruction d'une partie de son cerveau. On est un beau bébé et tout va bien ou on attrape une encéphalite coquelucheuse dans la première année de la vie et une autre partie du cerveau est détruite. On arrive dans un milieu qui est bien soudé, tout à fait compréhensif et prêt à accueillir un enfant ou dans une famille en difficulté. On naît dans une société qui a le souci de ses enfants ou on se retrouve dans une rue de Bogota. Il y a là toute une série de circonstances un peu désespérantes, qui font qu'il y a quand même une grande loterie dans les chances de se développer humainement.

---

3. Paris, Fleurus, 2005.

Il y a aussi les enfants qui ont des problèmes d'attachement, parce qu'ils ont été ballottés pendant leur enfance dans différentes familles d'accueil, par exemple. Ils traînent ces difficultés dans leur vie d'adulte, dans leurs relations amoureuses... On peut se réparer, mais ce n'est pas évident.

Vous savez, tout n'est pas lié à la petite enfance. La petite enfance est fondamentale, il n'y a aucun doute là-dessus. Beaucoup de choses se jouent avant six ans, c'est vrai. Et des séquelles peuvent avoir des effets sur la vie sentimentale des adultes, sur leur vie sexuelle, leur vie parentale, leur vie professionnelle. Mais certains problèmes peuvent survenir après la petite enfance. Par exemple, le cerveau a le droit d'être malade comme tout autre organe du corps humain. Il y a des dépressions qui n'ont strictement rien à voir avec la petite enfance, qui sont des maladies de cet organe. De même que l'on peut avoir un foie qui, à un moment donné, ne va pas bien. La schizophrénie n'a pas grand-chose à voir avec la petite enfance. C'est une affection mentale qui se développe probablement à partir de facteurs génétiques très lourds. Il y a des facteurs précipitants au plan affectif peut-être, mais il s'agit surtout d'un cerveau qui n'arrive pas à organiser les stimulations qu'il reçoit. Il joue des tours parce qu'il provoque des hallucinations et qu'en provoquant des hallucinations, il développe des représentations fausses dans le monde de la personne. Alors, si l'on voulait tout expliquer par la petite enfance, ce serait terrible.

Oui, ce serait terrible, mais l'enfance joue quand même un rôle fondamental, non?

L'enfance joue un rôle fondamental mais les rencontres qui suivront joueront aussi un rôle fondamental. Si je suis malade, ma manière d'être accueilli dans un hôpital, par exemple, jouera aussi un rôle fondamental, d'autant plus si j'ai été fragile dans ma petite enfance. Mais même si je n'ai pas été fragile, il n'empêche que dans ce moment de désarroi devant une grande maladie à laquelle je suis confronté, la manière de m'accueillir des infirmières ou des médecins, la manière de m'accompagner dans l'issue fatale ou dans une séquelle qui est probable, joue un rôle tout à fait essentiel et n'a rien à voir avec la petite enfance.

On dit : « Un petit enfant a besoin que l'on soit empathique, c'est-à-dire que l'on ne confonde pas ses sentiments d'adulte avec les siens. Il a besoin que l'on soit stable dans le soutien affectif. Il a besoin qu'on le protège contre des stimulations qui seraient trop fortes pour lui et qu'il ne pourrait emmagasiner. Il a besoin que l'on anticipe positivement pour lui, c'est-à-dire qu'un adulte croie qu'il sera capable d'évoluer : peu à peu se mettre à sourire, à parler, à réussir, etc. » Toutes ces attitudes sont considérées comme essentielles dans le début de la vie. Mais que dit-on aux personnes qui se forment pour être aidants, psychothérapeutes, psychiatres, psychologues, éducateurs, etc. ? « Attention, il faut que vous soyez empathiques, que vous soyez écoutants. Il faut que vous vous protégiez et que vous dosiez les stimulations que vous allez offrir à votre petit ou à votre grand patient. Il faut que vous anticipiez positivement son traitement, que vous ne l'enferriez pas dans une position de victime, etc. » On retrouve là, quel que soit l'âge de la vie, un certain nombre d'attitudes relationnelles sans lesquelles un être humain ne peut pas vivre. C'est aussi vrai pour un vieillard de quatre-vingt-sept-ans que pour un bébé d'un an. On a l'impression parfois que toutes ces théories sur l'attachement, toutes ces théories sur le relationnel ne sont valables que pour la petite enfance et ne le sont plus par la suite. On sait très bien pourtant qu'un être humain reste fragile et que l'estime de soi, par exemple, peut être complètement brisée par des adversités qui arrivent à trente, quarante, cinquante ou soixante ans et qui ne s'expliquent pas par une fragilité de la petite enfance.

Il y a des difficultés et des réussites possibles à chaque période de la vie…
Tout est possible tout le temps, finalement.

Voilà, oui. Alors on peut être blessé à n'importe quelle période de la vie, mais en même temps on peut aussi se réparer.

Vous avez vu les familles et les enfants évoluer depuis cinquante ans. Peut-on dire que l'enfant a de plus grandes chances de s'épanouir, aujourd'hui qu'hier ? Est-ce qu'on a changé positivement ou négativement ?

Je ne sais pas. Ce qui est frappant, c'est que quand on lit les textes des siècles précédents, on trouve à peu près les mêmes plaintes : « Ah ! la jeunesse d'aujourd'hui n'est pas celle que l'on a connue ! Les circonstances de la vie sont bien difficiles ! » Même dans des textes de la période pharaonique, dans le *Livre des Sages*, par exemple, on trouve des pharaons qui s'inquiètent de l'évolution et de l'anarchie dans laquelle se trouve la société de leur époque. De siècle en siècle, on trouve une insatisfaction par rapport à l'enfance. Ce qui montre bien que l'on a tellement enfoui en soi un « enfant de rêve » que l'on est toujours déçu. On voudrait des poussins et on pond des canards. Je crois que c'est vraiment la réalité.

On a une espèce de nostalgie de l'enfance ?

Une nostalgie d'un paradis perdu. Et la nostalgie de ce que l'on aurait pu être, de ce que pourrait avoir été l'humanité. Mais chaque période de la vie a ses réalités et donc ses difficultés. Je dirais que d'une manière générale, dans la mesure où ils sont bien soutenus, les jeunes ont peut-être plus de chances aujourd'hui de se développer sur un mode individuel, mais en même temps individualiste. Les énormes pressions surmoïques qui étaient les nôtres, dans notre génération, pressions religieuses, pressions morales, ont beaucoup diminué. On accepte mieux l'idée que l'enfant, ensuite l'adolescent et plus tard l'adulte puisse se définir, sur le plan des valeurs, de sa sexualité, de ses choix professionnels, différemment de ce que ses géniteurs ont rêvé qu'il soit. En ce sens, je crois que nous assistons à un beau mouvement de liberté.

En même temps, les structures n'existent plus beaucoup. Pour des gens fragiles, la paroisse, le soutien surmoïque, une direction unique étaient bien pratiques. La remise en cause des valeurs, créée par la mondialisation qui fait que des influences multiples nous arrivent, est une grande source de richesse, mais c'est probablement aussi, pour des gens fragiles, une nouvelle source de difficultés.

Parmi les grands défis auxquels nous avons à faire face actuellement, auxquels font face les familles et les enfants d'aujourd'hui, il y a bien sûr les ruptures familiales.

Oui, mais là encore il faut être prudent. Dans ma génération, il y avait énormément de ruptures familiales, seulement les parents ne se séparaient pas. Est-ce préférable de se trouver dans une famille dans laquelle les parents font comme s'ils s'aimaient sans s'aimer, dans laquelle ils se déchirent mutuellement, tout en se disant qu'il faut rester ensemble parce que c'est leur devoir d'époux, tout en se cocufiant l'un l'autre ? Est-ce mieux de se dire que vraiment on ne peut pas vivre ensemble, de se séparer et de reconstituer nos vies, en essayant quand même de garder – et le « quand même » est important ici – un certain nombre d'attitudes d'amour à l'égard des enfants que l'on a mis au monde ? En tout cas, je pense que la question doit être posée.

C'est peut-être mieux que la souffrance de vivre dans une famille de non-dits, de problèmes, d'agressivité.

De non-dits. Et puis en fait, il y avait aussi des doubles liaisons. Donc je serais curieux de savoir si la proportion de familles séparées, dans le sens problématique du lien, est plus grande aujourd'hui qu'il y a soixante ans. Je n'en suis pas sûr.

Et que pensez-vous de cette nouvelle réalité qu'est Internet, avec son hypersexualisation, la violence des vidéos, etc.? Des enfants très jeunes y ont accès.

Là encore, je pense qu'il faut resituer cela dans une évolution. J'ai vécu dans un monde où la sexualité était interdite – et Dieu sait si c'était pénible! – dans un monde où nous étions tous terrorisés par la notion de péché mortel. Se masturber était péché mortel. Il y avait quelque chose de l'ordre d'une hyposexualisation qui était problématique. Je pense qu'effectivement l'hypersexualisation et l'hyperagressivité d'aujourd'hui posent aussi de grands problèmes. Elles banalisent des actes – des actes de violence, dans le cas de l'agressivité, et des actes sexuels déviants, par exemple –, ce qui fait que nous avons beaucoup de mal à retrouver les notions de l'importance des sentiments, du respect de l'autre, des valeurs. Nous nous débattons finalement dans le problème inverse de celui de mon époque.

Lequel est le pire?

Avec ces mouvements de balancier, on se dit que l'idéal serait quelque chose entre les deux et qu'il faudrait quand même savoir redéfinir des limites pour la violence et pour une sexualité qui ne peut pas s'exprimer n'importe où, n'importe quand et n'importe comment.

En pédopsychiatrie, quels sont les problèmes de santé mentale que vous rencontrez le plus fréquemment aujourd'hui? Sont-ils différents de ceux d'autrefois ou sont-ils toujours à peu près les mêmes?

Ce que l'on retrouve surtout, ce sont tous ces problèmes de négligence. Il y a aussi ces problèmes de jeux de désirs qui ne correspondent pas entre les parents et les enfants. Des problèmes de confrontation, de désirs différents, qui font que chacun est écartelé, chacun est blessé par l'autre. On découvre aussi maintenant en pédopsychiatrie qu'il y a des maladies qui ont toujours été expliquées par la psychanalyse, à cause de l'hégémonie de la psychanalyse, qui ont des causes génétiques. Prenons l'autisme, par exemple : l'autisme n'a rien à voir avec des problèmes affectifs. Il y a donc des problèmes génétiques. Certaines dépressions de la petite enfance ne sont pas des dépressions liées à des facteurs affectifs, d'autres sont totalement liées à ces facteurs. Il y a donc maintenant une ouverture de la pédopsychiatrie sur des champs vers lesquels elle n'allait pas autrefois. Mais là aussi, c'est compliqué. De même que les sociétés vivent de modes, la pédopsychiatrie n'échappe pas aux modes. Alors, on voit apparaître des syndromes qui n'existaient pas auparavant. On parle maintenant d'un très grand nombre d'enfants hyperactifs. Autrefois, on parlait d'enfants instables.

C'est la même chose ?

C'est la même chose. On voit, un peu de manière démesurée, des enfants qui ont des problèmes de communication réciproque, des modes d'expression un peu insolites, des comportements répétitifs, auxquels on donne le titre de « troubles envahissants du développement non spécifiés ». Ce sont peut-être finalement des constructions de notre imagination, qu'on appelait autrement autrefois : troubles du développement, troubles graves du développement, troubles du langage, déficience légère, etc. Il y a donc des modes.

Je ne veux pas dire que nous ne progressons pas, nous progressons, mais il faut avoir une certaine relativité. Et pour moi qui ai eu la chance d'assister au début de la constitution de la pédopsychiatrie – parce que l'on peut dire que 1950 représente le début de la pédopsychiatrie –, et qui l'ai vu évoluer, il est à la fois fascinant de l'avoir vue se développer et fascinant de constater que nous revenons à des notions antérieures sans voir que ces notions avaient déjà été étudiées. Il y a donc un phénomène de spirale dans ce développement, « de tourner en rond », qui quelquefois est un peu décevant.

Vous avez parlé de « troubles », ce sont des troubles d'attention ? On en parle beaucoup en ce moment et il paraît qu'au Québec on donne du Ritalin pour tout et pour rien, alors qu'en France on ne le fait pas...

Je pense qu'on n'en donne pas assez en France et qu'on en donne trop ici. Il faudrait trouver un juste milieu. Là aussi, il y a des raisons historiques. Pourquoi n'en donne-t-on pas beaucoup en France ? Parce qu'on a connu là-bas une folie de l'organicité [4], avant et pendant la guerre. On a connu aussi une période d'utilisation abusive des psychostimulants, vers 1950, avec la méthédrine, le Maxiton, etc. De plus, la France est restée beaucoup plus imprégnée de concepts psychanalytiques que l'Amérique du Nord. On pense donc un peu différemment en Europe francophone, au Canada, et à plus forte raison aux États-Unis. Ce qui montre d'ailleurs l'influence énorme de la culture, y compris dans la pédopsychiatrie. Vous savez bien que le Français est un peu agaçant par son verbalisme et l'Américain est un peu agaçant par son manque de verbalisme. Alors ce n'est pas un hasard si, dans l'un des cas, on parle beaucoup et on croit beaucoup à la vertu du signifiant, du signifié et de l'inconscient, alors que dans l'autre on se méfie un peu de ces termes, qui ne veulent pas toujours dire grand-chose, et on se tourne plutôt vers l'organicité, les neurosciences et l'espoir de trouver finalement, grâce à la médication, des réponses à tous les maux.

Cela étant dit, les problèmes de concentration existent; des enfants qui sont incroyablement sensibles aux stimulations et qui sont dérangés dès qu'il y a un bruit, dès qu'il y a un frôlement autour d'eux, qui modulent sensoriellement différemment des autres, existent. À quoi c'est dû? Je crois que c'est lié à des facteurs affectifs. On peut avoir une hypersensibilité sensorielle du fait qu'on n'a pas reçu suffisamment de stimulations affectives et sensorielles, au début de l'existence, c'est tout à fait vrai. Mais est-ce une raison pour ne pas aider ces enfants par une pharmacologie qui peut les rendre moins malheureux, par rapport aux stimulations, et un peu plus concentrés face aux apports scolaires? Est-ce une raison de ne pas leur donner plus de chances pour pouvoir évoluer dans la vie? Pourquoi pas? Pourquoi refuser des substances qui peuvent diminuer l'intensité des symptômes? Alors, on me répondra: «Mais le symptôme a toujours un sens, le symptôme est un appel. Il se venge si on l'enlève, etc.» Je crois qu'on oublie une chose: si je suis un écolier qui n'arrive pas à se fixer parce que son voisin le dérange tout le temps et que, malgré toute ma bonne volonté, je ne peux pas écouter et que tout ce que dit le professeur passe au-dessus de ma tête. Si peu à peu je me dévalorise et me dis que je suis méchant, et que quand je reviens à la maison avec mon bulletin je me fais engueuler et que ça déclenche des réactions de ma part, y compris des tensions qui provoquent des troubles du sommeil, etc., peut-être qu'en tant que petit écolier, je serais bien content d'avoir un peu

---

4. L'ensemble des phénomènes liés à la fonction d'un organe.

de Ritalin. Il me permettrait de découvrir que mon inattention n'est pas un acte de mauvaise volonté, mais que tout simplement j'ai une trop grande sensibilité et qu'ayant diminué cette trop grande sensibilité, je peux me consacrer à de nouvelles activités et prendre confiance en moi-même.

Certains disent que le Ritalin a pour effet de normaliser ou de faire entrer dans la norme les enfants, afin de les rendre identiques. Ces enfants tenteraient de s'exprimer différemment, mais on ne le leur permettrait pas, en leur donnant du Ritalin. Est-ce qu'il y a de cela aussi ?

Moi je dis souvent que si nous ne donnons que des médicaments, nous devenons bêtes, c'est-à-dire qu'un symptôme = un médicament : hyperactivité = Ritalin ; dépression = Prozac ; hallucination = Risperdal. Nous devenons des gens bêtes et le risque est grand. Le risque est grand parce que nous subissons beaucoup de pression pour aller vite et qu'écouter, accompagner, soutenir prennent du temps. Et rapportent moins. Il y a une éthique du soignant qu'il faut savoir respecter. Donner une médication ne veut pas dire ne pas écouter et ne pas témoigner de ces attitudes dont j'ai parlé plus haut : l'empathie, l'anticipation positive, etc. En même temps, n'offrir que des attitudes soutenantes, alors que l'on sait que l'on pourrait permettre au sujet d'être plus disponible à ces attitudes, en donnant quelques médicaments, n'est-il pas à remettre en question ? Il y a quelque chose entre les deux qu'il faut trouver. C'est toujours le fameux problème : où se trouve le juste milieu ?

Une dernière question : comment la société pourrait-elle prendre soin davantage de ses enfants, aujourd'hui ? Parce que les enfants appartiennent à la société et non à leurs parents…

J'aime bien cette question parce que je pense effectivement qu'aussi longtemps qu'une société ne considère pas qu'elle doit bâtir une résilience sociale, elle ne joue pas son rôle. Elle doit mettre en place des tuteurs pour le soutien des familles et des enfants, elle doit offrir une pédagogie adaptée à ceux qui en ont besoin. Elle doit faire de la prévention, puisque l'on sait maintenant qu'il y a des agressions qui peuvent être évitées et qu'intervenir dans la petite enfance, intervenir avec les parents qui sont confrontés à des situations difficiles, donne des résultats. Si une société se dédouane en disant : « Il y a des psys pour faire ça, il y a des médecins… », si nous, nous n'avons pas notre mot à dire, elle passe à côté de la plaque. Elle pourra quintupler le nombre d'intervenants, mais si ce n'est pas d'abord dans la famille que se font les changements, à l'école, dans les milieux de loisirs, dans les quartiers, dans les maisons de la culture, dans l'aide sociale finalement que s'opèrent d'abord les changements, nous, les spécialistes, ne sommes plus que des pansements posés en urgence sur des personnes qui ont été blessées et qui auraient pu éviter de l'être. Je crois que plus une société se mobilise, pas seulement pour les petits, bien sûr – Dieu sait qu'il y a des choses à améliorer aussi pour les vieillards, pour les personnes atteintes de maladies chroniques – plus elle avance. Moins une société se mobilise, plus elle se trouvera acculée à un grand nombre de misères à la fois sociales, affectives, organiques, le tout se mélangeant et donnant l'impression qu'on n'avance pas.

J'aime bien rappeler cette petite anecdote: au début de ma carrière de médecin, je me trouvais dans une ville en France, qui n'était ni meilleure ni pire qu'une autre. Je travaillais dans un hôpital dans lequel il y avait déjà une section pédopsychiatrique. Dans cette section, il y avait un service qui s'appelait – et je vous jure que c'est vrai! – « le Service des enfants inéducables ». À l'entrée, on pouvait lire: « Service des enfants inéducables ». Au nom de la génétique, de l'organicité, de la théorie dite « théorie de la dégénérescence », on considérait qu'il y avait des enfants pour lesquels tout était joué. Ce n'était pas la peine de faire quoi que ce soit. Il fallait leur donner à manger, les rendre relativement propres et ils étaient « parqués » dans ce service d'enfants inéducables. Ce service a disparu, bien sûr.

C'est assez remarquable! Aujourd'hui, on ne peut pas imaginer une chose pareille. C'est drôle le regard que l'on pose sur ce qui s'est fait avant, mais je me demande ce que diront ceux qui nous suivront, dans cent ans…

Oui. Et ce qui s'est fait avant, il faut aussi le comprendre par rapport à la société dans laquelle on vivait. Prenons un exemple: je ne veux pas du tout défendre les responsables des « Enfants de Duplessis [5] », mais il n'empêche qu'à cette époque, tous les enfants étaient battus. En tout cas en France. À l'entrée des maisons, nous avions un martinet et c'était l'emblème des bonnes familles.

---

5. On appelle « Enfants ou Orphelins de Duplessis » ces milliers d'orphelins qui, dans les années 1940-1960, avaient été placés dans des institutions et qui ont été faussement déclarés malades mentaux par le gouvernement du Québec pour obtenir des subventions du gouvernement canadien. On considère que c'est le cas le plus important de maltraitance d'enfants *dans l'histoire du Canada. C'était l'époque où Maurice Duplessis était premier ministre du Québec.*

Elles suspendaient un petit martinet à l'entrée de la maison pour rappeler à l'enfant que s'il ne se comportait pas comme il faut, il serait fouetté. Les deux tiers des familles françaises donnaient le fouet, il y a soixante-dix ans. Il faut donc toujours restituer une manière de faire par rapport à une époque. Si l'on n'a pas cette perspective historique, on se met à juger de manière absurde des choses qui n'auraient pas dû être, mais qui culturellement s'expliquaient, à un moment donné. Il faut donc relativiser.

N'empêche que les « Enfants de Duplessis » ont souffert.

Sans aucun doute. Il y avait une négation épouvantable de la maltraitance, à cette époque. Une négation épouvantable de la vie sexuelle et de la négligence. Alors, en ce domaine aussi la société a progressé. On ouvre les yeux sur des choses que l'on ne voulait pas voir. C'est pourquoi je ne crois pas qu'il y ait maintenant plus d'agressions sexuelles qu'il y a cinquante ans, mais on ouvre davantage les yeux. Avant, on disait que ça n'existait pas dans notre pays, ni dans notre voisinage ni dans notre famille.

Vous voulez dire qu'il faut continuer d'avoir une conscience et le désir de faire mieux ? Le voyez-vous dans notre société ?

Oui, et il faut s'interroger en même temps sur ce que l'on appelle « le mieux ». Parce que « le mieux » peut entraîner aussi quelquefois des dérapages. On peut utiliser des moyens qui ne respectent pas le rythme de la personne. Puisque l'on parle de la pharmacologie, la pharmacologie peut aussi ne pas respecter la personne.

Y aurait-il quelque chose qui vous tienne particulièrement à cœur, quand il est question d'enfance ? Un combat que vous mèneriez…

Le concept de résilience sociale m'apparaît fondamental. On ne pourra résoudre les problèmes – enfin, résoudre… – on ne pourra améliorer les conditions d'une société que si nous nous engageons tous. Il ne suffit pas de payer des gens pour résoudre des problèmes.

Et s'engager comment ?

Par le bénévolat, l'implication à l'école et dans les loisirs, le soutien à la famille, la lutte contre la pauvreté, contre le chômage, tous ces aspects dont on n'a pas parlé mais qui sont absolument essentiels. La négligence n'est pas le propre des gens pauvres, mais il n'empêche qu'il est plus difficile de s'intéresser à un enfant qui crie et qui hurle dans un appartement dont les cloisons sont si minces que le voisin entend tout et proteste. Il est plus facile d'être tolérant dans une maison bien isolée.

*Quel est l'avenir de la civilisation,
de l'humanité, si toutes les femmes
accouchent par césarienne ?*

Michel Odent

Obstétricien, le docteur Michel Odent a dirigé le Service de chirurgie et la maternité de l'hôpital de Pithiviers de 1962 à 1985. Dans ses recherches pour améliorer les conditions de l'accouchement, il a créé les salles de naissance « comme à la maison » et les piscines d'accouchement. Il est également un précurseur du chant prénatal.

Quand il s'installe à Londres, en 1985, il accompagne des naissances à la maison. Il y fonde le Primal Health Research Centre, *dont le but est d'étudier les conséquences des évènements qui se déroulent durant la période primale (de la conception au premier anniversaire) sur la santé et le comportement de l'enfant et de l'adulte qu'il deviendra. La banque de données qu'il a créée rassemble des centaines d'articles sur le sujet. Il reste une autorité reconnue internationalement en matière d'accouchement.*

Michel Odent

Docteur Odent, dans un premier temps, j'aimerais que vous nous donniez quelques statistiques sur les taux d'accouchement par césarienne, un peu partout à travers le monde.

En ce qui concerne les taux de césarienne, on peut résumer la situation en disant que depuis un siècle, chaque année, à peu près partout dans le monde, les taux de césarienne sont un petit peu plus élevés que l'année précédente.

Il faut reconnaître que cela est lié à l'évolution des techniques. Avant 1950, on hésitait beaucoup à faire une césarienne. On utilisait encore la technique dite « classique », c'est-à-dire la route directe : on ouvrait le corps de l'utérus pour atteindre le bébé. Il y avait des risques nombreux : hémorragies, adhérences intestinales, ruptures, etc. J'ai passé six mois dans la maternité de l'hôpital Boucicaut, à Paris, en 1953. Les taux de césarienne y étaient encore inférieurs à 1 % pour des raisons techniques. C'était trop risqué. Et c'est à partir de ce moment-là que l'on a développé une autre technique : la voie indirecte, la césarienne segmentaire. Progressivement, cette technique a été simplifiée et elle est devenue de moins en moins risquée, de plus en plus rapide, de plus en plus facile. C'est ainsi qu'au fil des années, parallèlement aux améliorations techniques, on a vu constamment une augmentation du taux d'intervention.

Il faut ajouter que les conditions d'anesthésie aussi se sont transformées complètement. Dans les années 1950, les anesthésies se faisaient par inhalation : on faisait respirer de l'éther à la future mère. Aujourd'hui, ce sont avant tout des anesthésies régionales, des péridurales en particulier. Cela a contribué aussi à améliorer les conditions techniques.

Toutes ces améliorations techniques, concernant l'intervention proprement dite et les conditions d'anesthésiologie, font qu'aujourd'hui, partout dans le monde, les taux de césarienne sont plus élevés que jamais. Je peux donner quelques chiffres : en Europe occidentale, c'est autour de 25 % ; un peu plus que 30 % en Allemagne ; aux États-Unis, c'est de l'ordre de 32 % ; un peu moins au Canada. Mais il y a certains pays dans le monde où la césarienne est déjà la façon la plus habituelle de mettre au monde un bébé. C'est le cas de toutes les grandes villes latino-américaines. Dans beaucoup d'hôpitaux privés de Rio de Janeiro, par exemple, les taux de césarienne sont de l'ordre de 80 %. C'est le cas de la plupart des grandes villes chinoises, où les taux de césarienne sont astronomiques ; de même pour les grandes villes de l'Inde, de la Corée, de l'Iran. On peut donc dire que déjà, dans une grande partie du monde, la césarienne est la façon la plus habituelle de mettre au monde un bébé.

Pourquoi ?

Il y a plusieurs raisons à cela. La première, que l'on a évoquée, c'est que la césarienne est devenue une intervention de plus en plus rapide, de plus en plus facile. Elle se fait avec une perte de sang minime : aujourd'hui, la perte de sang moyenne est à peu près la même que pour un accouchement par voie vaginale. La première raison est donc l'amélioration des techniques.

Une autre raison vient du fait que les besoins de base de la femme qui accouche sont absolument méconnus ; ils sont mal compris. Il faudra les redécouvrir. Et cela exigera du temps parce que, depuis des millénaires, tous les milieux culturels interfèrent avec les processus physiologiques, par des croyances et des rituels. Comme nous avons aujourd'hui des moyens plus puissants que jamais pour perturber ces processus physiologiques, nous arrivons au stade où il faudra se dire : « Que faire pour que les accouchements soient plus faciles ? » Il faudra redécouvrir les besoins de base de la femme qui accouche.

Je veux ajouter que, bien sûr, on parle beaucoup des taux de césarienne, mais c'est oublier que l'intervention médicale la plus fréquente, au moment de la naissance, n'est pas la césarienne, mais la perfusion de l'ocytocine synthétique. Aujourd'hui, quand vous pensez à une femme qui accouche, vous la voyez avec un cathéter dans le bras, lui-même relié à une bouteille en plastique. Et dans cette bouteille en plastique, il y a de l'ocytocine synthétique, c'est-à-dire un substitut de l'hormone naturelle que la femme doit libérer pour accoucher. L'ocytocine naturelle est l'hormone principale de l'accouchement parce qu'elle a des propriétés mécaniques : elle est nécessaire pour la contraction de l'utérus, pour la naissance du bébé et pour la délivrance du placenta. En plus, elle a des effets sur les comportements que l'on peut résumer en disant qu'elle est «la principale hormone de l'amour». Eh bien, aujourd'hui, partout dans le monde, la plupart des femmes reçoivent une perfusion d'ocytocine synthétique pour mettre au monde leur bébé. Presque toutes celles qui accouchent par voie vaginale ont cette perfusion. Qu'elles aient à la fin forceps, ventouses ou non, elles ont une perfusion d'ocytocine synthétique. Presque toutes celles qui accouchent par césarienne en cours de travail ont eu auparavant une perfusion d'ocytocine synthétique. Et en plus, les taux de déclenchement d'accouchement, dans beaucoup d'hôpitaux, sont très élevés, ce qui implique l'utilisation d'une perfusion d'ocytocine synthétique. C'est de très loin l'intervention médicale la plus fréquente et on n'en a pas conscience.

Vous parlez de l'épidurale (ou péridurale)?

Non, je parle de la perfusion intraveineuse d'ocytocine synthétique. On parle très souvent des péridurales, mais ce n'est pas l'intervention la plus fréquente. La plus fréquente est la perfusion de l'ocytocine synthétique.

Quelles sont les conséquences de cette perfusion?

On ne connaît pas les conséquences de cette perfusion, parce qu'on ne s'y intéresse pas. Si vous regardez les statistiques des naissances, telles qu'on les trouve dans les journaux médicaux et dans les rapports d'organismes de santé publique, vous constaterez que dans la manière de classer les façons d'accoucher, on parle des césariennes, bien sûr, on y parle des forceps, des ventouses, éventuellement des péridurales. Mais on n'évalue pas le nombre de femmes qui ont eu une perfusion d'ocytocine synthétique. On n'y pense pas. Ce serait pourtant une question de bon sens. Par exemple : est-ce que cette ocytocine synthétique traverse le placenta? Elle est contenue dans des sacs en plastique et l'on sait que des substances chimiques sont libérées par les plastiques, avec des effets toxiques possibles. Mais on ne se demande pas si ces substances libérées par les plastiques, qui peuvent être toxiques, vont directement dans le courant sanguin du bébé. Le risque pourrait être sérieux. On ne se pose pas les questions. On n'a pas compris que cette intervention est la plus fréquente des interventions médicales, dans la période de la naissance.

Il faudrait d'abord se demander pourquoi on ne s'interroge pas. Ce serait la première question à se poser. J'ai entendu quelques anecdotes qui peuvent nous mettre sur la voie. L'histoire par exemple d'une femme qui était en travail.

La sage-femme s'apprête à lui installer une perfusion d'ocytocine synthétique. La mère est un peu hésitante et elle dit: «Ce médicament, êtes-vous sûre que c'est sans danger?» Et la sage-femme de répondre, pour la rassurer: «Ce n'est pas vraiment un médicament, c'est de l'ocytocine et l'ocytocine, c'est une hormone naturelle.» Voilà peut-être pourquoi on ne considère pas cela comme une intervention. Mais ce dont on ne prend pas conscience, c'est que lorsque l'on fait une perfusion d'ocytocine, on atteint des concentrations de cette substance, chez la mère, qui sont de très loin supérieures à ce qu'elles sont lorsqu'il n'y a que l'hormone libérée par la posthypophyse. Le taux de l'hormone naturelle libérée est d'un tout autre ordre de grandeur.

Nous aurions donc de bonnes raisons de reconsidérer cette pratique. D'autant plus que nous savons quand même certaines choses. Nous savons, par exemple, que quand il y a des taux maternels importants d'ocytocine, l'un des effets est de rendre moins sensibles les récepteurs de cette hormone. L'efficacité de l'hormone est donc moins grande. On peut le voir au niveau de l'utérus, au niveau des seins. Les seins doivent être sensibles à l'ocytocine pour qu'il y ait un réflexe d'éjection du lait. De même pour l'utérus, afin qu'il y ait un réflexe d'éjection du fœtus. L'une des questions que l'on pourrait se poser serait: est-ce que l'on n'est pas en train de désensibiliser l'organisme à l'ocytocine, avec ces grosses doses, dans cette période critique qu'est la naissance?

Une autre question que l'on ne pose pas, c'est: est-ce que cette hormone traverse le placenta? Ça devient sérieux et c'est une question de bon sens. Pour y trouver une réponse, il faut remonter dans la littérature médicale jusqu'en 1996. Une étude de Little Rock, en Arkansas, a combiné plusieurs méthodes. Je n'entrerai pas dans les détails techniques, mais la conclusion de cette étude c'est que l'ocytocine traverse le placenta dans les deux sens et encore plus facilement du sang maternel vers le sang fœtal. Et si l'on ajoute que, après cela, lorsque cette substance a atteint le sang fœtal, elle court-circuite le foie, parce qu'il y a un vaisseau qui est encore perméable chez le fœtus, et elle va directement au cerveau du bébé. Or, on sait qu'il existe une espèce de barrière qui protège le cerveau du fœtus, qui n'est sans doute pas arrivé à maturité; on l'appelle en anglais, *the blood brain barrier*. Cela veut dire que la substance va directement au cerveau du bébé, donc aux récepteurs de l'hormone qui sont au cerveau. Il est donc possible que l'on interfère avec le développement du système de l'ocytocine des humains, à l'échelle planétaire, et de façon presque systématique et habituelle.

Cela devient sérieux parce que le système de l'ocytocine est impliqué dans la sociabilité, dans la capacité d'aimer, dans le potentiel d'agression, etc. Mais on ne se pose pas ces questions. Je n'apporte pas de réponse à la question. Mais quand on m'interroge sur les césariennes ou les péridurales, comme si c'était les interventions les plus fréquentes pendant l'accouchement, je fais remarquer plutôt : « Mais l'intervention la plus fréquente, c'est la perfusion de l'ocytocine synthétique ! »

Dans votre livre [1], lorsque vous parlez d'ocytocine synthétique vous parlez aussi de « notre capacité de développer la capacité d'aimer ». Est-ce qu'il y aurait un lien entre les deux ? Certains enfants développeraient-ils moins leur capacité d'aimer que d'autres ?

Il ne faut pas poser la question à propos de certains enfants en particulier, parce que nous sommes des êtres humains, nous sommes très spéciaux. Chez les humains, il faut toujours poser les questions sur le plan de la civilisation et non des individus.

Nous nous adaptons très facilement, c'est pourquoi nous ne pouvons pas utiliser de modèles animaux pour répondre à cette question. Chez les autres mammifères, c'est trop simple. Tout est trop simple.

Vous faites pourtant souvent des liens entre les humains et les animaux.

Oui, car nous sommes des mammifères. Mais chez d'autres mammifères, tout est trop simple pour être transposé à l'être humain. Si on perturbe l'accouchement chez les mammifères non humains, par exemple par une péridurale ou par une césarienne, c'est clair, la mère ne s'intéresse pas à son bébé, c'est fini. Le bébé ne peut survivre que si des êtres humains le prennent en charge. Les effets sont décelables immédiatement à l'échelle individuelle.

Chez les humains, tout passe par le milieu culturel. Au moment de la naissance, par exemple, le comportement humain est moins sous l'effet de l'équilibre hormonal et beaucoup plus sous l'effet du conditionnement culturel. Une femme qui est enceinte, parce qu'elle est une femme qui parle, qui appartient à un milieu culturel, sait qu'elle attend un bébé. Elle peut anticiper un

---

1. Michel ODENT. *Césariennes : questions, effets, enjeux. Alerte face à la banalisation,* Gap, Le Souffle d'Or, 2005.

comportement maternel. Tandis que les autres mammifères doivent attendre le jour où ils vont libérer un cocktail hormonal, qui est un cocktail d'hormones de l'amour, pour s'intéresser à leur petit. Pour accoucher, il faut libérer un mélange d'hormones, la principale étant l'ocytocine, qui est un véritable cocktail d'hormones de l'amour. Ce qui fait que les mammifères s'intéressent à leur bébé.

Et chez les femmes qui accouchent par césarienne ou qui sont sous perfusion d'ocytocine synthétique, ce processus ne se fait pas ?

Quand une femme accouche par césarienne, surtout si c'est une césarienne faite avant le travail, elle n'a pas libéré les hormones qui habituellement doivent être libérées. Mais il ne faut pas se poser la question à propos d'une femme en particulier. Il faut se demander quel est l'avenir de la civilisation, de l'humanité, si toutes les femmes accouchent par césarienne. Il faut voir cela à l'échelle culturelle parce que nous ne sommes pas comme les autres mammifères.

La seule remarque que l'on puisse faire, et c'est tout à fait récent dans l'histoire, c'est qu'aujourd'hui, à l'échelle de la planète, le nombre de femmes qui mettent au monde leur bébé et le placenta, uniquement grâce à la libération d'un cocktail d'hormones de l'amour, est en train d'approcher le zéro. Je dis « le bébé et le placenta » parce que le pic le plus élevé d'ocytocine, c'est-à-dire d'hormone de l'amour, qu'une femme peut libérer dans sa vie, c'est juste après la naissance du bébé pour la délivrance du placenta. Ce nombre est en train d'approcher le zéro parce que, comme on l'a dit, la plupart des femmes ont besoin de médicaments pour remplacer l'hormone naturelle, la perfusion d'ocytocine synthétique qui bloque les libérations d'hormones naturelles. Comme beaucoup de femmes accouchent par césarienne, elles n'ont pas besoin de leurs hormones naturelles. Lorsque l'on fait la synthèse de tout cela, on s'aperçoit qu'à l'échelle de la planète, le nombre de femmes qui mettent au monde leur bébé aujourd'hui, grâce à la libération d'un cocktail d'hormones de l'amour, est pratiquement nul.

Et quelles en sont les conséquences sur la civilisation ?

Il ne faut pas répondre à la question, il faut la poser. Quand on se trouve dans des situations nouvelles, la priorité est de formuler les questions. Il faut formuler des questions à l'échelle de la civilisation. On a rendu les hormones de l'amour inutiles, dans la période critique de la naissance, c'est un tournant dans l'histoire de l'humanité. La question se pose en ce qui a trait à la civilisation : que va-t-il se passer après trois, quatre, cinq générations, si on continue dans la même voie ? Il faut formuler la question, prendre conscience que nous sommes à un tournant dans l'histoire de la naissance, qui est un tournant dans l'histoire de l'humanité. Prendre conscience que rendre les hormones de l'amour inutiles est une étape importante dans l'histoire de notre espèce. C'est la plus grande question que l'humanité doit se poser aujourd'hui.

À la fin de votre livre, vous posez les questions suivantes : « Comment se développe la capacité d'aimer ? L'être humain doué d'un super-cerveau peut-il survivre sans amour ? L'humanité peut-elle survivre à la sécurité de la césarienne ? »

Oui, mais en fait, il faudrait aller plus loin, parce qu'il ne faut pas être complètement obsédé par la césarienne. Même les femmes qui accouchent par les voies naturelles, par les voies vaginales, n'ont plus besoin de leurs hormones naturelles. Elles reçoivent des substituts pharmacologiques pour leurs hormones. Donc cela concerne presque toutes les femmes, l'immense majorité des femmes qui accouchent. C'est pourquoi on peut dire que le nombre de femmes qui, aujourd'hui, comptent sur la libération d'un cocktail d'hormones de l'amour pour avoir leur bébé est pratiquement nul. C'est ça la grande question actuelle à se poser, à l'échelle de l'humanité.

C'est une question d'ordre médical ou éthique, pour vous ?

Quand on parle de l'avenir de l'humanité, ça dépasse le cadre médical. Ces questions relatives à la façon dont naissent les bébés, ce tournant dans l'histoire de la naissance, ce tournant dans l'histoire de l'humanité n'est pas un sujet pour obstétriciens, pour sages-femmes, pour femmes enceintes. C'est un sujet pour tous ceux et celles qui s'intéressent à l'avenir de l'humanité. C'est la question principale ! Il suffit de comprendre que nous avons rendu les hormones de l'amour inutiles, dans la période critique qui entoure la naissance, c'est-à-dire une période où ces taux hormonaux atteignent des seuils extrêmement élevés. Ce n'est pas une opinion, il suffit d'analyser les faits et de formuler des questions.

Je reviens à la césarienne. Elle est donc en augmentation partout dans le monde, chaque année. Dans votre livre, vous faites référence à la césarienne comme à la réalisation d'un fantasme universel.

Oui, je parle d'un fantasme universel parce que l'on s'aperçoit que, dans de nombreux milieux culturels même très éloignés des nôtres, les humains ont toujours rêvé d'ouvrir le ventre des mères pour faire naître le bébé. Dans certaines sociétés, si une femme mourait en fin de grossesse, la règle générale était d'au moins d'ouvrir le ventre et d'essayer de sauver le bébé. C'est une espèce de vieux rêve de faire naître les bébés par voie abdominale, par des moyens chirurgicaux. Les humains y ont pensé depuis très longtemps, mais maintenant, dans certaines parties du monde, c'est devenu la façon la plus habituelle d'avoir un bébé. L'évolution a été très rapide.

Dans votre livre, à certains moments, on se croirait dans de la science-fiction. L'un de vos collègues de Londres dit que ce qui limite le développement du cerveau humain, c'est la voie naturelle que doit emprunter le bébé pour naître, mais que si l'on accouche par césarienne, il n'y a plus cette limite au développement du cerveau. Ai-je bien compris ?

Oui. Il est certain que l'accouchement par césarienne, qui devient de plus en plus fréquent et qui sera peut-être la règle dans un avenir proche, pose de nombreuses questions. Mais il faut remarquer que, jusqu'à notre époque, le développement du cerveau était freiné. Quand un bébé avait une trop grosse tête, il ne pouvait pas naître. La femme mourait en accouchant et le bébé mourait. La tendance vers l'augmentation de la taille du cerveau ne pouvait donc pas se transmettre de génération en génération. Elle était freinée par des considérations anatomiques.

Maintenant, il n'y a plus de frein à cette tendance. On peut donc imaginer qu'un jour la césarienne permettra à de plus en plus de bébés au cerveau exceptionnellement volumineux de naître. Est-ce que l'on ne pourra pas ainsi faire reculer en quelque sorte les limites du développement cérébral humain, en particulier du néocortex, c'est-à-dire du cerveau qui pense, du cerveau de l'intellect ? C'est le néocortex qui est volumineux. Voilà le genre de question que l'on peut être amené à poser aujourd'hui. D'après ce que l'on sait, on pourrait imaginer que dans l'avenir, le cerveau de l'intellect, le néocortex, le nouveau cerveau qui est tellement développé chez l'être humain seulement, pourra se développer encore plus. Par contre, le cerveau archaïque, c'est-à-dire la capacité d'aimer, le potentiel instinctif, s'affaiblira peut-être, au contraire. Ne va-t-on pas alors vers un être humain à grande capacité intellectuelle, mais à faible capacité d'aimer ?

Qu'est-ce que l'on sait sur la santé et l'avenir de l'enfant qui naît par césarienne ?
Est-ce que physiologiquement, émotionnellement, il est handicapé par rapport
à l'enfant qui naît par voies naturelles ?

On peut apporter quelques éléments de réponse à cette question, en explorant notre banque de données. La banque de données de la recherche en santé primale, que tout le monde peut consulter sur Internet [2], est spécialisée dans les études qui explorent des corrélations entre ce qui se passe au début de la vie et ce qui se passera plus tard. Le « début de la vie » inclut la naissance, dans notre définition de la période primale. On peut donc avoir des vues d'ensemble, à partir de centaines d'articles. Ce n'est pas une seule étude qui peut permettre de conclure, mais des vues d'ensemble.

Grâce à cette perspective, il est déjà possible de déterminer, à propos de différents traits de personnalité ou de différentes conditions pathologiques, quelles sont les périodes critiques d'interaction entre les gènes et l'environnement, à l'origine de ce que nous sommes à l'âge adulte. L'interaction gènes-environnement est un concept d'actualité. Nous savons tous que nous avons un matériel génétique alloué à la conception. Il sera ensuite transformé, en quelque sorte, parce que certains gènes s'exprimeront ou ne s'exprimeront pas. On parle beaucoup aujourd'hui d'expression des gènes, de modulation « épigénétique ». Ce phénomène implique en particulier les influences précoces. Ce qui est intéressant aujourd'hui, très souvent, n'est pas de savoir quelle est la part relative des facteurs génétiques ou des facteurs d'environnement, dans l'origine d'une maladie ou d'un trait de personnalité, mais à quel moment se situe l'interaction gènes-environnement. Notre banque de données accorde une grande importance à la période de la naissance, surtout pour tout ce qui touche à la sociabilité, à la capacité d'aimer. Je pourrais suggérer quelques exemples de mots-clés conduisant à des études qui ont décelé l'importance de la période périnatale, des mots-clés comme : délinquance juvénile, autisme, anorexie mentale, suicide, toxicomanie. Dans tous ces problèmes, il y a toujours des altérations de la capacité d'aimer, d'aimer les autres ou de

---

2. Voir site : [www.birthworks.com] nov. 2010.

s'aimer soi-même. Tous ces mots-clés conduisent à des études qui suggèrent l'importance de la naissance. Ces études ne disent pas toujours quel est le facteur important, au moment de la naissance, mais elles donnent plutôt une idée dans la chronologie : c'est à ce moment-là que ça se passe. Voilà donc ce que l'on peut dire aujourd'hui.

Jusqu'à une date récente, surtout dans les milieux médicaux, nous n'étions pas prêts encore à nous arrêter aux conséquences à long terme de la façon de naître et aux conséquences qui peuvent durer toute la vie. Maintenant, il est de plus en plus fréquent de trouver dans la littérature médicale des articles sur le sujet. On commence à admettre, dans les milieux médicaux dominants, que la façon de naître peut avoir des répercussions sur toute la vie. C'est une idée qui émerge et que j'avais déjà développée, dans mon livre *La santé primale*[3]. Puisque maintenant on est prêt à comprendre que la façon de naître pourrait avoir des conséquences toute la vie, le moment est propice pour franchir un pas de plus. D'ailleurs, les effets transgénérationnels de ce qui se passe, au début de la vie, font maintenant partie de notre actualité. Nous sommes en train de comprendre que certains caractères acquis peuvent se transmettre de génération en génération, par exemple, la capacité qu'ont certains gènes de s'exprimer ou de ne pas s'exprimer. Alors, sans entrer dans les détails, je dirais que ce pas nouveau dans l'histoire des sciences, de comprendre que certains caractères acquis peuvent se transmettre de génération en génération, est très important. Et nous avons de bonnes raisons aujourd'hui, dans le contexte scientifique du début du XXIe siècle, de nous demander si la capacité d'accoucher ne va pas diminuer de génération en génération. Puisque les femmes n'ont plus besoin du système de l'ocytocine pour accoucher, ce système ne va-t-il pas s'affaiblir ?

Pour justifier la question, il est possible d'utiliser des analogies. Prenons celle des animaux domestiqués par rapport aux animaux sauvages. Les animaux sauvages ont constamment besoin de leur cerveau pour lutter pour la vie, se protéger des prédateurs, chercher leur nourriture. Dès l'instant où il est domestiqué, l'animal n'a plus besoin de lutter pour sa vie, il n'a plus besoin de chercher de la nourriture, etc. Il n'a plus besoin de son cerveau de la même façon. On constate que la taille du cerveau des animaux domestiqués va en diminuant, tout au cours de l'évolution et cela, très rapidement, parce qu'ils n'en ont pas besoin. Maintenant que les femmes n'ont plus besoin de leur

---

3. *La santé primale. Comment se construit et se cultive la santé*, Paris, Payot, 1986.

ocytocine, ce système ne va-t-il pas tendre à disparaître? Si le système de l'ocytocine s'affaiblit, cela veut dire, bien sûr, une capacité d'accoucher qui s'amoindrira de génération en génération.

Mais le système d'ocytocine n'est pas impliqué seulement dans l'accouchement; il est aussi impliqué dans l'accouplement, dans l'allaitement. Il est impliqué dans plusieurs types de comportements. C'est grâce à l'ocytocine que l'on communique en se regardant dans les yeux, par exemple, et que l'on reconnaît l'expression des visages. Affaiblir le système de l'ocytocine de génération en génération est donc sérieux. C'est pourquoi aujourd'hui, à une époque où les milieux médicaux ont intégré le fait que la façon de naître peut avoir des conséquences qui durent toute la vie, le moment est venu de parler des effets transgénérationnels possibles. Ce sont des questions d'actualité dans tous les domaines. De plus en plus, notre banque de données va devoir s'élargir à cause justement d'études sur des effets transgénérationnels. Voici un exemple parmi des centaines: les bébés hollandais dont la grand-mère était enceinte pendant la célèbre famine de 1944-1945, quand Amsterdam était encerclé par les troupes allemandes, ont des poids de naissance moyens plus petits que le reste de la population. Et cela, même si leur mère avait un poids normal. C'est dû au fait que leur grand-mère, quand elle était enceinte, était dans une période de famine. Voilà un effet transgénérationnel d'actualité. Penser à long terme aujourd'hui, c'est aller au-delà de ce qui dure toute la vie. Voilà où nous en sommes.

C'est fascinant ce que vous racontez! Est-ce que l'on sait si les bébés nés par césarienne courent plus de risques de développer des somatisations, de l'asthme, des problèmes de santé, au-delà des problèmes de socialisation et de capacité d'aimer?

Il faut éviter de répondre à cette question. On peut dire que ce qui se passe dans la période qui entoure la naissance est important. Mais on ne peut pas donner de réponse précise à votre question, pour une raison facile à expliquer: habituellement, lorsque l'on veut évaluer le rapport bénéfice-risque d'une intervention médicale quelle qu'elle soit, il y a une méthode idéale que l'on appelle l'étude «randomisée» contrôlée. Elle commence par un tirage au sort: un groupe reçoit un traitement, l'autre groupe en reçoit un autre ou n'en reçoit pas et on suit les deux groupes. On ne peut pas procéder de cette façon pour les césariennes. On ne peut faire de tirage au sort et dire à mille femmes : « Vous allez accoucher par césarienne » et à mille autres : « Vous allez accoucher par les voies naturelles. » Ce n'est pas possible. La méthode idéale n'est donc pas utilisable.

De plus, dans l'espèce humaine, le milieu culturel a une telle capacité de compenser certains déficits qu'il est très difficile d'évaluer individuellement. Il faut – et c'est ce que l'on voit dans la banque de données – des études énormes pour déceler des différences statistiquement significatives. Voici un exemple pour faire comprendre à quel point il est difficile de répondre à cette question : une étude suédoise sur les risques de devenir autiste. Les chercheurs suédois avaient à leur disposition tous les dossiers des enfants suédois nés pendant vingt ans. Ils avaient aussi accès aux dossiers médicaux de tous les Suédois ayant un diagnostic d'autisme. Pour chacun d'entre eux, il y avait eu cinq contrôles et toutes les informations étaient entrées dans les ordinateurs. Avec ce type d'étude, ils ont pu démontrer qu'être né par césarienne est un facteur de risque pour l'autisme. Mais il a fallu toute cette population pour trouver quelque chose de statistiquement significatif. Donc il faut surtout, à l'époque actuelle, ne pas apporter de réponse précise à de telles questions. Il faut d'abord formuler les questions et expliquer pourquoi on a des raisons de les formuler.

Je reviens aux statistiques sur les césariennes. J'aimerais bien que vous nous racontiez l'anecdote de ces milieux où l'on se sert de l'astrologie pour décider du moment d'une césarienne. C'est très fort comme image.

En Orient, en particulier, l'astrologie sert parfois à déterminer le jour de la naissance et même l'heure. C'est un symptôme de l'actuelle banalisation de la césarienne. Puisqu'elle est aussi banale, autant s'en servir. C'est une façon d'accoucher en quelque sorte. Les gens qui sont férus d'astrologie disent : « Ce serait magnifique si notre bébé naissait tel jour, à telle heure. »

Mais est-ce vraiment banal, une césarienne ?

On peut dire « banal » en ce sens qu'elle est fréquente. C'est une intervention qui est devenue rapide et facile. Quand j'ai fait mes premières césariennes, il y a plus d'un demi-siècle, il nous fallait une heure, en nous dépêchant. Et nous n'aurions pas commencé l'intervention sans disposer d'un ou deux flacons de sang pour compenser les pertes sanguines. Aujourd'hui, on fait une césarienne en vingt minutes, avec une perte de sang minime. Cette sécurité est un pas vers la banalisation. Cela dit, il faut peut-être se méfier de la banalisation, mais il faut interpréter le terme.

L'un des paradoxes, par rapport à la césarienne, c'est que, d'une part, il faut donner le droit à la femme de choisir, on est d'accord là-dessus. D'autre part, vous dites que le milieu médical ne respecte pas généralement les besoins de la femme : besoins d'intimité, de créer une bulle, par rapport à l'éclairage, aux odeurs, etc. Donc le milieu médical ne répond pas aux besoins instinctifs quant à la façon d'accoucher.

Ce n'est pas le milieu médical qui ignore les besoins de base de la femme qui accouche, mais le milieu culturel, la société. Et cela inclut même les milieux de naissance naturels. Il faut redécouvrir les besoins de base de la femme qui accouche.

Quels sont-ils ?

On peut les redécouvrir aujourd'hui grâce à la physiologie. On ne peut pas compter sur l'intuition, les expériences subjectives ou les anecdotes. Pour expliquer à quel point nous avons besoin de la science aujourd'hui pour renverser beaucoup de conditionnements culturels, je commencerais par évoquer une découverte scientifique importante du XXe siècle, dont on a beaucoup parlé. Nous avons appris vers 1970 qu'un nouveau-né a besoin de sa mère ! Il y a un demi-siècle, personne ne savait cela ! Quand j'étais en obstétrique, dans les années 1950, je n'ai jamais entendu parler d'une femme qui disait : « Est-ce que je peux garder mon nouveau-né contre moi ? » Tout le monde savait que le nouveau-né a besoin de soins donnés par quelqu'un d'autre. Nous étions sous l'effet de vieilles croyances : « Le colostrum[4] est mauvais », ou de certains rituels : « Il faut vite séparer la mère du bébé en se dépêchant de couper le cordon. » Personne ne savait qu'un nouveau-né a besoin de sa mère. C'était la même chose en milieu hospitalier, la même chose à la maison à l'époque : on séparait la mère du nouveau-né et on retardait l'allaitement. Pendant des millénaires, toutes les sociétés ont séparé la mère du nouveau-né et ont retardé l'allaitement maternel. Il a fallu la science des années 1950 : des études

---

4. Le colostrum est ce que le bébé peut trouver dans le sein, dès l'heure qui suit la naissance. Selon la science moderne, c'est une substance précieuse.

de comparaisons de poids, des études sur l'effet des hormones, sur le contenu du colostrum ; voir que le bébé peut retrouver le sein de sa mère dans l'heure qui suit la naissance, comprendre qu'un nouveau-né a besoin d'abord d'un microbe qui vient de sa mère, pour arriver à la conclusion qu'un nouveau-né a besoin de sa mère. Il a fallu la science et non pas l'intuition maternelle. Voilà l'une des raisons qui nous permettent d'être optimistes. Si au XXe siècle, on a pu redécouvrir cela, après des millénaires de conditionnement culturel, de croyances comme « le colostrum est mauvais, dangereux pour le bébé », etc., il y a de l'espoir. On disait par exemple : « Si la mère regarde les yeux de son bébé, les mauvais esprits vont entrer dans le corps du bébé. » Il y avait des centaines de croyances semblables. Si on a pu renverser ces conditionnements culturels au XXe siècle, grâce aux connaissances modernes en physiologie, pourquoi ne pourrions-nous pas, au XXIe siècle, de la même façon et en dépit des mêmes obstacles, redécouvrir les besoins de base de la femme qui accouche ?

Ce ne sera pas facile parce qu'il y a vraiment des conditionnements culturels à renverser, mais on peut déjà entrevoir comment s'y prendre. Il n'y a qu'une façon d'y arriver, c'est par l'utilisation et l'intégration de concepts physiologiques que nous devrons approfondir. Je peux citer quelques-uns de ces concepts, par exemple : l'antagonisme entre l'adrénaline et l'ocytocine et le concept d'inhibition néocorticale. Cela veut dire que, quand il y a des inhibitions pendant un événement comme l'accouchement, elles viennent du cerveau qui pense, de l'intellect. Quand on réunit déjà tout ce que l'on peut apprendre par la physiologie, on a une façon de résumer ce qu'il faut savoir, ce qu'il faudrait redécouvrir.

Et cela concerne bien sûr l'ocytocine, puisque c'est l'hormone principale de l'accouchement. Il faut redécouvrir que l'ocytocine est une hormone timide, pour parler de façon imagée. Elle se comporte comme une personne timide qui ne se montre pas en présence d'étrangers ou d'observateurs. Pour le comprendre, on peut utiliser des analogies, comparer l'accouchement à d'autres événements dépendants de la libération de l'ocytocine, par exemple, l'accouplement. Il n'y a pas d'accouplement sans ocytocine. Beaucoup d'anthropologues ont fait remarquer que dans toutes les sociétés humaines, même les sociétés où la sexualité génitale est très libre, les couples s'isolent toujours pour faire l'amour, comme s'ils savaient que l'ocytocine est une hormone timide. On peut dire aussi, à propos de l'accouchement, que les mammifères non humains se comportent aussi comme s'ils le savaient. Tous ont une stratégie pour ne pas se sentir observés en accouchant. Pour eux, ne pas être observés est un besoin de base. Et on peut même dire que dans les sociétés humaines qui ont précédé l'agriculture et l'écriture, on le savait encore. Nous avons des documents significatifs de femmes qui vont dans les buissons pour accoucher ou dans une hutte spéciale. Il y a quand même une petite nuance : dans toutes les sociétés, même celles qui ont précédé l'écriture et l'agriculture, les femmes se débrouillaient toujours pour accoucher près de leur mère ou d'une tante ou d'une grand-mère. Le rôle de cette figure maternelle consistait sans doute à protéger l'espace devant la possibilité d'intrusion d'un homme ou d'un animal. Voilà sans doute l'origine de la sage-femme : c'est la mère qui protège de l'intrusion. Mais dès l'instant où l'humanité a constitué des sociétés qui connaissaient l'agriculture et l'écriture, graduellement, on a sociabilisé l'accouchement. C'est comme si on avait progressivement oublié à quel point l'ocytocine est une hormone timide.

Cette socialisation a eu plusieurs facettes dont la transformation du rôle de la sage-femme. Au lieu d'être la maman qui protège l'espace, elle est devenue la personne qui contrôle, l'agent du milieu culturel qui transmet des croyances, des rituels, des procédés plus ou moins invasifs. Nous avons des documents de sages-femmes traditionnelles qui dilatent le col de l'utérus au doigt, qui compriment l'abdomen, qui utilisent des herbes de façon rituelle, etc. C'est une étape de la socialisation de l'accouchement. Une autre grande étape a été franchie le jour où les femmes ont accouché dans le lieu où elles passaient leur vie quotidienne. La naissance à la maison est relativement récente dans l'histoire de l'humanité, et c'est une étape importante de la socialisation de l'accouchement. Ensuite, avec le xxᵉ siècle, les étapes se sont accélérées. On peut dire que jusqu'au milieu du xxᵉ siècle, malgré des millénaires de socialisation de l'accouchement, on comprenait encore que l'ocytocine est moins timide dans un environnement féminin que dans un environnement masculin. L'accouchement restait encore une affaire de femmes.

D'ailleurs vous, vous n'êtes pas nécessairement pour la présence des hommes aux accouchements...

Il faut rappeler que, par exemple, quand j'étais externe à l'hôpital Boucicant à Paris, en 1953, les femmes accouchaient dans un environnement féminin. Il y avait très peu de médecins spécialisés et on ne les voyait presque pas. Ils n'apparaissaient que lorsque la sage-femme leur demandait d'utiliser les forceps. Ils venaient, faisaient leur travail puis ils disparaissaient. En tant qu'étudiant en médecine, je n'osais pas entrer dans une pièce où il y avait une femme en travail. Je ne me montrais que quand le bébé arrivait parce que j'étais là pour apprendre à utiliser des forceps. À l'époque, personne n'aurait jamais imaginé que le père du bébé puisse être là, de même à la maison. C'était très féminin. Le père, on lui demandait de faire bouillir de l'eau et il s'en allait au bistrot. L'accouchement était une affaire de femmes.

C'est après que, très rapidement, l'environnement s'est masculinisé. Ce qui caractérise l'histoire de l'accouchement, au cours de la deuxième moitié du XXᵉ siècle, c'est la masculinisation de l'environnement et cela, dans plusieurs de ses aspects. D'abord, on a multiplié le nombre de médecins spécialisés et, dans beaucoup de pays, la plupart d'entre eux étaient des hommes. Ensuite est apparue la doctrine de la participation du père à l'accouchement, on en a fait un dogme. Et puis, en même temps, on a commencé à utiliser de plus en plus de machines électroniques sophistiquées. La haute technologie est un symbole masculin. Ce qui fait que très rapidement on a oublié complètement à quel point l'ocytocine est timide, et encore plus dans un environnement masculin.

Récemment, on a assisté à une explosion dans la formation de nos conditionnements culturels. Aujourd'hui, nos conditionnements culturels sont avant tout déterminés par des messages visuels. Nous sommes à l'ère de la vidéo, de la télévision, des photos, des écrans de toutes sortes. Alors, on a assisté à une véritable épidémie de vidéos de naissances naturelles. Dans mon appartement, je n'ai plus de place pour ranger toutes les vidéos de naissances naturelles que l'on m'envoie chaque jour. Et c'est toujours la même histoire : on voit une femme qui accouche, entourée de trois ou quatre personnes qui la regardent, y compris un homme. Et on appelle cela : « naissance naturelle », parce que l'accouchement se passe à la maison, ou parce que la femme est à quatre pattes, ou parce qu'elle est dans une piscine. On dit que c'est une « naissance naturelle », mais l'environnement est aussi peu naturel que possible. C'est le message à l'envers. Celui que l'on devrait transmettre est que l'ocytocine est une hormone timide. Les jeunes générations qui voient ces vidéos, qui sont sous l'effet de ces messages visuels, comprennent que le besoin de base de la femme qui accouche est d'être entourée de trois ou quatre personnes qui apportent leur expertise ou leur énergie. Ce conditionnement est encore renforcé par le vocabulaire. Regardez le vocabulaire utilisé dans les milieux de naissance naturelle, sur le continent nord-américain : pour accoucher, « *you need a coach* », « vous avez besoin d'une personne qui apporte son expertise ».

La doula ?

Le mot « doula » n'a pas la même connotation que *coach*. La doula, en grec, c'est l'esclave. On a besoin d'une esclave, c'est moins toxique. Mais dans ces milieux, on tend à vous faire croire que vous avez aussi besoin de quelqu'un qui apporte son énergie : *support, emotional support*. On retrouve cette expression partout et c'est la plus toxique que l'on puisse imaginer. Ça veut dire : « Vous avez besoin d'une personne qui apporte son énergie. » Le vocabulaire vient renforcer l'idée que vous n'avez pas les moyens d'accoucher par vous-même. Vous avez besoin de l'expertise ou de l'énergie d'autres personnes. Alors là, dans le domaine du conditionnement culturel, on a atteint un degré extrême ! Nous sommes donc en droit de nous demander : est-ce qu'il sera vraiment possible, dans ce contexte, de renverser nos conditionnements et de redécouvrir les besoins de femmes qui accouchent ? Je reste cependant assez optimiste parce que je crois que l'on peut faire confiance à la physiologie moderne. Elle a permis de renverser des millénaires de conditionnement culturel, en nous apprenant qu'un nouveau-né a besoin de sa mère. Elle a permis de redécouvrir les besoins de base du nouveau-né. Pourquoi ne nous permettrait-elle pas, aujourd'hui, de redécouvrir les besoins de base de la femme qui accouche ? Ce n'est pas complètement irréaliste. Ce serait une première étape. Vouloir réduire les taux de césarienne est irréaliste, si on ne commence pas par là. Vouloir réduire les taux de césarienne est dangereux en tant qu'objectif primaire.

Pourquoi ?

Parce que si le mot d'ordre devient « réduire les taux de césarienne », il y aura de plus en plus d'accouchements longs et difficiles par voies vaginales, avec des heures de perfusion d'ocytocine. Ils se termineront par l'utilisation des forceps ou des ventouses, et c'est ce qu'il faut éviter à tout prix. Mettez-vous à la place du bébé dans l'utérus ! S'il avait à choisir entre quinze heures d'accouchement avec perfusion d'ocytocine et peut-être, à la fin les forceps, etc., et une césarienne maintenant parce que c'est difficile, il choisirait sans doute la césarienne.

Oui, mais en même temps, si on posait la question au bébé, il préférerait probablement venir au monde au moment où il est prêt, non ?

Il y a aussi le fait que l'on comprend mieux aujourd'hui que le bébé prend l'initiative de l'accouchement. Cela donne des raisons de préférer la césarienne en cours de travail, si on doit faire une césarienne, sans attendre l'urgence.

Mais il y a de plus en plus de césariennes qui sont mises à l'horaire, qui sont programmées…

Il y a plusieurs sortes de césariennes, c'est pourquoi nous ne pouvons pas parler de « la » césarienne, mais « des » césariennes. Il y a celle qu'il est préférable d'éviter dans la mesure du possible : la césarienne avant le début du travail. Dans ce cas-là, le bébé n'a pas participé au début de l'accouchement, il n'a pas donné de signal. Il n'a pas dit : « Mes poumons sont prêts. Mon système endocrinien est prêt. » Parce que l'on comprend cela aujourd'hui. Quand on fait trop tôt la césarienne, le fœtus n'a pas été exposé à des hormones maternelles et fœtales qui achèvent la maturation des poumons. C'est bien connu d'ailleurs que, après une césarienne programmée avant le début du travail, on augmente les risques de difficultés respiratoires du nouveau-né.

Il y a un autre type de césarienne qu'il faut éviter : la césarienne d'urgence, c'est-à-dire de dernier recours, après avoir tout essayé. Quand il y a une course entre le chirurgien et l'évolution d'une souffrance fœtale, on la fait dans de mauvaises conditions. Et cela va de pair avec de mauvais résultats.

Il suffit que l'on arrive à un type de césarienne que l'on pourrait dire « idéal » : la césarienne sans urgence, en cours de travail. À condition de redécouvrir les besoins de base de la femme qui accouche. C'est la première étape, sinon ce n'est pas la peine d'aller plus loin. À condition de redécouvrir les besoins de base de la femme qui accouche, on pourrait aller vers une espèce de stratégie simplifiée.

Mais en même temps, est-ce possible ? Si la femme qui accouche a besoin d'être seule, la césarienne implique la présence d'un chirurgien, d'une infirmière, d'une sage-femme…

Oui, mais c'est une alternative. Si on s'appuie sur des considérations physiologiques, on peut dire que l'on respecte le besoin de base de la femme qui accouche en éliminant tout ce qui stimule le néocortex, le cerveau de l'intellect.

La solution que la nature a trouvée pour surmonter le handicap humain dans la période de la naissance, c'est la mise au repos du néocortex. Le handicap humain, c'est le développement du néocortex, du cerveau de l'intellect, parce que c'est de là que viennent toutes les inhibitions. L'accouchement n'est pas le travail du néocortex. Il faut qu'il stoppe, qu'il se mette au repos. On peut très bien l'observer quand une femme accouche par elle-même : visiblement, si ça marche bien, il n'y a plus de contrôle par le néocortex. Elle oublie ce qui se passe autour d'elle, elle oublie ses plans, ses projets ; elle peut être impolie, elle peut se comporter d'une façon inacceptable de la part d'une femme civilisée : crier, jurer, se trouver dans des positions bizarres, inattendues, quadrupédiques, primitives. Elle est sur une autre planète. C'est ce qui permet l'accouchement. Il n'y a plus de contrôle par le néocortex. Il ne faut surtout pas stimuler le néocortex d'une femme en travail.

Pour ne pas stimuler le cerveau, il faut éviter le langage. Cela veut dire qu'il faut accepter le besoin de silence. Ce n'est pas du jour au lendemain que l'on acceptera le besoin de silence pendant un accouchement. Cela équivaut à renverser des millénaires de conditionnement culturel. Il faut aussi accepter la pénombre. La lumière stimule le néocortex. Il faut comprendre que la femme ne doit pas se sentir observée. Quand on se sent observé, on s'observe soi-même et le néocortex est stimulé. Cela signifie aussi que lorsqu'une sage-femme se tient en face de la femme qui accouche, elle peut gêner. Cela entraîne beaucoup de choses : qu'il faut se méfier d'une caméra, par exemple. Ne pas stimuler le néocortex, cela veut dire aussi que la femme doit se sentir en sécurité. Quand on perçoit un danger possible, on est attentif. Ce que la physiologie nous apprend est très simple : la mère doit avant tout se sentir en sécurité, sans se sentir observée. C'est très simple, mais ce ne sont pas des connaissances faciles à intégrer.

La première étape est donc de comprendre les besoins de base de la femme qui accouche. Quand on dit que la femme qui accouche doit avant tout se sentir en sécurité, sans se sentir observée, on est obligé de poser une question : y a-t-il un type de personne avec lequel on se sent en sécurité sans se sentir observé ? Oui, c'est la mère de la femme qui accouche. Dans un monde idéal, la mère est le prototype de la personne avec laquelle on se sent en sécurité, sans se sentir observé. Cette constatation permet de redécouvrir le rôle spécifique de la sage-femme. Elle représente avant tout la mère, la figure maternelle. Ce rôle est complètement oublié. Il n'y a qu'à voir comment on sélectionne les futures sages-femmes pour comprendre que l'on a oublié complètement ce qu'est la sage-femme.

Comment les sélectionne-t-on ?

Prenons le système français, pour montrer à quel point il est aberrant ou du moins ignorant des besoins de base de la femme qui accouche. En France, pour devenir sage-femme, il faut d'abord posséder le baccalauréat et même le baccalauréat scientifique, sinon la jeune fille n'a aucune chance. Ensuite, elle fait la première année de médecine, ce que l'on appelle le «tronc commun». À la fin de cette première année de médecine, elle passe un examen théorique, écrit, très sélectif. On accepte deux cents personnes sur mille, par exemple. À la suite de ces examens, on établit un classement. Les jeunes filles choisissent alors ce qu'elles vont faire : les premières de la liste décident de continuer en médecine. Celles qui se trouvent un peu plus bas dans la liste vont à l'école dentaire. Les dernières vont à l'école de sage-femme. Ce n'est pas de cette façon que l'on recrutera des femmes de nature paisible, capables de jouer facilement un rôle de figure maternelle. Ces critères devraient pourtant être privilégiés. Voilà pour dire comment on a complètement oublié ce qu'est une sage-femme.

Au Canada, les sages-femmes avaient complètement disparu. C'est un symptôme d'une incompréhension culturelle des besoins de base de la femme qui accouche. Mais il ne suffit pas de réintroduire les sages-femmes, il faut aussi comprendre leur rôle spécifique, comprendre que la sage-femme n'est pas un membre de l'équipe médicale. Elle est la mère, elle apporte ce que peut apporter une mère, en quelque sorte. Voilà ce que la physiologie peut nous aider à redécouvrir. Il faudra du temps, mais c'est la première étape. Il faut partir de là, sinon tout le reste est inutile.

Vouloir réduire les taux de césarienne sans passer par une meilleure compréhension de la physiologie est dangereux. On le voit déjà dans des villes comme Londres. Parce que tout le monde veut réduire les taux de césarienne, on se trouve de plus en plus devant des accouchements longs et difficiles par voies vaginales : des heures de perfusion d'ocytocine, en finissant par l'utilisation des forceps ou de ventouses. C'est exactement ce qu'il faut éviter aujourd'hui. Nous devrions aller vers une espèce de stratégie binaire simplifiée : créer les conditions les meilleures possible pour un accouchement par voies vaginales et si ça ne marche pas, il y une alternative, la césarienne, idéalement la césarienne en cours de travail, sans urgence. Voilà ce que serait la stratégie simplifiée, à l'ère des techniques simplifiées de césariennes. C'est exactement le titre que j'ai donné à un chapitre d'un livre collectif, publié en allemand et dont l'éditeur est Michael Stark, le père de la technique moderne simplifiée de césariennes. C'est un livre qui rassemble beaucoup d'auteurs, un livre académique en quelque sorte. Le titre de mon chapitre est : « Stratégie simplifiée, à l'ère des techniques simplifiées de césariennes ».

Vous voyagez énormément, vous faites des conférences partout. Existe-t-il, aujourd'hui, en Occident, un modèle idéal d'accouchement ou quelque chose qui se rapprocherait d'un modèle idéal ?

On peut dire qu'aujourd'hui, il n'y a pas de modèle idéal. Il ne peut pas y avoir de modèle idéal parce que l'incompréhension des besoins de base de la femme qui accouche est culturelle. Ce sont des conditionnements qui sont le résultat de millénaires de croyances et de rituels. Il faut d'abord renverser ces conditionnements. Seule la physiologie peut nous y aider. Toutes les sociétés ont profondément perturbé les processus physiologiques. Certaines sociétés plus encore que d'autres, comme les sociétés africaines. C'est là que le processus physiologique est le plus perturbé, surtout dans ce que l'on appelle la troisième phase de l'accouchement. On sépare toujours la mère du nouveau-né et on dit toujours que le colostrum est mauvais.

Tous les milieux culturels ont mis à l'épreuve l'instinct maternel progressif et agressif. Qu'est-ce que cela veut dire ? Imaginez ce qui se passerait si vous essayiez de prendre le nouveau-né d'une maman chimpanzé qui vient d'accoucher. Elle essaierait de vous tuer ! N'importe quelle mère non humaine tentera de vous tuer si vous lui prenez son nouveau-né. Voilà l'instinct maternel protecteur agressif que toutes les sociétés humaines ont neutralisé, depuis des millénaires. C'est un exemple d'interférence culturelle dans les processus physiologiques. Mais ces interférences, nous commençons à en prendre conscience, et la physiologie moderne a déjà permis, en quelque sorte, de renverser des conditionnements très profonds. Le meilleur exemple se trouve dans la manière dont on a réussi à montrer qu'un nouveau-né a besoin de sa mère. C'est une découverte scientifique énorme, dont on ne réalise pas l'importance.

*On allume un enfant quand
on le respecte et qu'on lui
permet d'être un enfant*

Claire Pimparé

La comédienne québécoise Claire Pimparé est bien connue pour son rôle de Passe-Carreau dans la série télévisuelle Passe-Partout. Conçue pour l'éducation préscolaire des enfants, cette série peut se targuer d'avoir accompagné toute une génération de Québécois et de Québécoises qui se souviennent encore de ses expressions et de ses chansons.

En 2008, Claire Pimparé publie son premier livre, Ces parents que tout enfant est en droit d'avoir (Montréal, Un monde différent). Il est le fruit de sa longue fréquentation des enfants et de nombreuses conférences adressées aux parents et à différents groupes sociaux. Son engagement à l'égard des enfants ne se dément pas.

Claire Pimparé

Claire Pimparé, l'enfance a une importance capitale dans la vie de chaque personne. À quoi la vôtre a-t-elle ressemblé?

Nous étions neuf enfants et nous n'étions pas riches du tout. Toutes les semaines, nous recevions des poches de vêtements usagés que maman, qui était une fée, triait la nuit. Parce que nous n'avions pas le droit de regarder le contenu des poches! Elle faisait son choix, elle défaisait le vêtement, enroulait le tissu et, le lendemain, elle nous demandait de choisir celui dans lequel elle allait nous refaire une robe, une blouse, un pantalon. Elle disait toujours: «La richesse, ça se passe entre les deux oreilles!» Cela vous donne une idée du type de mère que j'ai eu. Elle était débrouillarde et je ne l'ai jamais vue malheureuse. C'était une femme joyeuse, qui chantait. Elle m'a appris tellement de choses! Par exemple, cette phrase, qui revenait constamment: «Tu seras fatiguée quand tu auras fini!» C'est dire que chez nous, quand nous commencions quelque chose, il fallait aller jusqu'au bout. Nous n'avions pas le droit d'être fatigués avant d'avoir fini.

Je me rappelle que la nuit, elle étendait de grands draps blancs et cela me fascinait. Je me levais parfois pour aller voir ce qu'elle faisait. Elle était couturière: elle confectionnait des robes de mariées, les brodait et cousait les perles à la main. Elle travaillait la nuit pour éviter que les enfants salissent les robes. Pour moi, c'était de la magie! Imaginez cela: avoir neuf enfants, faire des ménages le jour et, la nuit, coudre des robes de mariées! Et quand elle avait fini, elle en faisait une toute petite pour ma poupée! Elle faisait partie de ces mères infatigables.

J'ai été choyée dans mon enfance. Cet amour, cette tendresse, cette affection sont ma richesse. Ma mère m'a donné un coffre et elle m'a dit: «Dans le coffre, ma belle, il y a de l'amour et de la tendresse. Plus tu en donneras, plus il se remplira, comme par magie. » Voilà, mon enfance. J'ai grandi avec une personne fière, qui possédait des valeurs et qui donnait l'exemple dans tous les gestes du quotidien.

Mon père n'était pas très présent, comme bien des pères. Même quand il était là, il était absent. Je l'ai compris quand j'ai vu l'homme en lui, j'avais quatorze ans, je crois. Il écoutait une musique écossaise et il pleurait. Il ne savait pas que je le regardais. J'ai découvert à ce moment-là la vulnérabilité de l'homme derrière l'image du père. Ce n'était pas un homme parfait, il jouait aux courses et il a perdu beaucoup d'argent. Même s'il avait une famille, il continuait de vivre comme s'il était tout seul. J'ai maintenant un père « céleste ». Tant mieux pour lui, parce que je pense qu'il n'a jamais été heureux sur terre.

Je ne supportais pas la soumission de ma mère à son égard. Une fois, je me suis mise en colère et j'ai dit à mon père : « Tu n'as qu'à allonger le bras pour prendre un mouchoir et tu demandes à maman de partir de l'autre bout de la pièce pour venir te le donner. Ça suffit ! » Mais c'est à travers des situations difficiles que l'on grandit. J'ai eu mon lot d'épreuves, bien sûr. Elles ont fait qu'aujourd'hui j'ai un certain charisme pour travailler avec les enfants. Si je n'avais pas vécu ce que j'ai vécu je n'aurais peut-être pas ce lien particulier avec eux, cette compréhension naturelle des enfants.

Quand le rôle du personnage de Passe-Carreau [1] m'a été offert, c'était un véritable cadeau. J'avais vingt-quatre ans. Un jour, Pierre Dufresne, un autre comédien de la série, m'appelle : « Claire, viendrais-tu ? Nous avons ici un petit garçon qui est en phase terminale et qui te demande. » J'ai dit : « Bien sûr ! » Je n'avais jamais fait cela de ma vie ! Je trouve une gardienne pour mon fils et je me rends à l'hôpital. Je joue un peu avec les enfants, puis je me dirige vers le petit malade. Je me couche dans le lit avec lui et je le prends dans mes bras. Je ne sais pas encore ce que je suis en train de vivre, bien sûr, je me laisse aller, tout simplement. La mère arrive et elle pleure. Elle est contente de voir que je suis là, mais le moment est dramatique aussi pour elle. Le père n'est pas là, parce qu'il n'accepte pas le départ de son enfant. Alors, le petit lui parle au téléphone et il lui dit : « C'est correct. » À un moment, la mère dit à l'enfant : « Montre à Passe-Carreau comme tu étais beau quand tu avais

---

1. Personnage de la série de télévision québécoise *Passe-Partout*. Conçue pour l'éducation préscolaire, elle a été diffusée de 1977 à 1998.

tes cheveux, montre-lui la photo.» Et il me montre la photo, en me disant:
«Tu sais, maman est contente, quand je regarde la photo, je suis vivant. Elle
sait que je m'en vais.» Cet enfant était en train de nous montrer comment
accepter son départ, comment le vivre. Il est mort dans mes bras. Quand je
me suis retrouvée plus tard dans le stationnement, j'ai tellement pleuré et je
me suis juré de ne plus jamais faire cela. Je l'ai fait pourtant pendant trente
ans, chaque fois qu'on me le demandait. Parce que les enfants sont de grands
maîtres. Alors, ce rôle a été pour moi un cadeau, mais aussi une responsabilité. J'ai eu à négocier avec ce personnage, ce n'est pas lui qui était dans le
lit avec le petit malade, c'était moi. Voilà où le respect des enfants m'a menée.
J'en ai eu trente, chez moi, pendant sept ans.

Vous dites que vous avez eu trente enfants? À quel titre?

Voilà comment l'histoire a commencé. L'une de mes amies s'occupait de
Louveteaux défavorisés. Un jour, elle m'appelle et me dit qu'ils ne pourront faire leur camp d'une semaine, comme chaque année, parce qu'il n'y
a plus de place à l'endroit habituel. Les petits ont beaucoup de peine. Je lui
dis: «Écoute, nous avons été Guides, il est impossible que nous ne fassions
pas quelque chose!» J'avais une ferme, à cette époque. Je lui propose de les
emmener à la ferme. Je suis allée emprunter des tentes à l'armée et nous
avons reçu le groupe. De fil en aiguille, nous avons fait un groupe, puis deux,
puis trois. J'ai pris toutes mes économies et j'ai créé une fondation qui nous
a permis de faire des camps, année après année.

Je pense au petit Robert, il a neuf ans et il en est à sa quatrième tentative de
suicide. Ses parents sont divorcés et aucun des deux ne veut de lui. Il arrive
au camp dans cet état et je le prends dans mes bras. Pour nous aider, au
camp, nous avons des grands-papas qui sont munis de coffres à outils et qui
apprennent aux enfants à construire des cabanes dans la forêt. Robert ne doit
pas avoir d'outils à sa disposition, bien sûr. Je lui dis: «Je vais te poser une
question à laquelle je veux que tu répondes par oui ou par non. Aujourd'hui,
c'est le moment présent. Veux-tu mourir, aujourd'hui, ou veux-tu vivre?» Il
me regarde, les yeux ronds et il me dit: «Jamais personne ne m'a demandé
ça.» Je lui réponds: «Moi, je veux un oui ou un non. Si tu me dis que tu veux
mourir, je te garde dans mes bras, toute la journée. Si tu me dis que tu veux
vivre, tu prends le coffre à outils et tu vas avec grand-papa construire cette
maison dans le bois.» Il me dit: «Je veux vivre.» Ils ont passé la journée à

construire cette cabane. Pendant la nuit, des chevreuils ont eu des bébés dans la cabane. Imagine la joie des enfants et des grands-parents, le lendemain, en découvrant la famille! Alors je suis allée, moi aussi, avec Robert, voir la cabane et je lui ai dit: «Tu vois, ce n'est pas papa ni maman qui ont fait cela. C'est toi. Tu n'es pas responsable de papa et maman, de ce qu'ils font. Tu n'es responsable que de toi et de ce que tu as envie de faire.» Il me regarde et me demande: «Est-ce que je peux rester une autre semaine?» Je lui ai dit: «Écoute, Coco, tu peux rester tout l'été, si tu veux.» Il était en attente d'une famille d'accueil. Mais je lui ai dit: «La semaine prochaine, tu n'es pas campeur, tu es animateur, puisque tu as déjà passé une semaine ici.» Je lui ai confié la responsabilité de nourrir les animaux. À huit heures pile, tous les matins, les animaux étaient nourris. Ensuite, je l'ai nommé contremaître à la cafétéria, il devait faire sécher les torchons de vaisselle sur la corde à linge. Cet enfant était un amour!

Ensuite, j'ai prêté mon camp à un organisme et les jeunes l'ont mis sens dessus dessous. J'en pleurais de rage et je me demandais quelle leçon je devais tirer de cette mauvaise expérience: mettre la clé sous la porte? Je n'en revenais pas: on veut aider et c'est le bordel qui débarque! Alors le petit Robert qui me voyait pleurer, en tondant le gazon, me dit: «Est-ce qu'on pourrait aller se promener dans le bois?» Et il m'entraîne à la maison qu'il avait construite. Il met ses mains sur mes joues et il me demande: «Est-ce que tu m'aimes?» Je dis: «Bien oui, je t'aime.» Alors, il m'explique: «Si tu fermes le camp… Moi, c'est la première fois que je sais que quelqu'un m'aime pour de vrai.» Des leçons comme celle-là, j'en ai eu plusieurs dans ma vie.

Les gens connaissent Passe-Carreau, mais ne connaissent pas vraiment Claire Pimparé. C'est pourquoi j'ai voulu écrire un livre pour partager mes expériences. Il s'appelle *Ces parents que tout enfant est en droit d'avoir pour la vie*[2], mais mon titre de travail était *Garder son enfant vivant*. Vivant, dans tous les sens du terme: vivant dans sa tête, son cœur, son esprit. Je trouve que trop souvent on «éteint» les enfants, on ne leur permet pas d'être des enfants à part entière. On achète la paix, on achète le calme, parce qu'on est fatigué. Ce livre n'est pas un mode d'emploi, chaque enfant est unique, chaque parent est unique. C'est à partir du moment où l'on compare que le doute s'installe, que la culpabilité envahit l'adulte. D'où la réaction du parent à qui l'école ou un spécialiste disent: «Votre enfant souffre d'un déficit d'attention.» Il devient

---

2. Montréal, Éditions Un monde différent, 2008.

fou! Non, il faut que les parents comprennent qu'ils n'ont pas à comparer l'enfant avec son entourage. Dans la préface que le docteur Julien a rédigée pour mon livre, il nous invite à crever la bulle, à aller voir ce qui se cache derrière les peines et les colères des enfants. Il parle de cette petite fille de sept ans dont tout le monde se plaignait. Sa mère disait qu'elle n'écoutait personne, qu'elle ne voulait rien faire. Son frère disait qu'elle sentait mauvais. À l'école, on lui reprochait de dormir sur son pupitre. En parlant avec cette enfant, le docteur Julien a compris qu'elle ne dormait pas et ne se lavait pas parce qu'elle voulait se protéger du conjoint de sa mère qui l'agressait. L'école était le seul lieu où elle se sentait un peu en sécurité. Crever la bulle, c'est ce que j'ai essayé de faire pour les enfants qui sont venus chez moi de juin à septembre, pendant sept ans.

Si je me suis occupée d'enfants toute ma vie, c'est que j'en avais besoin. Ils étaient mes professeurs. Ils m'ont appris à les comprendre, à les aimer. À les aimer d'une façon très personnalisée, je dirais. On n'aime pas «les» enfants, on aime chaque enfant qui est devant soi et on prend le temps de le comprendre.

Il faut que les parents prennent le temps de le faire. Avec les horaires de fous qu'ils ont, ils n'ont plus de temps pour leurs enfants...

C'est le danger. Je suis peut-être méchante, mais je suis tentée de dire : « N'en faites pas, des enfants, n'en faites pas ! » Quand on fait un enfant, on ne peut pas être égoïste : on ne le fait pas pour soi. Khalil Gibran le dit très bien : « Vos enfants ne sont pas vos enfants. Ils sont les fils et les filles du désir de la Vie pour elle-même [3]. » L'enfant qui vient au monde arrive avec une responsabilité pour l'adulte. Il ne faut pas demander à l'enfant d'être adulte et d'assumer des responsabilités qui ne lui appartiennent pas.

Avant qu'elle meure, j'ai posé une question à ma mère : « Veux-tu bien me dire ce que j'ai ? Quand quelqu'un veut m'aider, je réagis par un refus catégorique. Une boule se forme dans ma gorge et j'ai envie de pleurer. Je ne veux pas qu'on m'aide ! » Elle m'a expliqué : « Tu avais sept ans. Tu es entrée dans la cuisine à un moment où ton père et moi nous étions en train de nous disputer. » Mon père avait perdu de l'argent et ma mère lui disait : « On a neuf enfants et les enfants, ça demande beaucoup. » Alors, en les entendant, j'ai dit : « À partir de maintenant, vous n'aurez plus à vous occuper de moi. » Voilà d'où je suis

---

3. K. Gibran. *Le prophète*, Paris, Albin Michel, 1990.

partie avec mes sept ans! Combien d'enfants prennent sur leurs épaules une responsabilité qui ne leur appartient pas? Combien, aujourd'hui, jouent le rôle du parent absent, pour donner de l'amour à celui qui se retrouve seul? Ça ne leur appartient pas, mais on oublie ces choses-là.

Dans les conférences que je donne, je dis parfois: «Vous, les femmes, écoutez. Vous voulez que votre mari fasse la vaisselle. Mais vous vous sentez coupables quand il la fait et vous vous sentez coupables parce que vous le lui avez demandé. Et vous restez là et vous râlez sur sa façon de disposer la vaisselle dans la machine: l'eau est trop chaude ou il n'a pas mis assez de détergent... Voulez-vous, s'il vous plaît, aller vous promener pendant qu'il fait la vaisselle! Ce qui est important, c'est qu'il fasse la vaisselle, non? Quand vous reviendrez, elle sera faite!» Et à partir de cet exemple, je dis: «Quand on élève un enfant, on le fait à deux. C'est important que le père éduque aussi l'enfant, parce qu'il a une façon différente de le faire. Il permet à l'enfant d'être autonome plus rapidement.» Pour me faire comprendre, je rappelle des situations de la vie quotidienne. L'enfant est dans sa petite chaise et la maman le fait manger. Elle a déjà à la main une débarbouillette et elle lui essuie le visage et les mains au fur et à mesure. Le papa, lui, donne la cuillère au petit et le laisse se débrouiller. Avec papa, il arrive à manger tout seul rapidement. Même chose pour le grand-père qui se promène avec le bout de chou de deux ans. On se dit: «C'est sûr qu'il va se prendre les pieds dans les fentes du trottoir et qu'il va tomber.» Et effectivement, le petit tombe! Le voilà, les fesses en l'air avec sa grosse couche. Il se relève, le grand-papa l'applaudit. Refaisons la même scène avec la grand-mère: d'abord le petit ne tombe pas parce qu'elle ne lui lâche pas la main. Et s'il tombe, elle se précipite pour lui demander s'il s'est fait mal. Alors, il se met à pleurer, bien sûr. C'est la même chose quand les enfants partent en camp de vacances pour la première fois, la mère pleure avant même que le petit soit parti.

Dans l'une de mes conférences, je disais aux femmes: «Le féminisme, c'est quelque chose d'important. Surtout quand on regarde des pays du Moyen-Orient, l'Inde, l'Arabie. Mais il faut comprendre quelque chose: quand elle est petite, la fille voit la force de la femme qui se tient debout à côté d'elle et elle se dit qu'elle est contente d'être une femme. Mais le garçon lui, qui a dix ans, qui est élevé par sa mère, qui est gardé par une femme et dont l'enseignante est aussi une femme, à l'école, et qui entend chaque jour des paroles comme "Ton père est un... Tous les hommes sont des ceci ou cela!", comment peut-il se situer? Il se dit: "Ouais! C'est dur être un homme. Comment je vais faire, moi, là-dedans?" On se demande ensuite pourquoi à quatorze ans, il est tout déboussolé. Quand, par vengeance, une femme détruit l'image du père dans la tête de son fils, c'est épouvantable! L'enfant grandira et un jour il comprendra et ce ne sera pas drôle. Les petits garçons ont besoin d'un modèle d'homme. Pourquoi ne pas les laisser partir une semaine, tout seul avec leur père? Avez-vous peur qu'il ne vous aime plus?» Les modèles d'homme ont beaucoup manqué aux garçons dans la période où nous vivons et les conséquences en sont beaucoup plus graves qu'on ne le croit. C'est pourquoi je dis aux femmes: «Ne détruisez pas l'image du père ou de la mère dans l'enfant. Vous n'avez pas le droit de faire ça! Et si vous pensez qu'un divorce ou une séparation ne fait pas mal à un enfant, je peux vous dire, avec tous les enfants que j'ai vus pendant sept ans, que ce n'est pas vrai.» On croit que parce que l'on s'entend à l'amiable, ce n'est pas grave, ça ne fait pas de mal aux enfants. Ce n'est pas vrai!

Je suis intarissable, sur ce sujet-là. Après mes conférences ou dans les Salons du livre, je rencontre des gens. Un grand-père me dit: «Ma femme a acheté votre livre.» Je lui demande s'il l'a lu. Il me dit que oui. Et qu'en a-t-il pensé? Il me dit: «Comme grand-père, jamais je n'aurais pensé que je faisais ça. C'est sûr que je ne le ferai plus.» Je ne sais pas trop de quoi il parle et je l'invite à préciser. Il me rappelle un passage du livre: «Quand l'enfant revient de l'école et qu'il est tellement content d'avoir appris quelque chose et qu'il vous dit: "Papa, savais-tu que...?" et que vous lui répondez: "Bien oui, je le savais! Non seulement ça, mais il y a ça aussi et ça aussi..." Vous venez de lui crever sa bulle, vous ruinez son plaisir d'apprendre et de communiquer avec vous. Qu'est-ce que ça peut bien faire que vous le sachiez? Taisez-vous! Laissez-le vous raconter!» Alors, le grand-père m'a dit: «J'avais tendance à faire ça. C'était comme si j'étais fier de lui dire que, non seulement je le savais, mais que j'en savais plus que lui. C'est épouvantable!» Et moi d'ajouter: «Après on se demande pourquoi il ne revient plus nous parler de ce qu'il a appris. Il se dit: "Bof! De toute façon, il le sait déjà."» Ce qui manque le plus aujourd'hui dans la communication, c'est l'écoute. Les adultes doivent écouter plus que parler. De toute façon, parler ne sert plus à grand-chose, les enfants sont fatigués d'entendre toujours les mêmes phrases.

Parfois je dis aux parents: «Arrêtez de répéter, passez à l'action!» Je me souviens d'une scène avec mes enfants. Nous sommes dans la voiture et nous allons au cinéma. Les enfants se disputent, derrière, qui n'a pas vécu ça? Combien de fois on répète: «Si vous n'arrêtez pas, on retourne à la maison!» Mais qui le fait vraiment? Un jour, c'est ce qui arrive avec mes enfants. Alors, j'agis. Je fais demi-tour et nous rentrons à la maison. En arrivant, les enfants me disent: « Mais ça ne va pas, maman? » Je réponds: « Moi, je vais très bien, mais vous, vous avez un problème. Je vous ai dit que nous reviendrions à la maison si vous n'arrêtiez pas de vous disputer, mais est-ce que moi je mérite d'être punie? Non, c'est vous qui avez mal agi, donc vous en subirez les conséquences. » J'ai téléphoné à une gardienne et je suis partie au cinéma. L'impact de mon geste a été très fort.

Vous parliez des parents séparés qui disent du mal l'un de l'autre, devant leur enfant. C'est épouvantable, n'est-ce pas?

C'est tellement destructeur. Moi, je suis séparée de Claude, après trente-trois ans de vie commune. Ma fille avait quinze ans, à l'époque, et la séparation a été beaucoup plus dure pour elle que pour les deux garçons. Elle me demandait pourquoi je n'étais pas en colère. Elle entendait ses petites amies dire: « Ta mère, elle va le laver! » Elle ne comprenait pas. J'ai expliqué à ma fille: « Je t'ai dit que j'aimais ton père, je l'ai toujours aimé. As-tu envie de détruire quelqu'un que tu aimes? Si tu cherches à le détruire, c'est que tu ne l'as jamais aimé, que ce que tu disais était faux, alors. On ne peut pas vouloir détruire quelqu'un, comme ça, du jour au lendemain, parce qu'il s'en va. » Qu'est-ce que c'est, ce désir de destruction? C'est de la vengeance. Or, ce n'est pas l'enfant qui divorce, il n'a pas à vivre avec cette vengeance. C'est à nous d'être adultes et d'assumer notre décision. À partir de ce moment-là, nous n'avons pas à chercher à détruire l'être humain qui reste le parent de l'enfant. L'enfant verra lui-même, plus tard, qui sont ses parents et il aura à prendre des décisions. Mais si un parent n'est pas capable de dominer sa colère, s'il pleure de rage, il vaut mieux qu'il s'en aille au parc, qu'il s'achète un sac de sable (*punching bag*) pour taper dedans. Ou que la mère se trouve une amie à qui elle pourra se raconter. Mais ce n'est pas l'enfant qui doit recevoir les confidences. Sinon, c'est de la vengeance, de la colère mal assumée. L'adulte a droit à sa peine, à sa colère, mais il doit trouver le bon endroit pour l'exprimer.

Janette Bertrand disait : « Il y a un grand mensonge autour de la maternité et de la paternité… Tout le monde n'aime pas ses enfants, mais on ne le dit pas. Ce n'est pas tout le monde qui devrait avoir des enfants. »

Elle a tout à fait raison. Je sais que certains parents ont fait des enfants parce que, à une certaine époque, le gouvernement donnait jusqu'à 3000 $ pour un enfant. J'en ai connu qui disaient : « Nous, on n'a jamais pu voyager. On va faire un bébé et avec ce montant, on partira en voyage. » C'est incroyable, ça ! Madame Bertrand a raison de dire que certains ne devraient pas avoir d'enfants. J'en connais d'autres qui voudraient tellement en avoir et qui n'y arrivent pas. D'autres aussi, comme Nathalie Petrowski[4], qui ne semblaient pas aimer les enfants, au départ, et qui ont complètement changé après le premier bébé et sont devenus de vraies mamans, de vrais papas. Dans son cas, elle avait acquis de la maturité, elle a compris qu'elle était prête à avoir un enfant. C'est une telle responsabilité, avoir un enfant ! Surtout si tu le respectes. C'est pourquoi je dis : « Si vous savez que vous allez vous séparer, ne faites pas un bébé pour rester ensemble. L'enfant n'arrangera rien ! » C'est une question de maturité et l'âge n'a rien à voir là-dedans : on peut être jeune et avoir la maturité nécessaire, comme on peut être vieux et ne pas l'avoir.

Vous disiez que certains éducateurs ou certains parents « éteignent » leur enfant. Comment le font-ils ? Qu'est-ce qui éteint ou allume un enfant ?

On allume un enfant quand on le respecte et qu'on lui permet d'être un enfant. On l'éteint quand on veut acheter la paix et qu'on lui demande de se taire. On peut le faire avec du Ritalin, par exemple, il y a toutes sortes de moyens. Bien sûr, ce n'est pas facile avec une classe de trente élèves. Chacun a sa personnalité, chacun est différent.

Je donnais des cours à de futurs enseignants. Ils avaient la théorie, je leur apportais une sorte de pratique rationnelle. Je leur proposais de permettre aux enfants qui arrivent en classe, le matin, de choisir entre trois feux de circulation : rouge, jaune ou vert. Si la veille a été dure à la maison, parce qu'il y a une séparation dans l'air, le chat est mort, n'importe quoi, l'élève place un feu rouge devant son pupitre. L'enseignant saura que quelque chose ne va pas, que l'enfant n'est pas dans son état normal, joyeux, prêt à participer.

---

4. Critique et journaliste québécoise. Elle a publié *Maman Last Call*, chez Boréal, en 1995, pour raconter son expérience d'une première maternité tardive.

Ce n'est pas le moment de lui demander de venir réciter un poème ou chanter devant la classe. Il lui laissera le temps de passer au jaune puis au vert. Alors, dans un premier temps, il travaille avec ceux qui ont affiché un feu vert et un peu avec ceux qui ont affiché un feu jaune. Certains vont passer du rouge au jaune et au vert, pendant la journée, d'autres vont garder le feu rouge. Ceux-là, il ne faut pas les laisser partir sans leur avoir parlé. L'enseignant aussi pourra placer un feu rouge devant son bureau. L'enfant apprendra à le respecter. C'est le respect silencieux de la personne qui est devant soi.

Ces feux fonctionnent très bien aussi à la maison, sur le frigo ou la porte de la chambre de l'enfant. Quand l'enfant revient de l'école, le parent ne sait pas toujours ce qu'il a vécu. Son drame est aussi grand que celui de l'adulte. Ce n'est pas toujours le bon moment pour faire les devoirs, prendre un bain, manger. Pourquoi le bain doit-il être pris juste d'avant d'aller au lit? Ce serait peut-être mieux avant le souper, pour permettre à l'enfant de se détendre et de manger ensuite plus calmement.

Garder son enfant vivant, c'est le respecter, respecter la personne qu'il est et l'âge qu'il a. Souvent, on demande aux enfants d'être déjà grands. Dans mon livre, je raconte la « maudite journée » d'un petit d'un an et demi. Certains parents m'ont dit : « Quand j'ai lu ça, je me suis mis à pleurer. Effectivement, c'est ce que je fais tous les matins… » La journée commence ainsi : l'enfant se réveille et se dit : « J'ai hâte que la porte s'ouvre doucement et que ma maman me prenne dans ses bras. » Mais la porte s'ouvre et il entend : « Il faut se dépêcher, on est en retard! » Pour le déjeuner : « Ah! non, pas un muffin! J'aime pas ça, ça colle! » En deux temps trois mouvements, il se retrouve dans l'auto et il a froid aux mains parce que sa mère a oublié ses mitaines. Il se retrouve à la garderie où il reçoit un camion sur la tête. Il veut aller aux toilettes, ce n'est pas le moment, il faut se dépêcher encore. Je raconte ainsi toute la journée du petit. Il a hâte de rentrer chez lui, le soir. Mais le papa doit partir avec le petit frère pour la pratique de hockey et la maman est occupée à aider la petite sœur à faire ses devoirs. L'enfant passe des bras de l'un à ceux de l'autre. Il dit : « Tout ce que je sais, c'est que la gardienne viendra et que je ne l'aime pas parce qu'elle passe la soirée au téléphone. » Il n'a plus qu'une envie, celle de retrouver sa doudou et son lit. Quand on lit cela, on voit à quel point certains parents mènent une vie de fous. Alors, garder son enfant vivant, c'est respecter aussi son environnement. Peut-être faudrait-il tout simplement organiser nos vies différemment? Mais trop de parents disent qu'ils n'ont pas le temps. En fait, ils ne prennent pas le temps.

De toute façon, les parents qui ne prennent pas le temps ne sont pas plus satisfaits. Ils ont des enfants exigeants, qui demandent sans arrêt, qui sont en manque. Un enfant qui a tout ce qu'il lui faut est heureux, il n'est pas exigeant. Un enfant n'a pas besoin de tellement de choses, en réalité. Les sous-sols *Toys "R" Us*, remplis de jouets, me font vomir. C'est une façon d'empêcher l'enfant d'être ce qu'il est, c'est-à-dire d'avoir le plaisir de créer, de découvrir, d'imaginer, de rêver. On lui donne des choses toutes faites. Même à l'école, aujourd'hui, on voit des cahiers dans lesquels il ne reste plus qu'un tout petit espace pour écrire. Tout le reste est préparé, pensé, écrit. On enlève aux enfants le droit d'être vivants !

Est-ce plus difficile qu'autrefois d'avoir des enfants, aujourd'hui ?

Je ne crois pas. Peut-être si on recule jusqu'au Moyen Âge... Je pense à ma mère avec ses neuf enfants ; imagine les couches qu'elle avait à laver ! Je me rappelle, je l'aidais à passer les draps dans l'essoreuse de la machine à laver. Je ne crois pas que ce soit plus difficile aujourd'hui d'élever des enfants. Ma mère, elle, me disait : « J'avais neuf enfants, je restais à la maison, je faisais de la couture... Mais quand je vous vois, avec vos horaires de fous, je ne sais pas comment vous faites. » Mais, d'une génération à l'autre, on vit avec notre milieu, notre temps. Quand je regarde les nouveaux parents d'aujourd'hui, je me dis que je ne recommencerais pas. Quand je me tourne vers mon passé, je me demande comment j'ai fait. Ma fille va accoucher en mai, dans quelques semaines, et à cause de la grève à l'université, elle qui devait terminer ses études en avril se retrouve avec des cours et des examens en mai. Ces jeunes avaient planifié des activités, pourquoi devraient-ils payer la note de la grève ? Une société qui veut des enfants ne devrait pas s'en servir comme de bâtons de vieillesse ou de grève.

Je reviens à votre expérience avec les enfants, dans les camps de vacances. Certains faits vous ont-ils marquée ?

Nous recrutions les enfants sur un appel des parents ou des enseignants ou des directeurs d'école. Nous aimions encourager les enfants qui travaillaient bien, mais qui n'auraient pu se payer un camp de vacances. Alors, des petites filles qui travaillaient fort à l'école, qui étaient dévouées, etc., nous leur disions : « Ce sera ta récompense, viens au camp ! » Elles étaient tellement heureuses.

Mais je me souviens d'un groupe d'enfants qui venaient peut-être d'un centre d'accueil, je ne sais plus. Ils arrivent et ils ne veulent rien faire, de vraies petites pestes! Les animateurs, qui se dévouaient vraiment pour les jeunes, étaient découragés. Ils viennent me trouver et me disent: «Ils refusent d'obéir, ils ne veulent participer à aucune activité. Ils nous obligent à ne faire que de la discipline…» Je leur dis: «Rassemblez-les dans la grange.» Devant eux, je tiens ce petit discours: «Écoutez, moi je suis très heureuse de vous recevoir, mais je comprends très bien que ça ne vous tente pas d'être ici. Ce n'est pas votre choix et peut-être que depuis plusieurs années, on décide tout le temps pour vous. Vous n'avez jamais le choix d'être quelque part. Ici, vous avez l'impression que vous serez encore obligés de répondre à toutes sortes de demandes. Je vous comprends et je vais respecter ça. Vous pensez peut-être que je suis riche et privilégiée d'avoir un endroit comme celui-là, en réalité…
— Et là, je leur raconte l'histoire des poches de vêtements de mon enfance. Je dis qu'aujourd'hui j'ai envie de partager ce que j'ai, c'est pourquoi je leur offre cet endroit. — Mais je comprends que ça ne vous intéresse pas. Donc, il n'y aura pas de camp, cette semaine. Vous allez dormir ici, vous pourrez vous baigner, il y aura des animateurs. On mangera trois repas par jour, mais on ne vous demandera rien d'autre. C'est fini, il y a plus de camp. Vous pouvez vous détendre, ce sera comme ça et je vais respecter le fait que ça ne vous tente pas. Mais j'ai des animateurs qui ont beaucoup travaillé pour préparer cette semaine. D'habitude, ce qu'ils ont préparé est une surprise, mais cette fois, je vais leur demander de venir, chacun leur tour, vous présenter leurs projets.» Alors, Yannick, le scientifique de la bande, leur explique qu'il avait pensé faire des dissections avec eux, qu'il avait apporté des lentes pour faire des expériences, qu'à la fin de la semaine, chacun devait partir avec son mini-ordinateur, etc. Les enfants commencent à avoir les yeux ronds… Un autre vient présenter son projet de théâtre, etc. À la fin, je dis aux animateurs: «C'est bien, vous aviez préparé tout cela, mais il faut respecter aussi le fait que le groupe n'a pas envie de participer aux activités.» Je me tourne vers les enfants et je leur dis: «La seule chose que je vous demande aujourd'hui, c'est de constituer des petites équipes de cinq et d'imaginer une activité. Ce n'est pas vous qui allez la faire, mais un autre groupe.» Je les laisse partir comme ça. Dans l'après-midi, chaque équipe demande aux autres de faire l'activité qu'elle a imaginée, mais les autres refusent. Alors, les enfants pleurent et se plaignent. Je leur dis que moi aussi, j'ai des animateurs qui avaient préparé toutes sortes d'activités qu'ils ont refusées. Ils devraient donc être capables de comprendre. Il faut aussi respecter le fait que les autres n'aient pas envie de

faire ce qu'ils ont suggéré. Le lendemain, ils disent : « On veut voir Claire ! » On se rassemble et ils déclarent : « On veut faire les activités ! » J'ai dit que j'étais d'accord et qu'on allait commencer par une. On verrait la suite avec les animateurs, parce qu'ils avaient vraiment de la peine que le groupe ait refusé. Les activités sont reparties et le camp a été l'un de nos plus réussis. À la fin, tous les enfants étaient très contents de leur semaine.

Imposer quelque chose à un enfant, c'est fermer tous ses sens : il n'entend plus, ne voit plus, il n'est plus présent. Le respecter, c'est au contraire laisser tous ses sens s'ouvrir et alors, il est possible de lui proposer quelque chose. Il est réceptif. On peut passer des messages et lui faire vivre des expériences intéressantes. C'est la même chose pour les punitions. Je ne suis pas pour des discussions à n'en plus finir. Avec mes trois enfants, j'avais une norme : on va jusqu'à trois fois. Je leur disais : « Si tu m'amènes à trois, tu auras une tape sur les fesses. » Les trois ont testé mes limites. Ils ont tous eu la claque promise. Après, ils se disaient : « Aie non ! On est arrivé à deux ! » Ça s'arrêtait là. Nous faisons tous cela dans la vie, chercher à dépasser les limites. Mais en tant que parent, il faut créer une discipline, mettre des limites. Il faut aussi avoir la force de reconnaître ses torts, de dire que l'on est allé trop loin. On n'a pas le droit de punir trois enfants, par exemple, quand un seul est coupable.

Des expériences de camp, je pourrais en raconter pendant des heures ! Il en est passé des enfants au camp ! Trente enfants par semaine, de la fin juin à septembre, pendant sept ans, ça veut dire trois mille enfants, peut-être. Certains sont devenus animateurs et sont restés pendant presque sept ans. Je suis très fière de cette réalisation et très fière des animateurs aussi.

Qu'est-ce qui a déclenché chez toi cette affection pour les enfants ?

À douze ans, je gardais déjà des enfants. Aujourd'hui, il faut que le jeune ait dix-sept ans, qu'il ait suivi un cours de « gardien averti » et un cours de premiers soins. À notre époque, on gardait des enfants dès l'âge de dix ou douze ans. Pourquoi est-ce différent aujourd'hui ? Les parents ne confient pas de responsabilités aux enfants et, ensuite, ils s'étonnent qu'ils n'en prennent pas ! Dans mon livre, je parle de cette enseignante extraordinaire qu'était Louise Vigneault. Elle disait aux parents : « Moi j'aurai votre enfant huit heures par jour, dans ma classe. Il va partir d'ici avec son sac, ses devoirs et ses leçons. Je répète, vous n'avez pas compris : il arrivera chez vous avec "son" sac, "ses" devoirs et "ses" leçons. Si vous ouvrez "son" sac et que vous faites "ses" devoirs et "ses" leçons, vous lui lancez comme message qu'il n'est pas capable de les faire et que vous allez les faire à sa place. Ça commence mal une première année quand vous dites à l'enfant que vous n'avez pas confiance en lui. Quand il revient à la maison, l'enfant sait ce qu'il a à faire et il est capable de le faire. Donc si vous, parents, vous cherchez à tracer de grosses lettres pour faire croire que c'est lui qui les a faites, je le saurai de toute façon. Il écrit en classe, chaque jour. Si vous voulez un "petit ange [5]" pour vous récompenser, je ferai des cahiers exprès pour vous et vous pourrez vous valoriser. » Son approche était la suivante : « Voulez-vous que votre enfant se réalise ou voulez-vous vous réaliser à travers lui ? » Ce sont deux choses bien différentes.

On a peur de cela, aujourd'hui, donner des responsabilités aux enfants.

Ce n'est pas seulement de la peur. C'est un peu comme dans le cas de la vaisselle : si elle n'est pas faite à notre goût, nous préférons la faire nous-mêmes. Ou bien, ça ne va pas assez vite... « Je vais le faire moi-même. » C'est ce que l'on fait tout le temps !

Chez moi, les enfants aidaient déjà à la lessive, à quatre ou cinq ans : ils faisaient le tri des vêtements, les couleurs avec les couleurs, le blanc avec le blanc. Un peu plus grands, ils s'occupaient de la lessive des serviettes, puis des vêtements, etc. C'était une façon de leur apprendre. Avez-vous déjà dit à votre fille de seize ans : « Voici la liste pour l'épicerie et voici 200 $. Il ne faut pas dépasser cette somme. » Sinon, comment voulez-vous qu'un adolescent sache ce que coûte la nourriture ? Ma fille m'a dit : « Mais il n'y a presque rien dans le panier ! » Elle a compris ce que c'était. Mais si on ne leur permet jamais de faire l'expérience, si on ne leur confie jamais de responsabilités, comment pourront-ils apprendre ? Ils éviteront toutes les responsabilités.

---

5. Autocollant placé par les enseignants dans la marge d'un exercice, pour dire qu'il est réussi.

Les conséquences de la pornographie
infantile sont les mêmes que celles
de l'agression sexuelle dans l'enfance

Richard Poulin

Professeur à l'Université d'Ottawa, Richard Poulin est l'un des rares sociologues à s'être penché sur l'industrie du sexe, l'hypersexualisation de notre société et l'exploitation sexuelle des enfants. Parmi ses publications, il faut mentionner : Les enfants prostitués. L'exploitation sexuelle des enfants (Paris, Imago, 2007), Enfances dévastées, tome I. L'enfer de la prostitution (Ottawa, L'Interligne, 2007), Pornographie et hypersexualisation. Enfances dévastées, tome II, (Ottawa, L'Interligne, 2008), La mondialisation des industries du sexe : Prostitution, pornographie, traite des femmes et des enfants (Ottawa, L'Interligne, 2004).

Son analyse, dépouillée de toute fausse émotivité, permet de jeter un regard neuf sur un phénomène qu'il faut situer dans le contexte de la mondialisation pour en comprendre toute la portée.

Richard Poulin

Monsieur Poulin, vous dressez un tableau très noir de notre société, en considérant l'univers pornographique dans lequel nous baignons. Vous parlez d'« infantilisation des femmes » et de « sexualisation des enfants ». La situation est-elle aussi terrible que vous le dites ? Peut-être n'en avons-nous pas conscience ?

La pornographie se caractérise actuellement par l'infantilisation des femmes et la sexualisation des enfants. On va de plus en plus vers une femme-enfant et une enfant-femme. Le mythe de la Lolita qui appartenait d'abord à la littérature[1] devient extrêmement présent dans la pornographie. Dans mon livre *Pornographie et hypersexualisation*[2], j'ai mis en évidence certaines techniques d'infantilisation des femmes et de sexualisation des enfants.

L'une d'elles est l'épilation totale du pubis. Cette pratique est apparue dans le cinéma porno vers la fin des années 1980, début des années 1990. Elle est d'abord devenue une norme dans la pornographie et maintenant, elle en est une chez les jeunes. À l'hôpital Sainte-Justine[3], par exemple, c'est une surprise quand une adolescente se présente sans être épilée totalement. Dans le cinéma porno, cette technique avait comme but de montrer entièrement le corps de la femme, mais aussi de faire de ce corps un corps d'enfant.

Une fois que l'on a tout montré, l'étape suivante est l'esthétisation des petites lèvres de la vulve. On trouve de plus en plus de cliniques de chirurgie plastique qui travaillent à redonner au sexe féminin sa forme de sexe d'une petite fille. Ici, encore, les caractéristiques du cinéma porno sont passées dans la société.

---

1. Le personnage de Lolita a été créé par un écrivain d'origine russe, Vladimir Nabokov. Son roman *Lolita* est centré sur la relation, notamment sexuelle, qu'entretient un homme d'âge mûr avec une jeune fille de douze ans et demi.

2. R. POULIN, avec la coll. de Mélanie CLAUDE. *Pornographie et hypersexualisation. Enfances dévastées*, Ottawa, L'Interligne, 2008.

3. Hôpital de Montréal spécialisé dans les soins aux enfants.

À Montréal, ce type d'opération constitue presque 10 % de la pratique de certains chirurgiens plasticiens. Ces techniques font que maintenant on ne sait plus qui est une enfant et qui est une femme.

Les enquêtes auprès des hommes montrent d'ailleurs que les hétérosexuels normaux reconnaissent avoir des penchants que l'on pourrait qualifier de « pédophiles ». Ils sont excités par les jeunes filles. Selon Statistique Canada, une femme sur quatre sera violée dans sa vie et 50 % des viols sont commis sur des jeunes filles de moins de seize ans. On assiste à un développement de la propension à la pédophilie liée en fait à l'« adocentrisme » de la pornographie. La pornographie met en scène des *teenagers*, des adolescentes, et en même temps, ce sont elles qui sont les principales cibles des agressions sexuelles dans la société.

Le sociologue que je suis ne peut s'empêcher de faire des liens entre la pornographie — qui est une propagande et qui vise à donner une image de ce que devrait être la sexualité dans notre société —, et les phénomènes sociaux comme les agressions sexuelles dont les adolescentes sont les cibles. On se trouve dans une ambiance sexuelle généralisée, dans laquelle les jeunes commencent à consommer de la pornographie très tôt. Or, plus ils sont jeunes, moins ils ont de recul critique par rapport à ces pratiques et plus ils adoptent facilement les codes de la pornographie. On remarque d'ailleurs que les agresseurs sexuels sont aujourd'hui plus jeunes que dans le passé. Ils agressent plus tôt qu'auparavant et ils agressent des enfants surtout, c'est-à-dire des personnes plus jeunes qu'eux-mêmes.

Cette propagande vise aussi les femmes qui ont comme obligation de rester jeunes toute leur vie. On leur vend des crèmes, on leur dit comment s'habiller pour paraître jeunes. Nous sommes dans une société de « jeunisme », pour les femmes surtout. La pression est beaucoup moins forte sur les hommes. Une femme n'a pas le droit de vieillir. D'où les crèmes vendues à un prix fou, les colorants pour les cheveux, la chirurgie esthétique pour paraître jeune jusque dans les parties les plus intimes, etc. Il suffit d'écouter la publicité qui est faite dans les émissions pour enfants à *Teletoon*, par exemple, pour s'en rendre compte. Cette chaîne de télévision a déménagé en Ontario pour échapper à la loi québécoise interdisant la publicité destinée aux enfants. Les diffuseurs savent bien que les mères sont aux côtés de leurs enfants, devant la télévision. Le public cible de ces publicités ce sont ces femmes qui vivent sous le diktat du devoir de rester jeunes. La pornographie joue sur le même diktat.

Vous parlez de « la tyrannie du nouvel ordre sexuel ». Comment se manifeste-t-elle ?

La tyrannie de ce nouvel ordre sexuel, largement inspiré par la pornographie, se manifeste de différentes façons. Lorsque l'on parle de « tyrannie », on sous-entend qu'il y a des ordres ; une autorité nous dit quoi faire pour être heureux, pour être bien dans notre peau. Aujourd'hui, dans notre société, le modèle qui est présenté est très pornographique. Tout a une connotation sexuelle. Donc, pour être performante sexuellement, une femme doit apprendre à s'aimer elle-même afin de pouvoir donner du plaisir à son partenaire. Pour avoir confiance en elle-même, elle doit adopter les nouveaux comportements sexuels, les vêtements *sexy*, les jouets sexuels, etc. En même temps, elle ne doit pas se faire une réputation de « salope ». La frontière est très mince entre une femme sexuellement performante et une « salope ». En réalité, tout est centré sur le plaisir masculin, comme dans la pornographie. Les magazines féminins invitent les femmes à être performantes sexuellement. En prétendant les aider à être bien dans leur peau, à être elles-mêmes, ils reprennent finalement toutes les normes sexistes traditionnelles archaïques.

Lorsque la Fédération des femmes du Québec a été créée, en 1966, la présidente visitait les femmes dans différentes régions, dans les campagnes, par exemple. Elle avait remarqué que dans les chambres à coucher, on trouvait souvent un pot de Vaseline. C'était l'époque où la jouissance féminine n'était pas prise en compte. La pénétration se faisait souvent sans préparation adéquate et elle était douloureuse pour la femme. Or, une enquête récente menée auprès des gynécologues français a révélé que 50 % des jeunes femmes qui se présentent en consultation disent éprouver des douleurs, au moment des rapports sexuels. C'est dire que nous sommes revenus à l'étape antérieure où la jouissance féminine n'avait pas d'importance. Dans l'enquête que nous avons menée sur les jeunes et la pornographie, nous avons vu qu'il n'y avait pas de corrélation, par exemple, entre l'âge de la consommation de la pornographie et des pratiques sexuelles comme la fellation. La fellation était largement pratiquée, contrairement au cunnilingus qui lui, ne l'était pas ou peu. D'où notre sentiment que nous avons assisté non pas à une révolution sexuelle, mais à une contre-révolution sexuelle à la suite de laquelle le plaisir féminin n'a plus aucune importance.

Tout cela à cause de la pornographie ?

La pornographie a contribué à cet état de fait, mais elle n'est pas la seule en cause. On pourrait dire que nous avons à faire face à une marchandisation de la sexualité. Dans le cadre des politiques néolibérales et de la mondialisation, la libération sexuelle est devenue du libéralisme sexuel. C'est pourquoi on a assisté dans les années 1980-1990 à une explosion des industries du sexe : mondialisation de la prostitution, tourisme sexuel, traite des femmes et des fillettes à des fins de prostitution, etc. La sexualité est devenue un vaste marché mondial.

Assistons-nous à une nouvelle forme d'esclavagisme ?

Contrairement aux idées reçues, nous sommes dans une période de recul et non d'avancée pour ce qui est du plaisir féminin. Des femmes et des adolescentes adoptent une attitude de soumission au plaisir masculin. Les types de soumission varient, que ce soit dans la prostitution, où la recherche de plaisir est concentrée sur le plaisir masculin, ou dans les relations intimes avec un partenaire, où là aussi les efforts sont concentrés sur le plaisir masculin. Bien sûr, toutes les femmes n'entrent pas dans ce cadre, mais que tant de jeunes femmes se plaignent de douleurs dans les rapports sexuels en 2010 est un signe que quelque chose ne va pas. Il suffit de regarder la publicité, avec tous ces corps féminins disponibles, pour reconnaître que c'est le plaisir masculin qui est recherché. La femme est présentée comme une aguicheuse. En même temps, les hommes se trouvent un peu coincés : on dit qu'au Québec ils ne savent plus draguer, mais ce sont peut-être les façons de draguer qui changent… On veut qu'une femme ait de l'initiative, mais si elle en fait trop, elle passe pour une « salope » !

Dans ce contexte, la femme « parfaite » est la *real doll*, la poupée. C'est la jeune fille au service de son partenaire, elle est mignonne, *sexy*. Les hommes apprécient cette image, mais c'est une négation de l'autonomie des femmes.

C'est très curieux parce que dans la société, les femmes prennent de plus en plus de place, elles sont plus nombreuses à l'université, par exemple. N'y a-t-il pas là une contradiction ?

D'un côté, on veut que les femmes prennent leur place dans la société, mais de l'autre on leur dit, comme Marc Lépine[4] : « Vous prenez "notre" place. » On accepte qu'elles prennent leur place, mais dans l'intimité elles doivent être au service des hommes. Voilà le discours pornographique qui est, en partie, le discours des magazines féminins. Comme si l'autonomie de la femme n'avait qu'un but, le plaisir de l'autre. C'est une situation paradoxale, contradictoire.

Dans la société, le mouvement n'est jamais unilatéral. En même temps qu'il y a des avancées, il y a des reculs. Dans les années 1960, lors de ce que l'on a appelé la libération sexuelle, le symbole de cette libération était la position dite du « 69 ». Les deux partenaires se donnent du plaisir mutuellement. Plus largement, hommes et femmes s'habillaient de la même façon et on parlait de mode unisexe. Vus de dos, hommes et femmes étaient parfois difficiles à différencier. Aujourd'hui, on pourrait dire que le symbole n'est plus le 69, mais la fellation, dans laquelle la femme est agenouillée devant l'homme. La symbolique de cette position est très forte. Contrairement aux années 1960, la façon féminine de se vêtir est très sexualisée. Il me semble donc que nous sommes dans un phénomène de retour du balancier.

C'est vrai aussi pour d'autres aspects de la vie en société : aujourd'hui, par exemple, pour qu'une famille puisse se payer une maison et une voiture, il faut deux salaires. Il y a trente ans, un seul suffisait. Il y a donc aussi un recul sur le plan des conditions de vie. Les politiques néolibérales ont entraîné une baisse du niveau de vie et on a tenté de corriger cela par le crédit. C'est ce qui a déclenché la crise des *subprimes* aux États-Unis. Tout cela parce que de plus en plus, la publicité fait croire aux gens qu'ils existent à travers les biens qu'ils possèdent. L'accent est mis sur le paraître, d'où l'importance de consommer. Dans le domaine des relations homme-femme, l'image d'un homme qui a réussi est celle d'un professionnel ou d'un homme d'affaires qui possède une voiture décapotable italienne ou allemande et qui se balade avec une jeune

---

4. Marc Lépine est un jeune Québécois qui a assassiné quatorze jeunes femmes de l'École polytechnique de Montréal, le 6 décembre 1989.

femme à ses côtés. La jeunette fait partie de sa réussite, comme un trophée. C'est pourquoi je dis que nous sommes revenus à des normes archaïques que l'on croyait dépassées.

Nous vivons dans une société où la violence sexuelle est omniprésente : une femme sur quatre sera violée, selon Statistique Canada. Et pourtant, on dira que jamais l'accès aux femmes pour les hommes n'a été aussi facile, et le mariage n'est plus la norme. Les hommes peuvent rencontrer des femmes disponibles quand ils le souhaitent. Pourquoi autant de viols alors ? Une femme sur quatre sera violée, sans compter celles qui sont victimes d'inceste, battues, assassinées, etc. Pourquoi ?

Vous avez tracé un tableau de la société, je voudrais maintenant que nous nous arrêtions à la pornographie infantile. Elle se développe de plus en plus, n'est-ce pas hallucinant ?

Selon la définition légale, on parle de pornographie infantile, lorsqu'il y a exploitation d'enfants de moins de dix-huit ans. Mais actuellement, l'exploitation des adolescentes est devenue tellement banale, que lorsque l'on parle de pornographie infantile, on pense immédiatement aux enfants prépubères, de moins de treize ans. Quand il s'agit de jeunes filles de seize ou dix-sept ans, il n'y a plus de scandale, c'est devenu une chose normale dans notre société. Les adolescentes ou les *teenagers* sont une cible privilégiée et beaucoup d'hommes fantasment sur des relations sexuelles avec des adolescentes. Donc, ces jeunes filles n'entrent plus dans ce qui est appelé pornographie infantile.

Selon le dernier rapport de l'ONU sur l'exploitation sexuelle des enfants, il y aurait 750 000 prédateurs sexuels à travers le monde. Ce nombre ne tient pas compte de tous les touristes sexuels qui vont en Thaïlande ou ailleurs pour se payer des enfants. Pour se donner bonne conscience, ceux-ci prétendent aider la famille en donnant de l'argent aux enfants. En Thaïlande, il y aurait 30 % des personnes prostituées qui seraient des enfants.

Tout cela pour dire que les normes changent actuellement dans la société : on a de moins en moins tendance à inclure les adolescents dans la dénonciation de la pédophilie. On s'en tient à ce qui choque le plus, c'est-à-dire quand il s'agit de préadolescents. Mais là aussi, on verra une baisse des normes, surtout quand on pense à la technique d'épilation totale du pubis. Comment faire la différence entre une jeune fille de douze ans et une de quatorze ans? Ou entre une enfant de dix ans et une de quatorze ans? D'autant plus que dans le cinéma porno, on vieillit les adolescentes par le maquillage et on rajeunit les jeunes filles de dix-huit ans et plus par toutes sortes d'artifices: jouets en peluche, nattes, vêtements d'écolières, etc. Sur le Web, on trouve des sites qui mettent en scène des fillettes de trois ou quatre ans que l'on appelle *non nude*. Elles ne sont pas totalement dévêtues, mais elles prennent toutes les poses que l'on trouve dans le cinéma porno, dans la publicité et dans les magazines féminins: l'attitude de celle qui jouit à la seule pensée de se laver les cheveux, par exemple. Ce n'est pas illégal puisqu'elles ne sont pas nues! Quand on clique sur les photos pour en savoir plus, on trouve toujours un moment où elles sont un peu plus nues que ce qui était annoncé…

En tant que sociologue, est-ce que vous vous intéressez aux conséquences de la pornographie infantile?

Les conséquences de la pornographie infantile sont les mêmes que celles de l'agression sexuelle dans l'enfance, notamment l'inceste. À long terme, on trouve le stress post-traumatique. Dans leurs rapports avec les adultes, les enfants victimes de la pornographie infantile réagiront avec ce qu'ils ont appris dans cette expérience d'exploitation sexuelle. Ils utiliseront le sexe comme moyen de communication. On parlera alors de «sexualisation précoce». Ils sont plus à risque que les autres enfants d'être recrutés pour de la prostitution, puisque le sexe est leur outil de communication.

Comme tous ceux qui souffrent de stress post-traumatique, ces enfants utiliseront souvent des moyens artificiels pour surmonter leur stress: alcool, drogues, etc. Ils seront sujets à la dépression plus souvent que les autres enfants, avec des manifestations comme l'automutilation, par exemple, ou une mauvaise estime de soi. Une enquête de Statistique Canada a montré que plus l'estime d'elles-mêmes est basse chez les filles, plus elles utilisent le sexe. Elles ont des rapports sexuels plus jeunes, comme si elles cherchaient à être reconnues en utilisant ce qu'elles connaissent, le sexe. En même temps, elles risquent d'être rejetées comme des putains, des salopes, des filles faciles.

En général, ces enfants ont déjà été victimes d'abus dans leur famille. Les nouvelles technologies ont montré que l'agression sexuelle privée peut devenir rentable. C'est sans doute la raison pour laquelle on assiste à une telle explosion de pédopornographie à travers le monde.

Est-ce que ces parents sont conscients de ce qu'ils font ? Sont-ils des psychopathes ?
Se justifient-ils d'une certaine façon quand on les interroge ?

Bien sûr, les parents ont parfois été victimes eux-mêmes d'agressions sexuelles, mais on voit aussi un autre phénomène qui fait partie de la masculinité : la violence. Il y a peu ou pas d'enquête sur ce qu'est la masculinité dans notre société et ce qui en fait partie. Pourquoi des hommes battent-ils des femmes ou les tuent-ils ? On sait que dans 75 % des cas de meurtres de femme par leur conjoint, c'est lié à une situation de rupture. L'homme réagit, en disant : « Toi, tu es ma propriété, personne d'autre ne t'aura, tu m'appartiens. Et pour en être sûr, je prends des moyens radicaux… »

Ils se croient propriétaires des enfants, c'est cela ?

Oui. Que l'on pense au cas de ce chirurgien qui a tué ses deux enfants pendant que sa femme, qui voulait le quitter, assistait à un colloque dans une autre ville. « Je te punis, ma femme ! » L'entourage n'y comprenait rien et se disait qu'il avait dû connaître un moment de folie. Et c'est vrai qu'il a sans doute perdu la tête pour en arriver là.

Mais cela n'explique pas tout, et surtout pas la dynamique sociale qui se cache derrière des actes comme celui-là. Ce qui est occulté actuellement dans notre société, c'est la violence masculine. Dans les médias, par exemple, on parlera de violence conjugale, de crime passionnel, jamais du meurtre d'une femme par un homme. On ne dira pas qu'un jeune étudiant allemand a tué dix étudiantes, mais qu'un « élève » a tué d'autres élèves de son collège. Alors que 100 % des meurtres dont les jeunes filles étaient la cible, dans les écoles, ont été commis par des garçons. Mais il y a quelque chose dans notre société qui fait que l'on occulte la violence comme trait de la masculinité. Pourtant, ce sont les hommes qui commettent les abus et les agressions sexuelles. Quand les femmes passent à l'acte, ce sont en général parce qu'elles sont complices d'hommes. Carla Homolka, par exemple, s'est rendue coupable de tels actes pour le plaisir de Paul Bernardo. Elle lui recrutait des victimes. La domination sexuelle est donc un phénomène masculin. Pourquoi des hommes ont-ils besoin de ce type de contrôle ? La violence masculine est peu ou pas analysée actuellement, il me semble, parce que l'on ne pose pas les bonnes questions.

J'ai lu dans votre livre que le Web fait beaucoup la promotion de l'inceste...

Le Web ou la porno s'attaquent à deux tabous : l'exploitation sexuelle des enfants — avec ses techniques d'infantilisation dont nous avons parlé — et l'inceste. Pour le « pornocrate », il apparaît normal qu'un homme plus âgé montre la voie à une jeunette : sa fille, sa nièce, une petite voisine... On a tendance à penser qu'une femme de dix-huit ans est consentante, mais le Web nous entraîne à penser qu'une jeune fille de quinze ou seize ans peut être consentante aussi. Mais on ne dit jamais comment le consentement a été obtenu. Il suffit de penser au cas de Linda Lovelace, la *star* du porno aux États-Unis, qui devint une farouche militante contre la pornographie après avoir tourné un film culte, *Gorge profonde*.

En réalité, le consentement n'a rien à voir dans l'affaire. Pourquoi parlerait-on de consentement dans la pornographie alors que l'on n'en parle pas dans le travail, par exemple ? Tout le monde est forcé de travailler pour vivre. La question du consentement devient très importante dans l'industrie du sexe alors qu'elle ne l'est pas dans d'autres domaines de la vie sociale. S'il y a consentement, tout est permis ! C'est une étrange façon de concevoir la vie en société. Cet argument normalise ou banalise l'exploitation sexuelle. Certains chercheurs disent qu'il n'y a pas de conséquences, s'il y a consentement, et que parler de conséquences, c'est porter un jugement moral.

S'agit-il vraiment de jugement moral ? Il me semble que si l'on regarde les impacts d'un tel comportement, on est plutôt dans l'analyse sociologique, non ?

Pour certains, parler des conséquences, c'est toujours porter un jugement moral. Par exemple : si je suis un chercheur favorable à la prostitution, je ne poserai pas certaines questions. Je ne chercherai pas à savoir à quel âge telle jeune fille a commencé à être prostituée, parce que cela irait à l'encontre de l'idée de consentement. Au Canada, on sait que c'est autour de quatorze ans que les jeunes filles sont recrutées dans la prostitution. Légalement, le principe du consentement n'existe pas. Certains diront que ces jeunes font un choix rationnel, mais légalement, cet argument ne fonctionne pas. De toute façon, ces gens-là ne souhaitent pas discuter de cette question. Donc, les catégories morales ou éthiques du chercheur déterminent son type de recherche. Tout peut être ramené à des problèmes éthiques. Bien sûr, parler de « morale », actuellement, dans la société, c'est péjoratif.

Dans le domaine de la recherche ou dans le domaine journalistique, les préoccupations éthiques orientent les questions. Par exemple, si vous êtes un journaliste très sensible à la décolonisation et que votre journal vous envoie en Israël, vous n'aurez pas le même regard que celui qui est indifférent à ce problème. Les chercheurs qui sont préoccupés par l'exploitation sexuelle voudront en mesurer les conséquences sur les enfants et sur les femmes. Ils tenteront d'en convaincre les autorités. S'il n'y avait pas de conséquences à la consommation d'images pornographiques, pourquoi dépenserait-on 400 milliards de dollars par année en publicité? S'il n'y avait pas de retombées, on ne dépenserait pas autant d'argent à convaincre le public d'acheter tel ou tel produit! Pourquoi la pornographie, qui est un médium, n'aurait-elle pas de conséquences?

Dès qu'ils ont un ordinateur portable, les jeunes sont exposés à la pornographie et j'imagine qu'ils ne s'en privent pas…

Vous avez raison de dire qu'avec le Web, les jeunes découvrent très tôt la pornographie, souvent par hasard d'ailleurs, en faisant des recherches sur un autre sujet. Mais notre enquête a révélé que c'est d'abord par la télévision que les jeunes regardent des images pornographiques. Il ne faut pas minimiser le rôle de la télévision dans la pornographie. Quand la consommation commence à se faire plus régulière, Internet devient le lieu le plus important. La majorité des jeunes découvrent ce type d'images avant l'âge de quatorze ans, certains à huit ans. Voilà ce qui est préoccupant. Une personne qui se lance dans la consommation de la pornographie à vingt ans a déjà des pratiques amoureuses et sexuelles. Elle peut avoir un certain recul par rapport à ce qu'elle voit. À huit, dix, douze ans, un enfant n'a pas cette distance. Ce qu'il voit risque d'avoir un impact important et permanent sur sa vie sexuelle et amoureuse. La relation au corps et la relation à l'autre sont transformées par la consommation d'images pornographiques.

Les études démontrent que plus une personne s'engage tôt dans la consommation de la pornographie, plus elle en aura besoin régulièrement et fréquemment. Le garçon demandera à sa partenaire de reprendre des attitudes, des comportements qu'il a vus, donc des actes sexuels particuliers. De même, plus une personne commence jeune, plus elle demandera à sa ou son partenaire de consommer aussi de la pornographie. La pornographie devient un moyen de provoquer l'excitation. De même, plus une personne commence jeune, plus elle risque d'être tatouée et *body pierced*. Le besoin de transformer le corps affecte davantage les filles que les garçons. Plus les jeunes filles ont commencé jeunes à consommer de la pornographie, moins elles ont d'estime d'elles-mêmes, plus elles se heurtent à des images de femmes qu'elles n'arrivent pas à atteindre. Comme, dans la porno, les femmes sont à la fois infantilisées et ultra-féminisées, elles deviennent des modèles impossibles à atteindre pour la plupart des jeunes filles. Ces corps sont des modèles parce qu'ils apparaissent comme les corps *sexy* par excellence.

Dans la société, actuellement, il n'y a pas réellement de contre-discours à la pornographie. À part celui des parents, quand ils veulent bien s'en mêler et qu'ils ne sont pas complices dans cette entreprise pornographique. Notre enquête a révélé que 14 % des jeunes avaient découvert la pornographie à partir du matériel de leurs parents. C'est pourquoi remettre entièrement la responsabilité de l'éducation sexuelle entre les mains des parents me paraît être une démission des pouvoirs publics. Il n'y a plus de cours d'éducation sexuelle à l'école, actuellement. Il n'y a donc pas de contre-discours à la pornographie dans notre société. Et lorsqu'un tel discours se fait entendre, on dit qu'il est moraliste ou moralisateur, pour le dévaloriser. Il me semble pourtant qu'une morale basée sur le respect de l'autre est une bonne chose. Si nous ne sommes pas des êtres moraux, si la transgression fait loi, comment serons-nous des êtres humains ?

Banalisation de la sexualité donc avec, pour incidence, une déstabilisation de la rencontre avec l'autre. Pouvez-vous nous en dire un peu plus ?

La consommation de la pornographique entraîne une sorte de catapultage. Selon une enquête des ministres de l'Éducation, au Canada, la majorité des jeunes filles pratiquaient la fellation avant de donner des petits baisers à leur copain. Il y a donc une sorte de catapultage : la sexualité ne s'inscrit plus dans une progression, dans une découverte à deux. On passe de la pénétration à la fellation avant même d'avoir manifesté sa tendresse, tout simplement parce que les gestes de tendresse n'apparaissent pas dans le cinéma porno. Voilà pourquoi, les gynécologues français ont entendu tellement de jeunes filles se plaindre de douleurs dans les relations sexuelles. Il n'y a pas de préliminaires dans la pornographie. Les femmes sont toujours prêtes, elles doivent jouir facilement. Les garçons peuvent rester en érection pendant des heures dans ces films. Même s'ils auront toujours des complexes pour la taille de leur pénis, et avec le Viagra ou le Cialis, ils peuvent toujours compenser leur manque.

Pour les filles, il n'y a pas de moyens chimiques de compensation. Puis-je vous dire que le Viagra ou le Cialis sont un malheur pour les femmes prostituées ? Pour elles, il est préférable que l'acte sexuel dure trois minutes, mais avec le Viagra, il se prolonge. C'est fatigant pour elles. Pour d'autres femmes aussi, et en l'absence de préliminaires, plus l'érection dure longtemps, plus elles ont mal.

N'y aurait-il pas une perte du mystère aussi, pour les jeunes ?

Il n'y a plus de mystère maintenant dans la sexualité, tout est dévoilé dans le cinéma porno. On cherche à montrer les orifices du corps féminin, mais on débouche sur du noir. On étire le vagin, on étire l'anus et la caméra se fixe là-dessus. Le corps de l'autre n'est plus un mystère à découvrir. Il est dévoilé complètement.

Dans la vie réelle, les jeunes en viennent à trouver que le corps féminin n'est pas aussi attirant qu'ils le croyaient, parce qu'il a des défauts. Alors, comme le mystère a disparu, ce qu'ils voient ce sont les défauts. Le corps pornographique, lui, est sans défauts, évidemment avec toutes les trans-formations qu'on lui fait subir : maquillage, *body piercing*, etc. Il y a donc quelque chose de décevant, pour les jeunes, maintenant, dans la réalité du corps féminin. D'où la tendance des garçons à avoir du mal à garder une érection devant un vrai corps de femme. Cette difficulté a des répercussions sur l'estime de soi des femmes. C'est pourquoi les couples ont tendance à contourner ce problème en utilisant des objets ou une tenue vestimentaire style « putain ». « Il faut que tu m'excites ! » Les femmes transforment leur corps en fonction de l'image idéale qu'en ont les hommes. On parle de quatre mille augmentations mammaires par année au Québec, par exemple. Ce n'est pas rien !

Il y a une conséquence à tout cela : on différencie de plus en plus le sexe et l'amour. Les jeunes ont des fuck friends.

Oui, on revient aux vieilles catégories archaïques. D'un côté, il y a la femme avec laquelle on s'amuse, « la putain », « la salope », de l'autre, celle qui est plus emmerdante, avec laquelle c'est plus compliqué, mais avec laquelle on se marie. Ces icônes qui existaient avant la révolution sexuelle sont revenues en force. Elles appartenaient à l'idéologie de la prérévolution sexuelle ou de la prélibération des femmes.

Notre société baigne donc dans l'hypersexualisation, elle est axée sur la performance et le paraître. Que peut-on entrevoir comme avenir pour les jeunes ?

C'est vrai que nous sommes dans une société d'hypersexualisation, mais le plus remarquable, ce sont les résistances à l'hypersexualisation. Il suffit d'observer les jeunes filles dans le métro, beaucoup refusent de jouer le jeu de l'hypersexualisation. Certes, on le leur reproche : on leur dit qu'elles ne sont pas performantes, qu'elles ne sont pas de vraies femmes, qu'elles ne prennent pas soin d'elles. On en fait des objections à l'embauche. La pression devient très forte sur elles, mais elles résistent. Donc, en même temps qu'il y a un phénomène d'hypersexualisation dans la société, qui affecte une catégorie de la population, laquelle accepte de jouer le jeu, surtout à l'adolescence, on assiste à un mouvement de lutte contre l'air du temps. Les magazines, la publicité, la télévision nous bombardent d'images *sexy* et sexistes, dont une partie dérive directement de la porno, et une frange de la population s'en nourrit, mais une autre résiste. Actuellement, au Québec, il existe une mobilisation très forte contre l'hypersexualisation ou la sexualisation publique, comme disent les Suédois. Dans toutes les régions, on voit se constituer des groupes contre l'hypersexualisation, la pornographie, la publicité sexiste, etc. Une coalition nationale s'est formée contre les publicités sexistes, composée de centrales syndicales, du mouvement des femmes, d'organismes populaires, etc. Bien sûr, leurs idées ne se répandent pas aussi rapidement et aussi facilement que la pornographie, mais le mouvement avance. Il est le signe d'une coupure entre les médias, les arts et la réalité de la population. Un groupe de jeunes a même mis sur pied un magazine pour prendre le contre-pied des magazines féminins pour adolescentes axés sur l'hypersexualisation des jeunes filles.

Il y a donc un mouvement contre la tyrannie du « nouvel ordre sexuel ». Les gens ne résistent-ils pas justement à cette tyrannie parce qu'elle est devenue une tyrannie ?

La conception de la sexualité véhiculée par la pornographie est devenue une tyrannie, entre autres, parce qu'elle est normative. En outre, on nous promet que la conformité à ces normes sera garante d'une vie réussie.

Si l'on en croit les magazines, les émissions de télévision, les téléséries, etc., tout le monde pousse dans le même sens. Il existe de plus en plus de téléséries pornographiques, sans compter celles qui incorporent les codes pornographiques. Mais depuis dix ans, on sent à l'échelle mondiale une montée de la résistance aux grandes politiques néolibérales. Cette résistance se traduit aussi dans des mouvements contre le néolibéralisme sexuel. Mais, en même temps, l'hypersexualisation est tellement passée dans les mœurs : 85 % des participantes de notre enquête s'épilaient totalement le pubis. Bien sûr, elles peuvent le faire et résister pendant un certain temps à l'hypersexualisation dans la façon de se vêtir. Les habitudes de vie peuvent être contradictoires : on intègre certaines modes, on en combat certaines autres, mais l'influence demeure.

Est-ce que l'on pourrait parler d'un retour à la révolution industrielle du XIXe siècle où l'invention des machines semblait permettre tous les abus du capitalisme naissant à l'égard des gens qui le nourrissaient ? Est-ce que nos machines actuelles, télévision, Internet, etc., ne sont pas en train de créer d'épouvantables abus ?

Oui, des abus épouvantables. Mais en même temps, il ne faut pas oublier qu'Internet est le réseau des réseaux. Beaucoup de résistants à la mondialisation néolibérale s'organisent justement grâce à Internet. Le réseau des réseaux est aussi le monde des forums sociaux mondiaux. Pour la télévision, l'analyse est un peu plus compliquée : elle nécessite de lourds investissements et, en dehors des chaînes publiques qui restent très influencées par le secteur privé dans leur programmation, elle appartient à des propriétaires capitalistes. Ce sont eux qui déterminent ce qui sera présenté à la télévision et ils le font dans le sens de leurs intérêts.

Quand les jeunes sont touchés par la pornographie, les grands réseaux de distribution ne devraient-ils pas être imputables ?

Ils ne le sont pas, mais ils devraient l'être. Pourquoi ne le sont-ils pas ? Parce qu'Internet est né à l'époque du triomphe du néolibéralisme et de la déréglementation. Il ne fallait pas toucher à Internet ! C'est la seule industrie qui n'est pas véritablement réglementée. Un commerce l'est : il a des heures d'ouverture et de fermeture, il ne peut vendre n'importe quel produit, à n'importe quel prix, etc. La télévision aussi est réglementée. Mais il ne fallait pas instituer de lois pour Internet. Donc, personne n'est responsable. Prenons l'exemple de la pornographie infantile : on fait la chasse aux pédophiles, à ceux qui possèdent des images pornographiques dans leur ordinateur, qui en échangent, qui fréquentent certains sites, etc. Il faut bien pourtant que ces sites soient hébergés quelque part ! Alors, pourquoi les serveurs ne devraient-ils pas être poursuivis ? Pourquoi les consommateurs seraient-ils les seuls à payer la note ?

Est-ce qu'il existe des groupes pour revendiquer l'imputabilité des serveurs ?

Je n'en ai pas encore entendu parler, mais j'imagine qu'il y aura des groupes qui le feront. Déjà, la police demande la collaboration du public dans sa recherche. Je suis allée sur le Web et j'ai trouvé beaucoup de sites pédophiles. Il suffit de posséder une carte de crédit. La police découvre les pédophiles en étudiant les transactions par cartes de crédit. Or, chaque fois qu'il y a une transaction, Mastercard ou Visa encaisse de l'argent. Ces compagnies sont donc coresponsables. Pourquoi ne les poursuit-on pas ? Il y a une grande complicité dans le monde de la pornographie. Elle n'est pas seulement le lot de gens un peu fous, un peu marginalisés, un peu malades. Pour la pornographie sur le Web, on parle de revenus de 100 milliards de dollars américains par année. Si l'on compte que les transactions par cartes de crédit rapportent 5 % aux sociétés, c'est beaucoup d'argent !

On peut penser que ce marché sera finalement réglementé. Je reviens à mon exemple de la révolution industrielle, il y a eu tellement d'abus qu'on a vu naître les syndicats et une réglementation s'est imposée. Mais il a fallu passer par beaucoup de souffrance avant d'en arriver là…

D'autant plus que les consommateurs sont jeunes. Dans quelques années, on verra les véritables effets de cette consommation. L'accès généralisé à Internet a commencé en 1995 environ, il y a donc quinze ans. Déjà on en voit certains effets, comme le fait que les agresseurs sexuels soient plus jeunes et qu'ils agressent des enfants plus jeunes aussi. Mais on n'en est qu'au début. Le plus incroyable, c'est qu'il n'y a pas de recherches actuellement au Canada sur les effets de la consommation de la pornographie pour les jeunes. Je suis le seul à en faire et je n'ai pas de subvention. Donc, qu'il y ait des effets ou non, on ne le saura jamais puisqu'il n'y a pas de recherches sur le sujet. Les journaux et la télévision rapporteront des anecdotes, mais ce sera tout. Par exemple, on sait que les jeunes font des fellations dans les autobus scolaires, ils appellent ce jeu le *life saver* : deux filles mettent des rouges à lèvres de couleurs différentes et pratiquent une fellation. La gagnante est celle qui sera allée le plus loin… Donc, on en restera aux anecdotes. Puis quelqu'un déclarera que c'est marginal, que ce n'est que pour s'amuser et l'analyse sera terminée, parce que l'on n'aura pas de vue d'ensemble pour interpréter les anecdotes.

Comment en êtes-vous venu à vous intéresser à cette question ?

C'est à cause de ma migration en Ontario. Je suis arrivé dans l'Outaouais en 1981 et en 1982, nous avons créé un comité masculin contre le sexisme. Avec l'arrivée de chaînes payantes à la télévision, nous avons commencé une lutte contre la pornographie et nous avons demandé l'établissement de règlements. Les féministes se sont intéressées à ce comité et elles ont voulu connaître notre position sur la pornographie. Je me suis proposé comme sociologue de faire de la recherche sur la question. Voilà comment tout a commencé…

*On aime vraiment ses parents
quand on aime leurs défauts
et non leurs qualités*

Marcel Rufo

Pédopsychiatre français de grande réputation, Marcel Rufo est né à Toulon, en 1944, de parents italiens. Il s'est fait connaître grâce à de nombreuses émissions de radio où il répond aux questions du grand public sur la famille, les enfants et les adolescents.

Parmi ses nombreuses publications, il faut citer : Détache-moi ! Se séparer pour grandir *(Paris, Anne Carrière, 2005 – LGF, Livre de poche, 2007),* Les nouveaux ados : comment vivre avec ? *(Paris, Bayard, 2006),* La vie en désordre : voyage en adolescence *(Paris, Anne Carrière, 2007),* Chacun cherche un père *(Paris, Anne Carrière, 2009),* Comprendre pour éduquer, *Abécédaire livre et DVD, 6 h de consultations avec Marcel Rufo (Paris, Anne Carrière, 2010). Son livre* Tout ce que vous ne devriez jamais savoir sur la sexualité de vos enfants *(Paris, Anne Carrière, 2003) a suscité diverses polémiques. Marcel Rufo a été directeur de la Maison Solenn pour les adolescents, à l'hôpital Cochin de Paris de 2004 à 2007. Depuis son retour à Marseille, il a pris la direction médicale de l'Espace Méditerranéen de l'Adolescence.*

Marcel Rufo

Professeur Rufo, vous êtes fils d'immigrants. Enfant, vous parliez italien, je crois. Ressentez-vous de la sympathie pour la cause des enfants immigrés dont la vie n'est pas facile dans le pays d'accueil, surtout quand il s'agit de la France où l'immigration est très importante ?

Oui, ma première langue a été l'italien. Si je regarde l'histoire de ma famille, ceux qui ont émigré étaient surtout des gens malheureux qui quittaient l'Italie dans l'espoir d'une vie meilleure. Chacun a une sorte de roman de l'émigration, un roman du «partir». L'un dira : «J'étais persécuté par les fascistes», un autre : «J'avais une belle histoire d'amour pour laquelle il a fallu que je m'éloigne…» Mais, en réalité, ils quittaient leur pays surtout à cause de la misère ou du malheur. Ces gens jouaient toutes leurs billes dans l'aventure, un peu comme au casino. Ils pariaient sur le futur pour leurs enfants : «Tu réussiras mieux que moi… Toi, tu auras une belle vie.»

Dans ce départ, il y avait un double mouvement : miser sur le futur et rompre avec le passé. C'était assez redoutable. Vous le savez mieux que nous, en Amérique du Nord, parce que même si l'on dit que la France est un vieux pays, vous avez une tradition plus ancienne que la nôtre dans le «partir». Vous savez bien ce que c'est que d'aller conquérir de nouveaux espaces en abandonnant la Bretagne, par exemple, pour les Québécois, en abandonnant son pays. Moi, enfant d'immigrants, j'étais dans la situation extrêmement confortable de celui qui n'a rien à perdre et qui, au contraire, a tout à gagner, à condition de respecter ses origines italiennes [1].

---

1. Marcel Rufo est né à Toulon, en France, en 1944.

Aujourd'hui, quelles sont les plus grandes difficultés auxquelles les enfants de l'immigration ont à faire face ?

La plus grosse difficulté est peut-être la perte du passé. L'historien Fernand Braudel a dit cette phrase magique : « On n'a pas d'avenir si l'on n'a pas de passé. » C'est pourquoi je suis toujours frappé par les adolescents des banlieues en France : ils ignorent tout de leurs grands-parents, de leur pays d'origine. Les jeunes du Maghreb sont plus Français que moi. Quatre générations les séparent parfois du pays qu'ils ont perdu. Ma famille et moi, nous n'avons jamais perdu le souvenir de notre lieu d'origine, ni nos liens avec ceux qui sont restés là-bas. Nous retrouvons certains aspects de notre passé à l'occasion d'une fête, par exemple, ou à travers une particularité comme la manière de faire cuire un poisson. Les jeunes que je vois dans les banlieues sont perdus et carencés dans leurs racines. Je crois que l'une des solutions, pour arriver à ce que ces Français d'autres origines soient à l'aise dans ce pays, c'est de les aider à retrouver les traces culturelles qu'ils ont perdues. Ils ne pourront se construire un avenir qu'à cette condition.

C'est un vrai débat parce que ces propos sont toujours suspectés de religiosité. J'exclus vraiment l'aspect religieux dans cette question. L'une des choses les plus troublantes pour moi, c'est de regarder les immeubles des cités dans lesquels les immigrés sont entassés, en Seine-Saint-Denis par exemple. Ces constructions imaginées par les architectes, les fonctionnaires, Le Corbusier, sont un véritable génocide architectural. Ils interdisent toute mixité sociale. Les jeunes de ces grands ensembles n'ont aucune chance de s'en sortir. Le sociologue Éric Maurin a bien montré que dès que l'un d'entre eux, garçon ou fille, réussit un peu mieux que les autres, il s'empresse de déménager pour donner une meilleure chance à ses enfants. Plus troublant encore est le fait que lorsqu'une fille ou un garçon, issu de l'immigration, obtient de bonnes notes à l'école, il est traité de bouffon. On se moque de lui. Pourtant nous savons bien que les véritables moyens d'intégration sont l'éducation et la culture, l'armée ou le sport, le football ou le rugby. Le fait que le moyen d'intégration le plus générique, l'école, soit attaqué dans ses fondements me semble un problème assez sérieux. Car l'école représente la chance d'apprendre : on est moins violent quand on pense. Le passage à l'acte violent est chaque fois un trouble de la pensée.

Ils perdent leur langue maternelle aussi.

Il existe un exemple assez intéressant sur lequel les chercheurs se penchent actuellement. En Corse, on trouve une énorme population immigrante marocaine : quarante ou cinquante mille immigrés sur trois cent mille habitants. Les jeunes apprennent la langue corse, ils se «corsisent». Ils chantent les chants traditionnels et ils parlent mieux le corse que les enfants du pays qui ne le parlent pratiquement plus. Peut-être que mon propos pourra paraître passéiste, mais je crois fondamentalement que le passé fonde l'avenir. J'insiste d'autant plus là-dessus qu'un pédopsychiatre est un explorateur et un chercheur d'enfance. Les seules armes dont nous disposons dans notre travail sont la narrativité, l'histoire passée, le souvenir reconstruit. Je suis peut-être contaminé par ma spécialité.

Vous comprenez les révoltes des jeunes dans les banlieues, comme on en a vu en France, en 2005, 2007 ?

À cette époque, je dirigeais la Maison de Solenn pour adolescents à Paris et j'avais été chargé par le pouvoir politique d'examiner les jeunes qui avaient été arrêtés à l'occasion de ces événements. Une question m'a troublé : où étaient les pères ? Parce que, imaginons la scène : il est minuit, les pompiers et les policiers ont dressé des barrages, un enfant est arrêté. Pourquoi cet enfant n'est-il pas à la maison ? Pourquoi n'y a-t-il personne pour lui dire : «Rentre à la maison à telle heure» ? Pourquoi un jeune de quatorze ans qui met le feu à des voitures se retrouve-t-il satisfait de passer à la télévision et d'être vu en train de sauter sur des toits de voiture ? En réalité, les pères sont tellement malheureux, tellement démunis quant à leur propre identité qu'ils ne peuvent pas transmettre d'identité à leurs enfants. Le problème, ce sont les pères. Les mères, elles, sont plus courageuses. Un père cassé, un père détruit ne peut pas transmettre un minimum d'histoires, de récits héroïques à ses enfants. Il faut que le père soit un héros. Certains hommes sont tellement blessés dans leur image d'eux-mêmes qu'ils ne peuvent rien transmettre. Que reste-t-il alors aux adolescents, sinon le passage à l'acte violent contre cette société qui n'a pas su reconnaître leur père ?

La société a-t-elle un rôle à jouer dans l'intégration ? Est-il inéluctable qu'un immigrant de première génération perde ses repères et ait une vie difficile ?

Je crois qu'une famille qui émigre traverse trois grandes périodes. La première génération quitte le pays et va s'installer ailleurs. La deuxième a pour mission de réussir dans le nouveau pays. La troisième, d'oublier ses origines. J'en ajouterais une quatrième : celle qui peut y revenir avec volupté. Je me dis parfois que si l'Algérie créait un tourisme intergénérationnel et invitait les enfants des Pieds-Noirs[2] à visiter le pays de leurs grands-parents ou de leurs arrière-grands-parents, ce pourrait être une manne touristique pour elle. Plutôt que d'inviter au regret et à la culpabilité, le président devrait plutôt créer ce tourisme intergénérationnel, inviter ceux qui sont partis à retrouver des fêtes communes, des moments de chaleur. Albert Camus, s'il était encore vivant, ne ressemblerait-il pas à un Algérien ? Je crois que cet écrivain est l'exemple parfait de la perte et des retrouvailles possibles.

Je voudrais aborder avec vous la question du divorce, des ruptures. Les parents ne démontrent-ils pas là une forme d'immaturité devant leurs responsabilités familiales ?

Je ne crois pas. Mais j'observe un phénomène mondial qui est celui du «jeunisme». Il ne faut pas dire à une femme de quarante-cinq ans qu'elle est vieille aujourd'hui, elle le prendrait mal. Alors, comment être adolescent devant ces jeunes parents, ces parents-adolescents qui mélangent la crise naturelle de l'adolescence à leur propre crise de la quarantaine ? Freud a décrit cette crise de la quarantaine qui, à mon avis, est davantage une crise de la cinquantaine aujourd'hui : « Je veux vivre, je veux être heureux, je veux me "recomposer", je veux rencontrer un homme ou une femme… »

Nous observons actuellement un phénomène incroyable : dans les grossesses tardives, pour les femmes de trente-huit à quarante ans, où l'amniocentèse est prescrite et remboursée par la Sécurité sociale, 10 à 12 % de ces femmes ont dix à quinze ans de plus que l'homme à qui elles font un enfant ! J'appellerais cela «le syndrome de Faustine». Après Faust, qui soupirait après une deuxième vie, voici maintenant « Faustine » qui veut tellement être jeune encore qu'elle se fait faire un enfant par un homme plus jeune qu'elle. Ne voyez pas là le propos classique d'un *macho* du Sud. Je trouve par ailleurs assez intéressant

---

2. Appellation qui désigne les Français installés en Afrique du Nord jusqu'à l'indépendance, en 1956.

que les femmes développent leur côté « cougar[3] », comme les jeunes hommes. Mais pour un adolescent, la question qui se pose est la suivante : « Comment je vais faire, moi, pour affirmer que le monde m'appartient maintenant et non à l'ancienne génération, à ces soixante-huitards[4] qui s'obstinent à rester jeunes ? » C'est un vrai problème : comment les parents peuvent-ils résister au fait de devenir des adultes alors qu'ils ont des enfants ? L'exemple typique, pour le psychiatre d'adolescents que je suis, est celui de parents qui viennent me consulter pour des questions comme : « Écoutez, il a fumé du hachisch, qu'est-ce qu'il faut faire ? » Je réponds : « Dites-lui non ! — Ah, bon ? Vous croyez ? » Et ils me regardent comme si j'étais le penseur absolu. Ou bien cet autre parent qui me dit : « Elle a quinze ans, c'est le troisième camarade qu'elle amène à la maison, que dois-je faire ? » Je lui dis : « Attendez que la grand-mère parte en voyage pour que votre fille aille plutôt chez sa grand-mère avec ses camarades[5]. » Ils me regardent, tout étonnés : « Ah, bon ? Vous croyez ? » Ce sont des choses d'une telle simplicité que parfois je me dis que si mes parents et mes grands-parents assistaient à la consultation, ils ne comprendraient plus le monde dans lequel nous vivons. Peut-être que dans deux cents ans, les psychosociologues qui étudieront notre époque la verront comme une véritable bascule des notions familiales anciennes en train de disparaître ?

En même temps, quand on demande aux adolescents d'aujourd'hui s'ils veulent être riches, célèbres, amoureux, heureux ou avoir une famille, dans tous les sondages, ils choisissent d'abord la famille. Il y a une vingtaine d'années, j'avais écrit un article dans lequel je disais : « Si vous voulez divorcer, faites-le

---

3. Une cougar désigne une femme généralement de plus de quarante ans qui cherche ou fréquente des hommes plus jeunes, ayant au moins huit ans de moins qu'elles. Ce sont des femmes célibataires, indépendantes qui entretiennent leur corps. Mais leur principale caractéristique reste qu'elles aiment prendre l'initiative dans les rapports amoureux et garder le contrôle. Voir site : [http://fr.wikipedia.org/wiki/Cougar_(femme)].

4. On appelle ainsi les personnes qui étaient jeunes en Mai '68 et qui ont participé au bouleversement social de cette époque, en réclamant la libération du joug des anciennes règles, la créativité, le pouvoir aux jeunes, etc.

5. Dans une entrevue avec Valérie Colin-Simard, à propos de son livre *Tout ce que vous ne devriez jamais savoir sur la sexualité de vos enfants* (Paris, Le livre de poche 2005), M. RUFO répond ainsi à la question « Quelles sont les erreurs à éviter ? – Participer aux amours adolescentes. Je vois de plus en plus de parents qui accueillent sous leur toit des petits couples de quinze-seize ans. Des parents n'ont pas à se mettre dans la position de pouvoir entendre les émois de leur fille ou de leur fils. Naître à la sexualité passe par la construction ou la découverte d'un lieu pour aimer. On ne fait pas l'amour dans la chambre qui côtoie celle de ses parents. » Voir site : [www.psychologies.com/Famille/Ados/Sexualite-des-ados/Livres/Tout-ce-que-vous-ne-devriez-jamais-savoir-sur-la-sexualite-de-vos-enfants] nov. 2010.

quand l'enfant a de six à douze ans. Avant, c'est un peu embêtant parce qu'il est petit et qu'il a besoin d'images fortes. Après douze ans, il a besoin de les démolir. Donc entre six et douze ans, dans la phase de latence, quand il est au primaire, allez-y.» Un journaliste avait pris cette affirmation à la lettre, alors que moi, je m'amusais un peu. On a pu voir à la une d'un grand journal français: «Rufo nous dit: "Divorcez entre six et douze".» Vous imaginez les conséquences!

Donc vous dites oui à une certaine forme d'immaturité chez des parents, au «jeunisme», mais est-ce que certains adultes ne devraient pas tout simplement ne pas avoir d'enfants?

C'est intéressant, cette question, et elle me rappelle des termes de mon enfance que l'on n'entend plus : « vieux garçon », « vieille fille ». Je vous fais une petite mise en scène, un peu à la Georges Perec[6]: ma famille habitait au troisième étage d'un immeuble et au deuxième étage il y avait un vieux garçon et une vieille fille qui se détestaient. Moi, j'aimais bien cette vieille fille parce qu'elle faisait des tartes aux pommes somptueuses et j'aimais le vieux garçon parce que c'était un fin connaisseur du rugby, qui est vraiment le sport que je préfère. Je visitais l'un et l'autre et j'étais un peu le médiateur. Sans le savoir, je jouais déjà le rôle de pédopsychiatre. Je faisais attention de taper doucement à la porte de la vieille fille et doucement aussi à la porte du vieux garçon. Ils avaient tous les deux une véritable affection pour moi. Je n'étais pas leur enfant et ils ne se sentaient aucune responsabilité à mon égard, mais j'étais peut-être l'enfant qu'ils imaginaient avoir été ou pas. Puis je suis devenu psychiatre et j'ai continué d'aller voir mes parents qui habitaient toujours le même immeuble. Alors, je rencontre aussi les deux qui commencent à se confier à moi. La vieille fille me dit: «Je voudrais te dire quelque chose. Depuis des années, je rêve toutes les nuits de serpents. Qu'en penses-tu?» N'importe quel psy sait que le serpent est un symbole phallique. On pense serpent, démon, Adam et Ève… Alors, je lui dis que le serpent représente une thématique sexuelle. Elle me dit: «Oh! Tu es dégueulasse!» Et pendant quelque temps, il n'y a plus eu de tarte aux pommes. C'est le refus de la psychanalyse. Dans l'autre appartement, c'est encore plus intéressant. Le vieux garçon, qui est un employé de la municipalité, me dit: «Moi, je suis très organisé. Je ne suis jamais en retard. Je prépare tout et je compte même le nombre de pas

---

6. Écrivain français qui a marqué son époque par sa recherche de nouvelles façons d'écrire. Il est mort en 1982, en laissant derrière lui une œuvre particulièrement originale.

qu'il me faut pour me rendre à mon travail, tous les matins. Mais j'ai un ennui : quand je fais deux pas de trop, il faut que je retourne au début et là, je suis en retard. » C'était une véritable névrose obsessionnelle qui s'était installée parce que le vieux garçon était enfermé dans une vie isolée.

C'est une anecdote, une boutade, mais je crois qu'actuellement nous voyons se développer une véritable pathologie sociétale avec le culte du bonheur. Tout le monde veut être heureux. Or, ce qui est fondateur, c'est le malheur, ce sont les épreuves que l'on rencontre dans la vie. J'espère qu'en disant cela je ne blesserai pas tous mes camarades, spécialistes du bonheur, comme on en voit beaucoup en France en ce moment. Ils font fortune parce que dire comment être heureux est plus rentable que publier un livre sur comment être malheureux. Mais, si l'on y réfléchit un peu, le leurre du bonheur n'est jamais qu'un mécanisme de défense contre les épreuves que l'on doit traverser dans la vie. Et c'est vrai que je suis mal placé pour en parler puisque je ne vois que des adolescents qui ne vont pas bien. Mon propos est à nuancer, évidemment, parce que je ne vois pas les 85 % d'adolescents français qui se portent bien, mais les 15 % qui vont mal.

Est-ce qu'ils souffrent beaucoup de la rupture de leurs parents ?

Beaucoup. C'est un traumatisme, et je ne dis pas cela pour faire catholique, apostolique et romain, malgré mes origines italiennes, n'est-ce pas. Et ce n'est pas un avis en l'air. C'est une question sur laquelle j'ai travaillé avec Marie Choquet[7] et nous avons pu constater que la séparation et ses conséquences causent toujours des dommages à l'enfant. Je ne suis pas contre la séparation, mais c'est difficile.

Cela touche à la question de l'idéalisation des parents. L'imaginaire porté sur les parents est plus important que la réalité. Imaginer quelqu'un qui n'est pas là est plus difficile que d'imaginer quelqu'un qui est présent. Parce que dans le fait d'imaginer, il n'y a pas que la pensée, il y a aussi les perceptions, les hallucinations, les représentations et, bien sûr maintenant, il y a aussi la télévision. D'où le succès de certaines séries télévisuelles dans lesquelles on assiste à des ruptures. Quand j'étais petit, dans les contes de fées, on trouvait

---

7. Psychologue et directrice de recherche à l'unité de la santé des adolescents de l'Institut national de la santé et de la recherche médiale (INSERM), en France.

des orphelins, des enfants dévorés. Maintenant, ce sont les enfants de couples séparés qui deviennent la thématique courante. Charles Perrault et Charles Dickens devraient faire des contes sur les divorces maintenant.

Quelle devrait être l'attitude des parents qui divorcent ?

Françoise Dolto disait quelque chose de délicieux et de faux dans son livre *Quand les parents se séparent*[8], et je m'étais disputé avec elle à la fin d'un séjour. Elle a écrit ce livre avec l'une de mes amies, Inès Angelino, et en effet, il n'y a pas plus angélique que ce livre ! Selon elles, il faut dire aux enfants que les parents se séparent, mais qu'ils restent leurs parents. Qu'ils les ont faits dans l'amour et qu'ils les aimeront toujours. On voit là le côté catholique de Françoise Dolto qui ne savait pas ce qu'était la séparation. Elle s'était d'ailleurs mariée assez tard avec Boris Dolto. Alors, elle m'envoie ce livre et me demande ce que j'en pense. Je lui dis : « Écoutez, vous avez déjà écrit des bêtises, mais celle-là les dépasse toutes ! » Elle répond : « Vous êtes terrible ! » Je m'explique : « Vous savez, Françoise, dans une séparation, la femme est une salope et le mari, un fumier. Ce n'est pas du tout ce que vous dites dans votre livre. Et ce n'est pas en mettant de la pommade, une pommade de bonheur que vous allez résoudre les problèmes que je vois dans les divorces pathologiques. » Elle a beaucoup ri et elle m'a dit : « Vous êtes insupportable ! » Plus tard, elle m'a envoyé un petit mot très touchant que j'ai retrouvé l'autre jour : « Venez vite vous disputer avec moi, encore une fois. Je suis très fatiguée. » Elle signe « Françoise » avec une marguerite. Elle est morte quinze jours plus tard, sans que j'aie pu me « disputer » avec elle.

Mais tous les jours, en consultation, je revois cette histoire. Un couple d'intellectuels très sympathique vient me voir. Ils ont un petit garçon de cinq ans et une petite fille de trois ans. Les enfants sont présents à l'entrevue et ils me disent : « Voilà, on va se séparer et on ne leur en a pas encore parlé… » Je dis : « C'est fait ! » Ils sont surpris et ils disent : « On ne voudrait pas qu'ils souffrent. » Je leur dis : « Eh bien, vous reviendrez me voir quand ils souffriront ! » Parce qu'on ne peut pas faire de prévention, ici. Comment savoir comment réagira un enfant de cinq ans, quelle est sa vulnérabilité, sa fragilité, devant un événement aussi traumatique ? Je ne fais pas un plaidoyer anti-divorce, mais le conseil que je pourrais donner est le suivant : attention au

---

8. Paris, Éditions du Seuil, 1988.

plus fragile, à l'enfant qui nous ressemble le moins, à l'enfant qui ressemble le plus au conjoint que l'on a quitté. Les projections sont multiples. En fait, la séparation crée du travail pour les pédopsychiatres pour mille ans. On peut être tranquilles ! Et puis, je suis sûr que dans trente ans, on viendra me voir en disant : « On vient vous voir parce que vous avez publié quelque chose d'intéressant. Voici un couple qui maintient une relation depuis trente ans, c'est tout à fait singulier. Est-ce que cet enfant n'a pas besoin d'une psychothérapie ? » Comprenez : parce que ses parents ne se sont pas séparés…

C'est bien possible, en effet. Est-ce qu'un enfant peut sortir plus fort d'une épreuve comme celle-là, puisque le malheur est fondateur ?

Vous faites référence à mon ami Boris Cyrulnik. Nous sommes amis depuis trente ans ; j'adore son brio intellectuel, sa capacité de mettre ensemble des théories difficiles et de faire une sorte de ragoût génial que tout le monde déguste. Mais moi, je suis un clinicien, je ne suis pas un théoricien. Je vois des gens en souffrance et quand on a des malheurs, on est plus fragile. On n'est pas plus fort par les malheurs que l'on rencontre. Il faut faire attention à la théorie de la résilience qu'il a tellement développée, en relation avec le concept anglo-saxon de la physique. On ne peut pas dire : « Tu n'es pas résilient, c'est de ta faute. Tu n'avais qu'à être résilient ! » Moi, je m'occupe de ceux qui ne le sont pas, justement ; les résilients, je ne les vois pas. Les résilients, je les vois à la télévision, dans les médias, je lis leurs romans. Mais je m'occupe de ceux qui n'ont pas la capacité énergique de rebondir, à partir d'un malheur, sur une vulnérabilité antérieure. Je ne vois pas pourquoi quelqu'un qui va bien viendrait me voir. Donc, la résilience est un concept optimiste. S'il est mal compris, il peut y avoir des conséquences. Je pense à un éducateur spécialisé qui l'est devenu parce qu'il a souffert. Il court le risque de développer un contre-transfert avec un enfant qui ne résiste pas, parce que lui-même n'a pas beaucoup résisté.

C'est après coup que l'on peut affirmer : « Tu avais de l'énergie pour faire cela. » Mais quand je suis dans l'action… Prenons un exemple : je me suis retrouvé coincé à Madrid à cause de l'éruption du volcan islandais. J'étais bien, je suis allé à Barcelone, j'ai bien mangé, j'étais résilient. Puis, je suis rentré en voiture. Mais je voyais des familles avec quatre enfants qui restaient bloqués à Madrid. Alors, moi j'étais résilient et pas eux ? C'est peut-être une théorie qui convient très bien à Boris. Il a traversé de telles épreuves qu'il en est devenu intéressant, passionnant, brillant, sympathique. Mais qui a ses qualités et qui ne les a pas?

Voici une tout autre question: au Québec, on prescrit beaucoup de Ritalin aux enfants, qu'en pensez-vous?

Dans ma formation, dans ma pratique, il n'y a pas ce principe: un symptôme = un médicament. Plus je vis dans ce métier, moins je suis tenté par les classifications, moins je suis nosographique. Je crois plutôt à la rencontre individuelle. Je suis peut-être une personne qui fait un travail sur mesure plutôt qu'un travail de regroupement de cohortes. C'est un premier point.

Deuxièmement, on sait depuis toujours que les amphétamines ont un effet paradoxal chez les enfants, de même que le Gardénal, par exemple. Quand on le prescrivait pour des convulsions fébriles, il énervait les enfants alors qu'il endormait les adultes. On sait bien que la pharmacopée a des effets différents chez les enfants. D'ailleurs, j'ai publié, avec Henri Gastaut[9], il y a longtemps, un article sur l'intérêt des amphétamines pour soigner des syndromes un peu particuliers chez les enfants autistes. Ils se mettaient en détresse respiratoire pour se déclencher des crises. Donc, loin de moi l'idée que les médicaments sont inutiles. Mais je me méfie de la simplification extrême: il a un trouble de la concentration, il bouge, donc avec la Ritaline ou le Concerta, il ira mieux. On le prescrit jusqu'à douze ans, en dehors des vacances, et après on verra. Cela m'apparaît un peu rapide. Je préfère que les médecins se prescrivent des médicaments à eux-mêmes plutôt qu'ils en prescrivent aux autres. Vous savez, en France, on est vraiment grotesque dans la prescription des antidé-presseurs et des tranquillisants. Parce que ceux qui font les prescriptions sont les représentants des laboratoires. Ce sont des délégués médicaux qui vont voir les médecins généralistes et qui ensuite les emmènent en Tunisie. Ces médecins prescrivent ensuite le médicament. C'est purement scandaleux! L'un de mes amis intimes, qui travaillait à Harvard, m'a dit: «Tenez bon, parce qu'ici c'est une épidémie à laquelle nous n'arrivons plus à résister, en Amérique du Nord.»

---

9. Professeur de neurophysiologie clinique à la Faculté de médecine de Marseille. Il est décédé en 1995.

Au début, je me suis donc opposé très fermement. Il y avait un coureur cycliste français qui était reconnu pour prendre des amphétamines, Richard Virenque. Alors, je disais : « Vous voulez que vos enfants soient des Richard Virenque, plus tard ? » Je disais des bêtises, alors, mais je dis aujourd'hui que la question qui se pose est la question de l'indication ou de la contre-indication. La Ritaline n'est pas à la portée de tout le monde et elle ne peut pas être prescrite n'importe comment, il doit y avoir une surveillance. Je n'ai aucune sympathie pour les laboratoires de pharmacie qui font des affaires sur le malheur.

Pourquoi y a-t-il tant d'enfants qui souffrent de déficit d'attention ?

Oui, mais on peut être instable et intelligent ! Est-ce que tous les enfants doivent être pareils, tous bons en mathématiques, bons en français, cohérents, médaillés d'or aux Jeux olympiques ? Est-ce que certains n'ont pas le droit d'être originaux ?

On entre là dans une perfection idiote. On aime vraiment ses parents quand on aime leurs défauts et non leurs qualités. Une mère sympa, un père toujours présent, comment ne pas l'aimer ? Au contraire, s'il est un peu variable, si la mère s'énerve de temps en temps et que tu les aimes, tu as admis leurs défauts. C'est la même chose pour les parents : il ne faut pas chercher à avoir un enfant imaginaire, qui est celui que l'on aurait voulu être. Sinon, le drame est en route. L'enfant est un hasard, une chance, une originalité, une rencontre. Ce n'est pas une personne rêvée. Il est nouveau, il est lui. C'est quand même plus intéressant que la monotonie, n'est-ce pas ? Finalement, plus j'avance dans la question, plus je pense que je ne suis pas favorable à la Ritaline.

Le haschich est terrible pour les adolescents. Ça m'est égal qu'il fume ou non, mais quand il a l'air d'un abruti en face de moi et qu'il ricane, je lui dis : « Tu es vraiment content d'avoir l'air d'un idiot ? C'est ton *way of life* d'avoir l'air d'un idiot qui ricane ou qui croit écouter mieux un saxophone ténor parce qu'il ne sait pas en jouer ? » La Ritaline, c'est de la came, de la drogue. L'ecstasy, c'est de la Ritaline.

Que penser des jeunes maintenant, avec le fameux Internet et les jeux vidéo ?
La violence dans tout cela…

Je suis très favorable à Internet, moi. Je pense que dans quelques années, il ne sera pas possible de monter un service pour les adolescents qui ne soit pas sur la Toile. Pourquoi ? D'ici quelques années, nous sommes en train de le faire d'ailleurs, nous allons créer un service de préconsultation. Les adolescents pourront communiquer avec nous par Internet, par Mail et on les verra après. On pourra établir combien d'adolescents seront venus à nous après avoir eu un entretien préalable sur la Toile. Combien de gens se sont engagés dans une psychothérapie personnelle après avoir eu un premier entretien téléphonique ? Est-ce qu'on a parlé d'interdire le téléphone ? Bien sûr que non. Je suis pour l'utilisation des nouveaux moyens et, en plus, des moyens que les adolescents maîtrisent mieux que les adultes.

À la Maison de Solenn pour les adolescents, nous avions un groupe de jeunes accros des jeux vidéo. Nous les avons fait jouer avec un psychiatre et des psychologues pour qu'ils leur apprennent à jouer. C'était passionnant de voir comment ces spécialistes sont devenus eux-mêmes dépendants des jeux en réseau. Les adolescents disaient : « On en a marre de ce jeu. » Ça me plaisait beaucoup de voir les adultes malades, pendant que les adolescents étaient prêts à abandonner un jeu pour passer à un autre. Ne diabolisons pas ou, s'il le faut, diabolisons la Ritaline, pas Internet.

Oui, mais il rend l'accès à la pornographie très facile.

La pornographie a toujours existé. Bien sûr que sur la Toile il y a des prédateurs qui se déguisent en adolescents. Mais ils sont aussi présents à la sortie des écoles. Ce n'est pas Internet qui a créé les prédateurs. Les prédateurs ont tout simplement utilisé ce nouveau moyen. Mais c'est comme ça depuis le début de l'histoire du monde. Le fameux contrôle parental est un leurre, ils sont dix fois plus forts que les parents !

Je vous donne un exemple : une jeune fille va sur la Toile et un prédateur lui dit : « Déshabille-toi et masturbe-toi devant la caméra ! » Et elle le fait. Mais c'est elle le problème, pas le prédateur. Pourquoi le fait-elle ? Les parents sont venus me voir en disant : « Aidez-nous à le retrouver. » Je m'en fiche de cet abruti ! Ce qui m'intéresse, c'est la fragilité de la petite : pourquoi accepte-t-elle de faire ça ? Si je me trouvais moi, dans la même situation, je ne ferais pas.

Alors, pourquoi le fait-elle? L'ordinateur ne rend pas malade, au contraire, il permet même un repérage. Il faut que l'on repère la fragilité de cette petite fille. Pour moi, c'est la même fragilité qui entraîne des relations sexuelles précoces multiples à douze ou treize ans. Une petite fille qui a quinze, vingt, trente relations sexuelles par mois, à treize ans, souffre de la même pathologie que celle qui se masturbe devant une caméra, à la demande d'un prédateur.

Alors, est-ce que l'ordinateur ne devient pas aussi un moyen clinique sur lequel on peut s'appuyer? Dans notre service, nous allons donc mettre en place un grand système sur la Toile pour essayer de communiquer avec les adolescents à la grandeur du pays. Ce sera une manière de dire: «Tu es loin, tu habites le Massif Central[10], mais nous sommes avec toi et nous voulons te consulter. Ensuite, un collègue de ta région entrera en contact avec toi.» Mais si un jeune est à la campagne et qu'il pense à se suicider, s'il a un ordinateur, ce n'est pas rien!

Bien sûr. Je vois bien tous les avantages d'Internet, mais quel type de sexualité retrouverons-nous chez les adolescents qui consomment de la pornographie, qui sont rivés à leur écran en train de regarder des images incroyables?

Rappelez-vous votre adolescence. Dès que l'on pouvait ramasser un *Playboy* et regarder des filles nues, on trouvait ça génial, non? C'est plus facile pour les jeunes d'aujourd'hui. Mais peut-on penser que dans une civilisation de l'image comme la nôtre aujourd'hui, certaines images seraient interdites aux adolescents? C'est impossible. Je crois que la vraie relation sexuelle est tellement différente de celle que l'on voit dans la pornographie qu'ils savent faire la différence. Par exemple, l'autre jour, on m'amène un petit garçon de cinq ans dont la mère a porté plainte parce que le père regarde des films pornographiques pendant les visites du garçon, le week-end. L'homme a toujours des cassettes pornos chez lui et le petit les a regardées pendant que son père était allé boire un coup. Il rentre chez sa mère et il parle de ce qu'il a vu. La mère s'écrie: «Ah! mon ex-mari est un pédophile!» L'enfant m'est envoyé par le juge. Il est visiblement très malin. Je lui demande: «Tu sais pourquoi je te vois? — Ah! Ça va! C'est pour les cassettes vidéo de mon père. — Tu sais, il y a... — Oui, mais ça va! Toi aussi tu aimes bien parler de ça?» Je dis: «Oui, oui, j'espère que c'est la dernière fois!» Alors, il me dit: «Mais tu veux quoi, que je te

---

10. Région du centre-sud de la France, qui comprend l'Auvergne et le Limousin.

raconte quoi, comme j'ai raconté aux autres ? » Je réponds : « Qu'est-ce que ça t'a fait ? À quoi tu penses ? » Il me dit : « Écoute, je vais te dire. Tu as du papier et un crayon ? » Alors, il me dessine un homme avec un gigantesque pénis. Il me dit : « Tu vois, ça c'est ce que j'ai vu dans le film. Mais mon papa il a un zizi beaucoup plus petit et moi aussi. C'est du cinéma. » Fabuleux petit garçon ! Alors j'ai envoyé un rapport au juge qui disait : « Vous savez, honnêtement, il n'y aura pas de conséquences. » Quant à la curabilité du père, je ne vais pas entreprendre avec lui une psychothérapie. Il ne comprendrait pas pourquoi il est soigné, alors qu'il n'est pas malade ! Il ne l'est peut-être pas, d'ailleurs. Sa maturation en ce qui concerne la sexualité n'est peut-être pas finie, mais je ne vais pas attaquer cet homme.

Je veux donc dire que la pornographie peut être un joli révélateur. Mais la police arrive-t-elle à supprimer les prédateurs sexuels ? Est-ce que l'agression sexuelle est supprimée par l'existence d'une loi ? Ce qui peut protéger l'enfant de tout cela, c'est la pudeur. Les parents ont tout intérêt à être tout à fait pudiques avec leurs enfants, dès l'âge de cinq ou six ans : « Plus de bains ensemble, tu te laves tout seul, tu vas aux toilettes tout seul. » Il faut que l'enfant sache que son corps lui appartient. C'est par la pudeur que l'enfant se protégera du prédateur.

Vous avez parlé de Boris Cyrulnik, de Françoise Dolto, j'aimerais vous entendre sur Élisabeth Badinter[11]*.*

La dernière fois que je suis allé au Québec, j'ai déclenché une émeute avec la *Ligue La Leche*[12]. J'ai une position très claire sur cette question. Je me méfie de votre congé maternité d'un an pour allaiter. Je me méfie du Québec depuis que j'ai affronté les foudres de cette association qui, quel que soit son intérêt, m'inquiète à cause du radicalisme de sa position. Je crois que l'on peut être une excellente maman sans allaiter, mais que c'est bien d'allaiter.

Combien de temps ? J'ai là-dessus une position de « développementaliste » et non une position de pédiatre, d'immunologue ou de membre d'une association comme la *Ligue La Leche*. Je crois que le progrès de l'enfant commence quand il cesse de faire un avec sa mère, quand il découpe des morceaux et qu'il part

---

11. Voir le dernier livre d'E. Badinter, *Le conflit, La femme et la mère*, Paris, Flammarion, 2010.

12. La *Ligue La Leche*, fondée en 1956 par des mères de famille de Chicago, milite pour l'allaitement maternel le plus longtemps possible. Le mouvement s'est répandu un peu partout dans le monde.

à la découverte du monde. À ce moment-là, l'allaitement maternel n'a plus pour lui beaucoup d'intérêt. C'est dans la diversification que l'enfant manifeste ses progrès. Tant mieux pour le petit bébé qui est allaité par sa mère ! Le lait maternel a toutes les qualités dont l'enfant a besoin. Il en reconnaît le goût, l'odeur, il prend une position parfaite. D'un autre côté, un biberon permet aussi au père d'avoir des relations très intenses et très intimes avec son enfant. Si on est contre le biberon, on est contre Winnicott. Celui-ci a parlé du *holding* et du *handling* que Wallon a appelé le « dialogue tonique » : on prend le bébé dans les bras et celui-ci ajuste sa prise. Il reconnaît qui le prend : « Tiens, c'est papa. Tiens, c'est maman » et cela, très précocement. Le dialogue tonique passe donc par le biberon et non par le sein.

Madame Badinter dit : « On n'est pas obligé d'aimer son enfant. » Winnicott l'a déjà dit. Chez les parents, on trouve 40 % de situations de sentiments négatifs et 60 % de sentiments positifs. Après quelques mois, les sentiments positifs l'emportent. La pédiatre Edwige Antier dit que les femmes qui allaitent ont une relation privilégiée avec leur enfant. Certes, mais les femmes qui le font trop longtemps créent une fusion avec leur enfant. Celles qui n'allaitent pas et qui sont culpabilisées par leur entourage ont le sentiment d'avoir raté quelque chose. Je crois moi que l'on peut être tranquille avec cette question : on peut être une excellente maman en allaitant ou non. Le droit des femmes à allaiter ou non est un droit fondamental. La femme a la chance incroyable d'avoir un enfant dans son ventre et la chance supplémentaire de pouvoir l'allaiter. Pourquoi ne pas laisser une petite chance aux hommes, si on le peut ?

Et la question de rester à la maison, le plus longtemps possible avec l'enfant, après la naissance ?

Je ne crois pas que ce soit bien. Je vais encore me faire éreinter par la *Ligue La Leche*, mais le féminisme m'a appris que les femmes ont droit à l'égalité, au travail. En France, 80 % des femmes travaillent. On m'oppose parfois l'argument : « Mais en Afrique, l'allaitement… » Pour un pays où il y a des carences alimentaires, l'allaitement c'est bien, mais la « prescription de l'allaitement maternel » ne convient pas à tous les pays. Au Sénégal, par exemple, dans les classes huppées de la société, c'est l'allaitement artificiel qui est chic et non l'allaitement maternel.

Ce qui est important pour la femme, c'est qu'elle ait droit à son statut. Elle sera d'autant plus une bonne mère qu'elle aura un statut en dehors de l'enfant. Pour grandir, il faut se séparer de sa mère. C'est d'ailleurs le rôle du père. Il est le tiers séparateur du fait qu'il remet sa femme, sa compagne, en situation de femme tout en étant mère. J'ai déclenché les foudres de la *Ligue La Leche* en disant : « Mais au bout de quelques mois, le sein redevient un jouet du couple. » « Un jouet ! Nos seins, un jouet ! » Ces dames l'ont mal pris. Mais c'est intéressant pour un homme, pour une femme, de jouer avec les seins. Ce n'est pas que pour le bébé !

Le mouvement naturaliste dit qu'il faut que les femmes restent à la maison au moins deux ans après la naissance du bébé, pour lui permettre de créer de l'attachement, une sécurité émotive, non ?

Oui, l'attachement « sécure » dont parle John Bowlby. Non, ce qui est sécurisant, c'est d'avoir une maman dans sa tête, alors que l'on est ailleurs ! L'enfant se dit : « Je suis sûr que ma maman m'attendra ou bien papa. Moi, je pars à la découverte du monde ! » Voilà ce qui est sécurisant, surtout pas le fait d'avoir une maman ou un papa à sa disposition. C'est le fait de pouvoir se dire : « J'ai tellement confiance en ma maman que je peux être ailleurs. » Pendant l'épisode du volcan islandais, je voyageais avec un adorable garçon qui appelait sans arrêt sa mère de quatre-vingt-douze ans au téléphone pour lui dire : « Ça va, ça va. » Finalement, j'ai pu parler à cette dame et elle me dit : « Je ne vois pas pourquoi il s'inquiète. Je suis tranquille, moi. » J'ai trouvé cette remarque sublime.

Quels sont les grands défis d'aujourd'hui et de demain en ce qui concerne l'éducation des enfants, dans ce monde en transformation ?

C'est le sujet de ma conférence à Monaco, ce soir : « Guérir de la guérison ». Quand j'étais interne en médecine, 80 % des leucémiques mouraient. Maintenant, ils survivent à 74-75 %. Le succès des sciences et des techniques est incroyable. Vive la science, vive les médicaments, les antimitotiques[13] et les radiothérapies !

---

13. Médicaments utilisés dans le traitement des cancers, contre la division des cellules.

La médecine se déroule en trois temps : 1) la prévention, les vaccins ; 2) le soin ; 3) la réhabilitation. Ce troisième temps est négligé. Nous allons créer une unité nationale pour prendre en charge les adolescents guéris du cancer. Il s'agit de les guérir de leur guérison : de les relancer, de les remettre dans leur section scolaire, de voir leur relation avec leurs parents, par exemple, avec leur sexualité, et d'essayer de « psychologiser » la guérison. Histoire que le cancer ne soit plus qu'une anecdote. Je mène un combat, actuellement, pour que les oncologues et les hématologues suppriment de leur langage le terme « rémission ». La rémission a quelque chose de menaçant. Je voudrais qu'ils disent : « J'accompagne ta guérison. » Même s'il y a rechute. La rechute est un autre combat. Notre projet est donc d'aider la personne à mieux guérir pour qu'elle soit plus libre des soins dont elle a bénéficié.

Je crois qu'un psychiatre est utile quand il ne sert plus à rien. L'autre jour, j'ai rencontré un jeune que j'avais suivi, à Paris, un jeune vraiment très fragile. Il a très bien évolué, il a réussi le concours des mines, et il est venu avec son groupe à Marseille. J'habite Cassis et ils y sont venus. Plus tard, j'ai reçu une carte postale qui disait : « Je n'ai même pas eu le temps de te saluer. » J'avais suivi ce garçon pendant quatre ans dans des difficultés très graves et il s'en est sorti. S'il peut se passer de moi maintenant, c'est que j'ai été utile. Un psy sert quand il ne sert plus.

La vie ne nous est pas donnée toute faite :
il faut s'équiper pour y faire face

Kim Thúy

Née au Vietnam, Kim Thúy arrive à Granby, au Québec, à l'âge de dix ans. Elle a survécu, avec toute sa famille, à un séjour de quatre mois dans un camp de réfugiés en Malaisie. Elle «tombe en amour» avec la langue française, selon son expression, grâce à son premier professeur de français. Tour à tour couturière, avocate, traductrice, propriétaire de restaurant, elle se lance en littérature, grâce au soutien de son mari, un Québécois de souche, et de ses deux enfants.

Son premier livre, Ru – dont le titre signifie «petit ruisseau» en français et «berceuse» en vietnamien –, est un véritable succès, tant au Québec qu'en France. Il remportera en 2010 le prix RTL-Lire, décerné par un jury composé de cent lecteurs choisis par vingt libraires de France, et le prix du Gouverneur général du Canada dans la catégorie romans et nouvelles. Son écriture, à la fois sobre et délicate, sait rendre avec force le climat d'un pays en guerre et tout l'amour qu'elle porte aux siens.

Kim Thúy

Kim Thúy, vous avez eu une enfance tout à fait particulière, à l'époque où la guerre faisait rage à Saïgon, au Vietnam. Comment un enfant en est-il marqué?

J'ai eu une enfance plutôt protégée, vous savez. Nous habitions derrière des murs de béton, ornés de fonds de bouteilles cassées pour empêcher les voleurs d'entrer dans la maison. Nous vivions donc un peu dans une tour d'ivoire. Je n'ai eu vraiment connaissance de la guerre que le jour où les communistes sont entrés dans la ville. Ils avaient remporté la victoire et les chars d'assaut défilaient dans les rues. J'ai ressenti la guerre pour la première fois au moment où elle s'est terminée.

Je me souviens que mes cousins et moi nous étions cachés derrière un sofa et nous regardions par la fenêtre les chars d'assaut envahir la rue. Ici, au Québec, à la fête de la Saint-Jean 2010, on m'a invitée à faire partie du défilé des chars allégoriques. C'était drôle de repenser à notre réaction devant notre premier défilé de la Saint-Jean. Nous n'imaginions pas qu'un défilé puisse être aussi joyeux, ludique! Nous n'avions que l'expérience d'un défilé de chars d'assaut.

Le seul moment où nous avions conscience de la guerre, du moins moi, petite fille, c'était au moment du couvre-feu. Nous savions que nous n'avions pas le droit de sortir de la maison après telle heure. Dès le coucher du soleil, il était interdit de se retrouver dans la rue. Il fallait donc organiser nos journées, aller voir les cousins et les cousines, par exemple, de façon à être rentré à la maison avant le couvre-feu. Mais, vous savez, quand on est né dans un climat comme celui-là, on ne ressent pas les restrictions. Je suis allée travailler au Vietnam en 1996-1998 et je ne voyais pas du tout que le pays était encore très fermé, à ce moment-là. Pourtant, nous étions très surveillés, mais quotidiennement nous n'avions pas conscience de la restriction de la liberté. Tout le monde vivait les mêmes contraintes. Ce n'est que trois ans plus tard, au moment où nous sommes partis pour Bangkok, que nous avons senti l'air circuler librement. Peut-être aussi parce que j'étais enceinte de mon deuxième enfant et que je ne travaillais plus. Mais on s'habitue à la guerre. C'est d'ailleurs la force des humains de s'adapter à toutes sortes de contraintes. Je ne peux pas vous parler de la guerre, je ne peux vous parler que de l'après-guerre.

J'imagine que vous avez quand même une sensibilité particulière devant des enfants qui vivent dans des pays en guerre?

Oui, bien sûr. Dans beaucoup de familles amies de mes parents, les enfants étaient orphelins de père. Nous vivions dans une société composée majoritairement de femmes, parce les hommes étaient sous les drapeaux. C'était vrai dans le sud et encore plus dans le nord. Dans les marchés, par exemple, on ne voyait que des femmes. Quand je suis retournée au Vietnam, elles m'ont dit qu'il y avait des villages entiers complètement vides d'hommes. Dès qu'ils avaient quatorze ou quinze ans, les garçons devaient partir à la guerre.

Dans des pays comme celui-là, les enfants doivent grandir très rapidement. Par exemple, quand j'avais sept ans, le nouveau gouvernement en place se permettait de rentrer dans les maisons pour faire l'inventaire et déposséder les propriétaires de leurs richesses. On confisquait systématiquement tout ce qu'il était possible de confisquer. Les livres étaient confisqués et nous en avions beaucoup. Évidemment, ils étaient vus comme des livres antirévolutionnaires, par le nouveau régime, puisqu'ils avaient été écrits avant 1975. Mes parents nous demandaient de faire disparaître les livres qui pouvaient nous causer de graves ennuis. Donc dès l'âge de sept ans, j'ai eu conscience de la peur qui existait dans les deux camps. J'ai appris à jouer à l'espionne très rapidement. Pas seulement moi, mes frères, mes cousins, mes cousines aussi. Nous prenions des livres pour les soustraire à l'inventaire des inspecteurs et, le soir, sur le toit de la maison, nous aidions nos parents à déchirer les pages compromettantes et à les brûler ou à les cacher. Chaque fois que nous sortions de la maison ou que nous rentrions, nous étions fouillés. Ce n'était plus la guerre, c'était une période de paix, mais déjà à sept ans, je savais qu'il fallait nous protéger de l'autre camp ou cacher des choses. Les enfants étaient moins fouillés que les adultes, c'est pourquoi nous sortions avec des chaînes en or ou des stylos cachés sous nos chemises à manches longues ou boutonnées jusqu'au cou. C'est un pays chaud, le Vietnam, imaginez la situation. Normalement, personne ne serait sorti habillé de cette façon.

J'ai décrit cet événement dans mon livre[1] : mes parents avaient caché de l'or en feuilles et des diamants sous des tuiles de la salle de bains. Un soir, ils ont sorti cette richesse de sa cachette, ils en ont fait un petit paquet et l'ont lancé du balcon sur un site en démolition juste en face de chez nous. Comme nous, les enfants, nous étions chargés de récupérer tout ce qui pouvait l'être et que nous ramassions des briques pour les apporter à l'école ou dans des centres pour la reconstruction, mes parents m'ont demandé d'aller récupérer le petit paquet. Ils ne pouvaient le faire eux-mêmes sans que ce soit louche aux yeux des inspecteurs. Mes frères étaient encore trop jeunes. Mais pour moi, il était tout à fait normal que je cherche des briques en un tel lieu. Donc à sept ou huit ans, je sentais que j'avais la responsabilité de retrouver la fortune de la famille. J'y suis allée à plusieurs reprises, sans rien trouver. Peut-être à cause de la nervosité. L'or et les diamants étaient enveloppés dans du papier kraft tout banal, un petit paquet peut-être entouré de débris, difficile à repérer sur un site en démolition. C'était un peu comme retrouver Charlie ou Waldo, dans la bande dessinée. Mes parents m'avaient bien mise en garde : il fallait que je reste naturelle, comme si je cherchais des briques en allant à l'école. Si je retrouvais le petit paquet, il fallait que j'aille lentement. M'exciter aurait attiré l'attention. Mais je ne retrouvais pas le paquet. J'en éprouvais de la culpabilité, bien sûr, parce que je savais que sinon, toute la famille allait périr. Personne ne pouvait affirmer non plus que le paquet avait bien atterri à cet endroit. Finalement, il a été retrouvé, mais par un garçon un peu plus vieux que moi. Mes parents en avaient parlé à une amie qui a envoyé son fils sur les lieux. Mes parents lui avaient dit : « Dès que tu l'auras retrouvé, prends un cyclopousse pour rentrer à la maison… » Mais lui, à dix ans, il était bien capable de comprendre qu'il se ferait remarquer de cette façon. Alors il a marché jusque chez lui, avec le paquet au milieu des briques, dans son sac. C'est grâce à cet or que notre famille a pu quitter le pays. À cette époque, le tael était l'unité de mesure du poids au Vietnam. Je ne sais pas ce que ça représentait en grammes. Je ne me souviens que des petites feuilles d'or, dont je ne saurais pas dire les dimensions exactes. C'est un souvenir que je ne veux pas détruire en recherchant l'exactitude.

C'est la même chose pour la maison de mes grands-parents qui était très grande. J'avais peur de cette maison, située à la campagne, en dehors de Saïgon. On nous disait qu'elle était occupée par des fantômes. Mes tantes

---

1. *Ru*, Montréal, Libre Expression, 2010.

avaient peur des fantômes, chaque fois que nous y allions, j'avais la trouille. C'était une maison tellement grande qu'il y avait de l'écho. Elle était entourée de grands arbres. Au Vietnam, on croit beaucoup aux fantômes. J'ai toujours refusé de la revoir. Quand les communistes sont arrivés au pouvoir, ils en ont dépossédé mes grands-parents et elle a été divisée pour accueillir une dizaine de familles. Eux, ils n'ont gardé qu'une petite chambre. Ensuite, la maison est devenue aussi une caserne de pompiers. Un ami y est allé et il m'a envoyé une photo. Je regrette encore le « clic » qui m'a permis de voir cette photo. Évidemment, la maison n'est plus du tout ce qu'elle était, avec ses dix familles et sa caserne de pompiers. Elle n'a plus la même couleur, elle n'est plus entourée des mêmes arbres. Après trente ans de régime communiste, les gens n'ont pas senti le besoin de la préserver. J'étais fâchée parce que la photo a détruit l'image que j'avais de cette maison. J'ai donc effacé la photo très rapidement. C'est la même chose pour le petit trésor. Je préfère garder le souvenir du paquet enveloppé de papier kraft, marqué d'un sceau rouge, plutôt que de faire des recherches sur Internet.

Vous avez fait un séjour dans un camp de réfugiés en Malaisie. J'imagine que ça marque une enfance… Vous y êtes resté longtemps ?

Quatre mois. Ce n'est pas très long. Mais j'avais dix ans quand je suis arrivée au camp. J'avais une plus grande conscience des événements, j'en ai gardé plus de souvenirs. On grandit plus vite aussi dans des circonstances extrêmes. À dix ans, je me considérais déjà comme une grande fille. Le fait de traverser la mer, de ne plus savoir où étaient mes parents sur le bateau. Quand nous sommes arrivés au bateau, de nuit, il fallait faire vite pour descendre dans la cale et il n'y avait qu'un trou dans le plancher pour descendre. Impossible de tenir la main de sa mère ou de descendre en famille. Ça se faisait un peu comme pour les cochons, à la queue leu leu, une personne à la fois. En bas, on s'asseyait où on pouvait. J'étais à côté d'un oncle et d'un frère d'un « bel-oncle ». Donc, pendant plusieurs jours, dans ma tête du moins, j'ignorais où se trouvaient les autres membres de ma famille. Nous étions serrés les uns contre les autres, sans possibilité de bouger. Pour les besoins, on faisait passer un seau et chacun s'exécutait, sur place. Mais je n'ai aucun souvenir d'avoir fait quoi que ce soit, un peu comme si mon corps était anesthésié, comme si toutes les fonctions s'étaient arrêtées. Je ne ressentais plus le besoin de manger et d'éliminer. Est-ce vrai ? Dans ma mémoire d'enfant, je n'ai pas bu, pas mangé, pas fait pipi, pendant ces jours-là. J'étais peut-être dans un état second pour pouvoir passer au travers de ces événements sans rien ressentir. Je n'ai pas pleuré non plus. Pourtant, j'étais une petite fille qui pleurait facilement, pour n'importe quoi. Là, il me semble que je suis restée sans pleurer pendant toute la traversée.

Après ce passage-là, j'avais l'impression d'être devenue une adulte. Culturellement, au Vietnam, quand vous êtes l'aîné, vous devez prendre soin des plus jeunes. J'avais deux frères plus petits que moi, je devais donc m'en occuper. À Saïgon, il y avait des nourrices pour cela, je n'avais pas grand-chose à faire. Mais vous voyez constamment dans la rue des petites filles de sept ou huit ans avec un petit frère d'un an sur le dos. C'est normal, les parents laissent les plus vieux s'occuper des plus petits, c'est dans la culture.

Au camp, on a d'abord réussi à acheter des sacs de jute pour faire des murs. Nous étions vingt-cinq dans notre petite cabane avec des murs en jute. Il fallait calculer la place, nous étions serrés comme des sardines. Le camp était construit pour accueillir deux cents personnes et nous étions deux mille. Les toilettes et les douches étaient en nombre insuffisant. C'était de petites salles à peine fermées. Les femmes prenaient l'eau du puits et allaient se laver avec leur petit seau d'eau dans ces salles. Les hommes restaient à côté du puits ou n'importe où, avec juste un petit caleçon, et se lavaient. Comme il y avait beaucoup de femmes et de filles dans notre groupe, nous avons installé quatre poteaux pour la douche, mais il n'y avait pas suffisamment de jute, alors l'une tenait un morceau de tissu pour cacher celle qui se lavait. Seulement, pour moi, personne ne venait me cacher. On considérait que j'étais encore une enfant et j'étais fâchée contre ma mère. À dix ans, on commence à avoir une certaine pudeur. Aujourd'hui, quand je regarde en arrière, je me dis: «Dix ans, ce n'est rien. Oui, elle pouvait bien se laver toute nue devant tout le monde!» Je me trouvais donc à la frontière de l'enfance et de l'âge adulte. L'adolescence n'existait pas à ce moment-là, nous passions directement de l'enfance à l'âge adulte. Au camp, j'avais cette conscience d'être à la frontière de l'âge adulte.

Les toilettes étaient dans un état épouvantable. C'étaient simplement des trous à ciel ouvert, sur lesquels on avait placé des planches trop largement espacées. Les enfants y perdaient pied ou perdaient leurs babouches, alors ma mère refusait d'y envoyer mes petits frères. Elle utilisait du papier journal, mes frères faisaient leurs besoins dedans et elle jetait ensuite le petit paquet. Mais moi, j'étais entre deux âges: je ne voulais pas faire comme mes frères, devant tout le monde, et je ne voulais pas aller aux toilettes publiques. C'était tout un problème! Beaucoup de Vietnamiens, aujourd'hui encore, souffrent de constipation, tout simplement parce qu'ils voulaient et ne voulaient pas faire leurs besoins. Donc, je ne me souviens pas d'avoir fait pipi, dans le bateau. Je l'ai sûrement fait et même à plusieurs reprises, mais ça n'existe pas dans mon souvenir. Aujourd'hui, j'ai une vessie de la taille d'un pois vert. C'est pourquoi je bois très peu. C'est un réflexe. En voyage, dans l'avion, je sais qu'il faut boire, mais je me discipline à ne pas boire parce que je ne veux pas utiliser les toilettes publiques. Ça m'a marquée. C'est un peu la mort pour moi, ces toilettes.

Et puis, il y avait des mouches et des vers qui se développaient dans ces déjections. Les mouches étaient tellement grosses qu'elles ne volaient pas. Vous aviez beau essayer de les chasser de votre main, elles ne volaient pas, elles tombaient par terre. Les latrines étaient installées de l'autre côté de la colline où nous habitions. Quand il pleuvait, les vers grimpaient sur la terre rouge et envahissaient le sol. À la première pluie, nous avons eu peur, et puis nous avons appris à vivre avec les vers. C'était un retour à la nature. Alors aujourd'hui, quand on me parle de camping, de vie dans la nature, je dis tout de suite non. J'ai fait du camping à ce moment-là pour le reste de ma vie! J'ai eu ma dose!

Un jour, alors que je venais tout juste de rencontrer mon futur mari qui est de Roberval, au lac Saint-Jean, ses parents ont voulu me faire découvrir leur camp de chasse, avec toilettes chimiques et tout. Je ne comprenais pas pourquoi on se donnait tant de mal pour être inconfortable: que l'on fasse un feu de camp alors que l'on a tout le confort à portée de la main. Fini le camping pour moi!

Vous arrivez ensuite au Canada. Votre langue maternelle est le vietnamien. Avez-vous eu, comme les enfants immigrés, du mal à choisir: ils veulent s'adapter à la nouvelle culture et les parents veulent sauvegarder la leur... Comment ça s'est passé pour vous?

Beaucoup de parents ont demandé à leurs enfants d'apprendre le français pour s'adapter le plus rapidement possible. Pour mes parents, c'était différent: ma mère a insisté pour que nous continuions de parler vietnamien à la maison. Elle disait que nous apprendrions rapidement le français et que nous perdrions le vietnamien. En classe d'accueil, à Granby, j'ai eu un professeur extraordinaire. Je l'ai revue pour la première fois après trente ans, il y a un mois environ. Elle m'a rappelé mon premier cours, le 17 avril 1979. Cinq mois plus tard, en septembre, j'entrais dans une classe régulière de 6e année. Ma mère avait raison, les enfants s'adaptent très vite.

J'ai dit à mon professeur, Marie-France : « Mais je n'ai rien compris de ma 6ᵉ année ! Je ne sais pas comment j'ai réussi à faire cette année-là. » Dans mon souvenir, j'ai tellement couru pour essayer d'être au niveau que j'ai l'impression de n'avoir rien compris. Mais Marie-France me disait qu'à la fin de cette année-là, j'étais la première de la classe en français ! Selon moi, c'était impossible. Plus tard, au secondaire, on m'a fait subir un test pour connaître mon quotient intellectuel et j'ai été cotée « déficiente légère ». J'étais bonne à l'école, j'avais de très belles notes, mais j'étais incapable de réussir ce genre de test. J'absorbais tout ce que l'on m'enseignait, mais je ne connaissais rien en dehors de ce que l'on m'enseignait à l'école. Par exemple, dans la série : « bistouri, scalpel, crâne, seringue », j'étais incapable de trouver l'intrus. Le seul mot que je connaissais était « crâne » parce qu'on en parlait en biologie. Je ne pouvais donc pas choisir. Voilà pourquoi j'étais déficiente légère ! Ça explique encore aujourd'hui mes petits moments de folie (rires).

J'ai donc fait l'apprentissage du français avec une certaine inconscience, je dirais. Par exemple, dans l'expression « à un moment donné », pendant longtemps, j'ai entendu : « à maman donné ». Je pensais que c'était une maman qui vous disait exactement quoi faire. Je pensais : « Quand ma mère a ordonné d'arrêter de faire telle chose, je me suis arrêtée. » Ou bien l'expression : « Fa que… » Je croyais qu'elle existait vraiment en français. Au cégep, on nous a fait lire *Trente arpents* [2] et je ne comprenais pas les mots « pétate » ou « pétaque [3] » Il n'y avait pas Internet, à ce moment-là. J'étais au Québec depuis presque dix ans, je pensais que je maîtrisais le français, mais devant cela, je me retrouvais les mains vides, avec l'impression de ne rien maîtriser du tout. Il y a dix ou quinze ans, quand je me suis retrouvée dans le camp de chasse de mes beaux-parents, ils ont voulu me faire visiter le camp d'un voisin qui était un grand chasseur. J'y ai vu une grosse tête d'orignal, avec du sang encore frais. C'était très impressionnant pour moi, une citadine. Le voisin me montre un pot dans lequel il garde des os. Il me demande : « Vous savez c'est quoi, Madame ? » Non, il utilisait une phrase dans laquelle on retrouvait le « tu » et le « vous » ensemble.

---

2. Roman québécois de Ringuet, pseudonyme de Philippe Panneton, publié chez Flammarion, en 1938.

3. Régionalismes québécois jadis utilisés pour « patate » ou pomme de terre.

« Savez-vous tu ? »

Oui, quelque chose comme ça. Je dis : « Bien, des os. » Il en tire un et me demande : « Ça, c'est quoi ? » Je dis : « Un os. » Il me demande : « L'os de quoi ? De quel animal ? » Je dis : « Aucune idée. » Il me dit : « C'est l'os du pénis de l'our. » Je dis : « Ah bon ! C'est intéressant ! » D'abord, je ne savais pas que c'était possible qu'il y ait un os dans le pénis, ensuite un « lour », qu'est-ce que c'était ? Je n'avais aucune idée. Un peu plus tard, je demande à mon beau-père : « Monsieur Harvey, qu'est-ce que c'est un lour ? » Il répond : « Mais Kim, c'est pas un lour, c'est un ours ! » Mais quand on est immigrante, quand on a l'impression que la langue ne nous appartient pas, on se donne le droit de ne pas connaître les mots. On se dit : « Un lour... Il doit bien exister un lour quelque part ! »

Mais finalement, vous avez conservé votre langue vietnamienne ? C'était important de le faire ?

Oui, parce que c'est une richesse. C'est une richesse pour moi d'avoir les deux langues, le français et le vietnamien. L'anglais aussi, que j'ai beaucoup utilisé quand j'étais avocate. J'aime beaucoup la littérature anglaise nord-américaine et je lis beaucoup d'auteurs américains. J'adore l'anglais. Et j'aime le vietnamien aussi pour sa poésie. Pour le moment, je ne peux pas comprendre la littérature vietnamienne. Je peux lire des livres en vietnamien, mais je ne ressens rien. Il n'y a pas de connexion entre moi et ce que je lis. Probablement parce que mes sentiments d'adulte, je les eus en français, ici au Québec. J'ai grandi, j'ai mûri au Québec. Je suis devenue adolescente et adulte en français. Alors quand je lis un livre en vietnamien, la culture est tellement éloignée de la mienne que je ne la ressens pas du tout. Un étranger la ressentirait peut-être mieux que moi parce que, quand je lis du vietnamien, j'ai des attentes. Je pense pouvoir me retrouver dans ce que je lis. Mais ça reste très loin de moi. Si je lisais un livre d'un auteur africain, qui parle d'une réalité africaine, je pourrais sans doute établir des liens avec lui, parce que je n'ai pas d'attentes particulières. Mais avec la culture vietnamienne, je pense que je vais comprendre cette réalité, alors qu'elle reste très loin de moi. Ce n'est plus ma réalité, aujourd'hui. Je suis devenue une mutante, une *Ninja Turtle*[4].

---

4. Bande dessinée américaine qui raconte les aventures de quatre tortues et de leur maître rat, Splinter, vivant dans les égoûts. Une exposition à un mutagène les a tous les cinq changés en créatures anthropomorphiques de taille à peu près humaine.

Vous savez comment nos sociétés ont peur des immigrants. Nous avons peur nous-mêmes de disparaître. Mais vous êtes la preuve vivante qu'ils peuvent s'intégrer.

Tout à fait. Ça dépend de la façon dont on est reçu. Personnellement, je suis tombée amoureuse de la langue française, de sa beauté. C'est grâce à Marguerite Duras et à son roman *L'amant*[5]. Mais tout dépend de la façon dont la langue nous a été présentée, au départ. Mon premier professeur, en classe d'accueil, a été Marie-France Choinière. Elle éprouvait un tel amour pour nous que nous avions envie d'adopter sa langue. Parce qu'on l'adoptait, elle, on adoptait sa langue. C'est un peu comme dans n'importe quelle histoire d'amour avec un étranger : on ne « tombe pas en amour » seulement avec lui, mais avec sa langue, sa culture. Pour moi, le secret est là : comment faire pour que les immigrants « tombent en amour » avec le Québec ? C'est la même chose pour mon fils aîné qui est moitié-moitié et qui est né ici. Il ne parle pas vietnamien et je me dis : « S'il ne comprend pas la culture vietnamienne, il y aura toujours un aspect de moi qu'il ne saisira pas. » Bien sûr, je pourrais lui imposer des cours de vietnamien, dans un sous-sol d'église, mais qui a envie de passer des dimanches après-midi dans un sous-sol d'église ? Je ne veux pas qu'il voie la langue vietnamienne comme une langue d'obligation. C'est pourquoi, en 2008, quand je suis retournée au Vietnam, je l'ai emmené. Nous avons vécu dans la famille et j'ai voulu lui faire voir le pays pour qu'il « tombe en amour » avec le Vietnam et que le goût d'apprendre le vietnamien vienne de ses tripes. C'est ce qui s'est passé pour moi, je suis « tombée en amour » avec la langue française.

Je crois que c'est possible aussi pour les immigrants qui arrivent aujourd'hui de leur présenter le français de cette manière-là. Évidemment, la loi 101 est essentielle[6]. Elle nous met sur les rails. Le français n'est pas une langue facile. Aujourd'hui, après trente ans d'apprentissage, je ne maîtrise toujours pas la langue française. On peut être rebuté par une langue aussi complexe. Mais sans cette complexité, elle ne serait pas aussi belle. J'ai eu la chance aussi d'avoir une famille qui lisait. J'ai lu *L'amant* avec mon oncle qui m'a décortiqué

---

5. Paris, Éditions de Minuit, 1984.

6. La Charte de la langue française (communément appelée la loi 101) est une loi définissant les droits linguistiques de tous les citoyens du Québec et faisant du français la langue officielle de l'État québécois. La loi 101 exige également que le français soit la langue officielle de l'enseignement et impose l'apprentissage du français à tous les immigrants.

le livre, paragraphe après paragraphe. Il m'a montré la beauté de la langue : la sonorité, la musicalité, la poésie des mots, leurs poids, leur charge émotive. Il m'a aidée à faire des comparaisons : « Regarde cette structure. Elle n'existe pas en vietnamien, les structures grammaticales en vietnamien sont beaucoup plus simples. On ne pourrait pas faire ce jeu en vietnamien. » Inversement, comme dans ma famille on parle de poésie vietnamienne, je suis capable de voir que certains sons, certaines images sont impossibles à reproduire en français. Ce sont deux cultures différentes, deux couleurs différentes que l'on ne peut pas confondre. Chaque langue a ses richesses propres. De même en anglais : le mot *home*, par exemple n'a pas d'équivalent en français. En français, on n'a pas d'expression pour rendre *Too long for somebody*. J'en parlais avec deux linguistes et traducteurs à l'Université de Genève, où j'ai été invitée pour parler de la cohabitation de plusieurs langues dans une même tête, la confusion des langues.

D'où votre « déficience légère », n'est-ce pas ?

Oui, tout à fait ! J'étais déficiente et je le suis encore plus maintenant que je dois utiliser trois langues pour m'exprimer (rires). Je ne maîtrise aucune des trois. Je ressens toujours une frustration. Quand je parle vietnamien, je parle comme une enfant.

Cette histoire de votre vie est quand même peu commune, même si beaucoup d'immigrants maintenant ont à faire face à des difficultés semblables. Comment a-t-elle influencé votre façon d'élever vos enfants ?

J'ai très peur que mes enfants soient trop protégés. Nous vivons dans une société ouatée et nous ignorons à quel point nous sommes privilégiés. Si je n'avais pas eu la chance de retourner au Vietnam, je n'aurais probablement pas eu conscience de vivre dans une société à part. Nous sommes riches ici ! Je ne parle pas seulement d'argent, mais de liberté, de possibilité d'expression. Nous avons le droit de dire tout ce que nous pensons, personne ne nous arrête. On nous encourage même à nous exprimer, à afficher nos différences. Ce n'est pas le cas ailleurs. J'ai très peur que mes enfants tiennent ces privilèges pour acquis. Quand je suis retournée au Vietnam, comme mes cousins vivent eux aussi dans un environnement privilégié, très différent de la majorité de la population, j'ai laissé partir mon fils toute une journée avec l'une des employées de la famille. Il en est revenu complètement transformé.

Après une semaine là-bas, je me disais : « Il ne voit quand même pas le vrai Vietnam, les difficultés de la plupart des gens. » C'est pourquoi je l'ai laissé partir. L'employée m'a demandé : « Est-ce que tu veux qu'on le promène en taxi ? » J'ai répondu : « Non, je veux qu'il se promène comme vous le faites, en moto, en bicyclette. Qu'il fasse la sieste chez vous… » Quand il est revenu, il m'a dit : « Tu sais, maman, ils sont plusieurs dans la famille et ils n'ont qu'un seul lit. » Alors, je lui ai demandé : « Alors, comment ils dorment ? Comment ça fonctionne ? » Il me disait aussi : « Ils cuisinent très différemment de chez nous. Ils ont comme un petit four, une sorte de petit cylindre qu'ils allument – ce sont des poêles au kérosène, vous savez – et ils cuisinent à l'extérieur, sur le trottoir. » Je savais que cette famille cuisinait sur le trottoir. Pour moi, c'était important de lui montrer la réalité. Je ne pourrais pas le mettre dans un camp de réfugiés pendant quatre jours, ça n'existe pas. Ce serait peut-être bon pour qu'il soit au courant de ce qui existe ailleurs.

On surprotège nos enfants et on les prive d'expériences enrichissantes.

Oui. Mon mari dit parfois à mon fils : « Va aider ta maman à descendre le panier de linge sale. » Je le corrige : « Aider ta maman ? Non. Nous vivons ensemble, nous faisons fonctionner la maison ensemble. Il n'y a pas de "tu m'aides". On s'entraide ! » Nous sommes des partenaires, dans une même maison. Nous avons la chance d'avoir une personne qui nous aide pour le grand ménage, le nettoyage des murs, des plafonds, etc. Mais quand elle vient, il doit faire avant le ménage de sa chambre. Elle ne fait que les gros travaux. Moi, mon mari m'a congédiée. Il ne me trouvait pas à la hauteur. Vous savez à quel point les standards de propreté sont élevés au Québec ! Mais je suis allergique aux produits de nettoyage, je m'évanouis ou je me mets à enfler quand je suis en contact avec du Windex [7], par exemple, même avec des produits biodégradables. Je ne peux utiliser que de l'eau savonneuse. Pour mon mari, ce n'était pas assez propre. Alors, il m'a congédiée et nous avons des personnes qui viennent pour le ménage. Mais pour les petites tâches, j'insiste pour que les enfants y participent.

Chez moi, il n'y a pas d'argent de poche. « Si tu tonds le gazon, je te donne cinq dollars. » Non. Tu fais partie de la maisonnée, on te donne ce dont tu as besoin, mais il faut que tu le mérites, sinon, c'est non. Je dis souvent à mon

---

7. Marque déposée d'un nettoyant bien connu pour vitres et surfaces dures.

fils : « Quand mon frère avait sept ou huit ans, moi j'en avais onze, et c'est lui qui était responsable de la vaisselle pour toute la famille. Nous étions au Québec, mais nous n'avions pas d'argent. Mes parents occupaient deux ou trois emplois : le matin, ils allaient à l'usine ; le soir, mon père était livreur et ma mère cousait à la maison. Il fallait donc que nous, les enfants, nous nous occupions de nous-mêmes et de la maison. À onze ans, je cousais déjà à la maison. Je ne pouvais donc pas m'occuper du ménage, j'avais cet emploi après l'école, j'avais des vêtements à coudre pour le lendemain. Mes frères devaient donc passer l'aspirateur, nettoyer la salle de bains et faire la vaisselle tous les jours. J'ai dit à mon fils : « Tu as dix ans, je ne peux pas croire que tu ne puisses pas t'occuper de la vaisselle ! Voilà, tu vas faire la vaisselle, parce que j'ai la preuve que même à sept ans un enfant peut le faire. Mon frère montait sur un tabouret parce qu'il était trop petit. » J'essaie donc de les rendre responsables. La vie ne nous est pas donnée toute faite. Et il faut s'équiper pour y faire face. J'ai dit à mon fils aîné : « Si je meurs demain, il faut que vous soyez capables de vous occuper de vous-mêmes. On ne sait pas quand je mourrai. » Mes parents m'ont élevée avec cette idée-là et j'en suis restée marquée. Ils pouvaient disparaître à tout moment et nous, nous serions debout, sur nos deux pieds, tout seuls comme des grands, peu importe l'âge. C'est la même chose pour mon fils, je le lui répète depuis qu'il est tout petit. Tous les revirements sont possibles. Nous vivons dans le confort aujourd'hui et c'est vrai que nous sommes dans un environnement où les bouleversements que le Vietnam a connus, dans les années 1970, semblent peu probables. Mais on ne sait jamais. Je pourrais mourir dans un accident. Bien sûr, il y a les grands-parents et mes frères, mais si… « Si tout le monde disparaissait, qu'est-ce que tu ferais ? Il faut que tu sois capable de te tenir debout tout seul. » Il a dix ans, le pauvre !

Vous avez un fils autiste, ce n'est pas celui-là ?

Non, lui, c'est l'aîné. Le second est autiste. C'est un poids énorme pour moi. Autant je n'ai jamais eu peur de mourir, autant j'ai peur de le laisser derrière moi tout seul. C'est peut-être inconcevable de dire cela, mais je souhaiterais qu'il meure avant moi ou en même temps que moi. Qu'est-ce qui lui arrivera quand je ne serai plus là ? Quand j'ai entendu parler des histoires de Earl Jones et de Vincent Lacroix[8], comme nous avions prévu un portefeuille pour

---

8. Deux courtiers québécois qui se sont emparé des avoirs de leurs clients pour les utiliser à leur profit.

mettre notre fils autiste à l'abri du besoin jusqu'à la fin de ses jours, je me suis questionnée sur le gestionnaire. Qui va gérer ce portefeuille ? Que lui arrivera-t-il, si nous avons affaire à un Vincent Lacroix ou un Earl Jones ? Alors, j'ai dit à Justin, qui avait neuf ans, à ce moment-là : « Écoute, je vais te dire qui sont ces gens-là. » Et je lui explique tout : ce qu'est un gestionnaire de portefeuille, un *trust fund*, etc. Et je lui dis : « Tu sais, finalement, ce n'est pas un gestionnaire qui va gérer le portefeuille de ton frère, c'est toi. » Il n'a que neuf ans ! Alors, il me dit, en me regardant de ses grands yeux : « Mais pourquoi tu me parles de tout ça ? C'est sûr que je vais m'occuper de Valmont. Tu n'as pas besoin de laisser de l'argent pour lui, je vais m'en occuper. Je vais travailler et m'occuper de lui. Pourquoi tu te compliques la vie avec un portefeuille et tout ça ? Je ne comprends rien. » Bien sûr, à neuf ans, il ne pouvait pas comprendre ce qu'est un portefeuille, les investissements, les intérêts et tout le reste. D'une certaine façon, peut-être que l'écourte un peu l'enfance de mon aîné, à cause du plus jeune, mais aussi à cause de mon bagage personnel. À d'autres moments, j'essaie aussi de préserver son enfance le plus longtemps possible. Mais à cause de mon côté rationnel, malgré moi, je le fais vieillir un peu avant le temps.

Vous connaissez la fragilité des choses et vous voulez l'enseigner à vos enfants ?

Oui, il faut vivre le présent au maximum. Mais en même temps, il faut être conscient que l'on peut tout perdre en un clin d'œil. Donc, il faut prévoir un avenir, « s'équiper » comme je dis. Oui, j'essaie de prévoir l'avenir de mon fils autiste, mais il faut vivre dans le présent au maximum. On ne sait pas ce qui arrivera demain. Et demain est toujours surprenant. La vie nous réserve toujours des choses incroyables. C'est ce qui arrive avec mon livre *Ru*. C'est un peu comme un billet de loterie. On ne pouvait pas savoir d'avance. Je dis « on », parce que l'écriture de ce livre a été un choix familial. J'ai tout arrêté pour rester à la maison et écrire. J'avais besoin de soutien, de l'appui de mon mari pour faire cette activité-là.

Pour entreprendre une carrière d'écrivain ?

Je n'en suis pas là, mais j'aime écrire et c'est un privilège de pouvoir dire : « Je consacre huit heures par jour à jouer avec les mots. » Il y a trente ans, si une diseuse de bonne aventure m'avait prédit que j'allais rester assise sur mon derrière et jouer avec les mots, je ne l'aurais jamais cru. Jamais ! Donc, la vie est toujours étonnante.

Jean-François Beauchemin

C'est l'enfance qui a décidé. J'entends encore distinctement les appels du garçon d'autrefois, occupé en moi à trier ses images, attentif à la grande voix pensive du temps. À distance, il me donne ses instructions. Je lui obéis : cette façon d'appuyer la joue sur le poing fermé lorsque je me concentre est la sienne. Son dégoût pour toute forme de servitude s'est transformé, mais il survit différemment : je le distingue par exemple dans mon refus de prier. Ma pensée surtout doit beaucoup à cet enfant qui, très tôt, s'exerçait à devenir adulte : je sais que c'est dans ses incompréhensions même, ses erreurs de vues, dans son inexpérience qui me faisait tant souffrir que je développais le plus sûrement mon appétit pour la lucidité. Ce petit être a bien sûr disparu depuis longtemps. Il m'arrive de croire qu'il s'est enfui de moi : ce maître trop ombrageux devait l'exaspérer. Mais, en somme, la trace de son passage subsiste, comme si, en quittant, ce jeune héros avait laissé un ruban accroché dans la haie. Je ne garde pourtant aucun goût pour l'enfance : je ne me suis pas senti chez moi dans cette époque qui, sans me consulter, décidait à l'avance de ses effets sur mon avenir, m'indiquait une voie que j'ai suivie, mais que j'aurais préféré tracer moi-même. L'âge adulte, décidément, m'aura bien davantage ému.

N'empêche : je ne me rappelle jamais sans une secrète joie ces soirées d'enfance où, vers huit heures, la lumière du jour commençait à descendre sur les choses. Je cessais mes jeux et je m'accordais alors quelques furtifs instants d'une joie plus puissante que ma pensée. J'appelais ma mère pour lui demander de partager avec moi ce moment de pure attention. Elle se pliait avec une sorte de tendresse à ce caprice d'un enfant qui, déjà, s'étonnait et se blessait de ce que la beauté du monde ne suscite autour de lui qu'un intérêt médiocre. J'en voulais à ceux qui, trop en proie aux agitations extérieures, ne voyaient pas le touchant rappel que nous font sans cesse la terre et le ciel. Je ne m'habituais à rien, ni à ce déplacement bien réglé de la lumière sur le monde ni au sage désordre d'étoiles qu'il annonçait. Presque rien n'a changé. L'enfant s'est éloigné, mais son saisissement se prolonge jusque dans l'homme mûr. J'ai résisté. Je ne le fais plus : je continue en quelque sorte aujourd'hui l'œuvre de cet enfant. J'ai permis à sa douceur sévère, à sa dureté tendre, de devenir à la longue ma force et de constituer la ligne directrice de ma vie.

En définitive, plus je vieillis et m'enfonce dans mon avenir, plus je le découvre attaché à mon passé. Il est vrai que ce que j'ai espéré m'a toujours mieux tenté que ce que je laissais derrière. Mais on ne se détourne pas si facilement des traces de pas laissées dans cette neige qu'est la mémoire. Et même si je ne conserve pas de goût particulier pour mes premières années, il me faut bien admettre que je leur dois beaucoup. Parce que je me situais alors au plus près des sources, des origines, et que justement je tenais compte des insistants présages de l'enfance, j'apprenais sans doute à me rapprocher d'une certaine splendeur. Il est trop tard : je ne cesserai plus de me fasciner pour les choses aperçues sur la terre et pour cette vacillation d'un ciel qui, on dirait, ne sait pas à quoi se suspendre.

Josée Blanchette

Perdre son innocence

Il y a l'enfance et il y a notre enfance. Celle dont on se rappelle avec nostalgie et l'autre, celle qui nous pèse parce qu'on était sans outils, sans pouvoir, sans mots, devant l'injustice de la vie.

Celle qu'on berce avec des regrets nous tient chaud au corps, les soirs de désespoir. On y puise le courage... ou la rage.

J'ai longtemps écouté les psys qui ramènent tout à l'enfance. Je l'ai blâmée, cette enfance, puis j'ai fait la paix avec elle. J'y ai trouvé des plaines où galoper les fins d'après-midis d'été avec mon cheval, mais aussi des tas de fumier à transporter à la brouette sur le monticule derrière l'écurie. J'ai fini par aimer l'odeur du fumier, comme quoi on peut transformer la merde en parfum.

Une enfance, c'est un socle. Mais pour l'édification des statues, il faut y mettre beaucoup du sien. Et une enfance, c'est une innocence à perdre, inévitablement. Certains la quittent moins rapidement que d'autres, plus étapistes, sans urgence, protégés ou inconscients.

Une enfance, ce sont des parents, rarement parfaits, pas toujours présents, pas seulement aimants, parfois coupables d'être encore des enfants eux-mêmes. Une enfance déteint sur l'autre, de génération en génération, consciemment ou non. Surtout non. Nous demeurons toujours les enfants d'un autre enfant.

Même si les parents cherchent souvent à protéger l'innocence, la cruauté de la vie nous rattrape au détour d'une conversation, d'un événement, d'une mort, d'une récréation. Et parfois, ce sont les parents qui la massacrent. Comme quoi, on n'est jamais à l'abri, même sur un socle.

Et heureusement pour l'enfance, heureusement pour la pensée magique, le père Noël, la fée des dents, les monstres dans le placard, heureusement pour les plages de rêve et d'insouciance, pour le monde rassurant du jeu et de la fuite : il y a l'instant présent.

Lorsqu'on regrette une enfance, on s'ennuie probablement de cet argument définitif qu'est la capacité à vivre pleinement l'instant, à s'investir totalement dans le moment. Rien n'est plus apaisant devant l'angoisse, l'incertitude, la mort qui viendra nous ravir notre insouciance tôt ou tard. Oui, cet instant présent, c'est la véritable liberté de l'enfance, son droit de veto sur tout ce qui échappe et inquiète, paralyse et inhibe. On s'y réfugie avec l'entêtement des bienheureux.

Un jour, on pense être devenu assez adulte pour avoir soi-même un enfant. Ce jour-là, on comprend combien l'enfance ne nous a jamais quittés vraiment, malgré tout le talent avec lequel on s'est employé à la faire disparaître, à coups de négligence et de mensonges, de déni et d'oubli.

Ce jour-là, on retrouve une petite personne qui ne demandait qu'à vivre dans la vérité, qu'à dire les choses telles qu'elle les voit et les ressent, sans se poser mille questions sans réponses. Et ce jour-là, on mesure combien il est ardu le deuil d'une enfance, de notre enfance. Et tout au fond, on nourrit l'espoir fou de rendre celle d'un autre plus insouciante et heureuse.

Ma petite est comme l'eau, elle est comme l'eau vive...

Suzanne Jacob

Un enfant à l'écoute

Il y a peut-être, ici, un enfant à l'écoute. Il s'appelle peut-être Geneviève, ou Wajdi, ou Tchong. Il a six ans, sept ans ou huit ans. Il est à l'écoute des voix qui parlent de l'enfance, ici. Enfance, ce mot-là, l'enfant ne le connaît pas bien.

Aujourd'hui, Geneviève a dit à sa mère : «Moi, je ne suis pas toi, maman», et Wajdi à son père : «Toi, tu n'es pas moi, papa», et Tchong à ses parents : «Moi, je ne suis pas vous, moi.»

La mère de Geneviève a demandé : «Comment as-tu appris ça, Geneviève? — Je l'ai déduit. — Déduit, tu as dit *déduit*? — Oui, je l'ai déduit du fait que si tu meurs, je ne mourrai pas automatiquement du même coup», a dit Geneviève et sa mère a beaucoup ri en lui caressant les cheveux : «Tu vois, maman, tu crois que ce sont tes cheveux, quand ce sont les miens.»

À Wajdi, son père a répondu : «Tu parleras quand tu auras le nombril sec, mon gars.» Wajdi a continué à regarder son père jouer avec sa console Space 3. «Le nombril sec, le nombril sec», les mots se répétaient en courant dans sa tête et en cherchant où s'arrêter. Ils ont fini par s'arrêter dans la comptine qui n'a ni queue ni tête.

Les parents de Tchong se sont arrêtés de respirer une seconde, ils ont avalé leur bouchée et ils se sont mis à rire. Sa mère a dit : «En effet, tu n'es pas vous mais tu es nous, tu le sais, Tchông?» Encore une complication, a pensé Tchong. Et il a dit : «Si je meurs, vous ne mourrez pas *siminutamment*. — Si-mul-ta-né-ment, a corrigé le père pendant que la mère essuyait son rire dans sa serviette.

Il y a un ou deux ou trois enfants à l'écoute ici qui cherchent à discerner, à travers les voix qui se succèdent, la voix qui fera entendre pourquoi les parents rient quand un enfant dit quelque chose d'important, quelque chose qu'il a mis des années à comprendre, quelque chose que ses parents paraissent vouloir et ne pas vouloir à la fois qu'il comprenne, cette chose-là : qu'il n'est pas eux, et que, s'il y a une enfance, ce mot qu'il ne connaît pas bien, dont il ne perçoit ni le début ni l'étendue, cette enfance n'est pas à eux, elle est séparée d'eux puisque si les parents mouraient, leur enfance continuerait toute seule, sans eux.

Benoît Lacroix

Ah! Les enfants! Qui sont-ils? Les enfants, qui sont-elles? Pour plusieurs adultes, les enfants voisinent le mystère. Leur imaginaire nous déroute. Imaginaire souvent sans frontières. Faites-les jouer que tout de suite ils ne sont plus avec vous. C'est que le rêve les fait vivre. Donnez-leur un billet de 20 $, de 100 $ et tout de suite ils entrevoient de nouveaux jeux vidéo. L'enfance. Fragilité. Innocence. Toujours en alerte. Du saut à la danse, à peine un pas. Il faut les aimer ainsi, en voyage. Surtout, ne pas leur faire peur. Sinon, l'enfant s'est sauvé à la hâte, comme un oiseau effrayé. Le renard qui va se cacher, un colimaçon. Bavardeur hors pair et tout à coup il se tait. Quand même, faisons-lui confiance. On dit l'enfant contemplatif. Oui, à ses heures. Comment expliquer que tout à coup il ne répond plus? Tout à coup, il s'attarde à regarder une fleur, un paysage. Il s'attendrit devant un oiseau blessé, le recueille doucement dans ses mains et il veut que toute la famille s'en mêle. Mais à quoi pense-t-il au moment précis, où peut-être… je me questionne à son sujet? Il est si souvent ailleurs. Ailleurs. Non pas distrait, mais engagé comme dans un dialogue intérieur qui m'est absolument étranger. Il arrive même que son discours me paraisse elliptique. Je dois en prendre mon partie une fois pour toutes. Les enfants habitent un autre pays. Le pays de l'enfance, le pays sans frontières. À Gaza, des enfants juifs et palestiniens attendent la fin du bombardement pour continuer leurs jeux dans la rue. Voilà. Au pays de l'enfance, on crie, on pleure, on se chamaille, on rit, et tout ceci, tout cela en quelques minutes jamais comptées. Cette spontanéité tient à leur âge. Et avant que les adultes interviennent avec leurs guides et leurs calculs, ils sont là, observez-les. Ils sont encore petits et pourtant ils aiment même pendant qu'ils jouent. Écoutez subtilement des adultes inquiets qui délibèrent sur leur sort à voix basse. Soit dit en passant, d'où vient cette sagesse des mots d'enfants que se partagent, encore aujourd'hui, avec beaucoup de fierté, des parents éblouis? « Môman, je t'aime gros comme le soleil. » « Pôpa, tu en mon Tarzan. » Les anciens aussi l'ont dit et répété : l'enfant est la richesse première des peuples. « Pays sans enfants, arbre sans feuilles. » « Qui a un enfant, n'est jamais pauvre. » Les grands mystiques que je connais n'ont cessé de privilégier les mérites de l'enfance spirituelle, à savoir que l'on doive en tout premier faire confiance au pouvoir spirituel de l'enfant. Jésus de Nazareth n'a que de bons mots : « Laissez-les venir, dit-il. Ne les empêchez pas. » Et lui-même envisage une sorte de royaume où à jamais l'enfant serait roi. Finalement, c'est probablement à cause de son rapport avec le temps, plus qu'avec l'espace, que l'enfant est si différent. Il est toujours en devenir immédiat. L'enfant devient maître de l'instant. Et à tout prendre, j'aimerais redire ce proverbe bien connu que j'ai appris de Platon – transcrit au IVe siècle avant notre ère –, dans son célèbre essai appelé en français *Le Banquet*: «La vérité sort de la bouche des enfants.» Vive l'enfance libre!

Christian Mistral

L'enfance amandine

Mon bureau, ces temps-ci, c'est la table de cuisine, devant une croisée ouverte qui surplombe une ruelle, quelque part au cœur du Plateau Mont-Royal où je suis né et auquel je suis retourné après avoir roulé ma bosse, comme un saumon remonte la rivière d'où il descend quand l'envie de frayer lui prend. Entre les bruits de la vie et moi, il n'y a qu'une mince moustiquaire. Du coin de l'œil droit, je vois ma femme sur le balcon, qui lit un roman de Pagnol en sirotant un thé glacé, un spectacle qui m'emplit d'une sérénité propre à l'âge mûr de l'homme fait. Les parfums de l'été entrent à pleine fenêtre et du coin de l'œil gauche, agacé, je vois le voisin d'en face batailler contre une poulie pour accrocher sa corde à linge. Vu d'ici, je lui donnerais trente ans. Et je songe que lui aussi fut un enfant. Y pense-t-il en ce moment précis, juché sur l'escabeau en hochant la tête de découragement cependant qu'il tire comme un diable sur la jante pour l'ancrer au mur de sa maison?

Mais ce qui me mobilise et m'emplit de mélancolie, c'est ce que j'entends sans en apercevoir la source et non ce que je vois; c'est une voix, celle d'un tout petit garçon, le sien probablement, le fils du voisin, quelque part en bas dans leur cour, dissimulé à mon regard par la palissade et deux jeunes frênes. C'est une voix verte comme la chair douce-amère d'une amande mondée. Un son clairet de petit d'homme qui apprend à parler. L'homme, cet animal qui parle…

Et ce qu'il dit au juste, je ne le distingue pas, à part «Papa!» qui revient souvent dans son discours. C'est un enfant heureux, cela s'entend et c'est tout ce qui m'importe. Je sais qu'un jour pas si lointain, je le sais parce que ça m'est arrivé, il deviendra grand et reviendra visiter la ruelle de ses premières aventures, qui était tout son monde, si vaste et si plein de périls et d'émerveillements, et je sais qu'il restera longtemps figé dans la perplexité quand il s'apercevra que la palissade lui arrive à peine aux épaules…

Pascale Montpetit

Ma petite enfance, ç'a été le temps d'avant les mots. Un monde de sensations fortes. Une charge massive de sensations, mais sans les mots.

Ça a été le monde des premières fois aussi, celles qui laissent une empreinte pour toujours. Une fois marquée, impossible de revenir en arrière, de se refaire une virginité.

J'ai des souvenirs d'enfance qui se comptent sur les doigts d'une main. Plutôt des impressions. Je me rappelle d'un champ, l'été. Il fait chaud. Je marche dans les herbes hautes, souiche, souiche. Je me souviens du son de mon corps qui passe à travers le foin, comme un archet qui frotte des cordes. Au bout d'un certain temps, j'entends le champ me parler, j'en suis certaine, une espèce de langue étrangère. Ça m'avait angoissée…

Je me souviens aussi des conversations d'adultes le soir, au salon, qui parviennent jusqu'à ma chambre à coucher. J'écoute et je ne comprends pas le sens de ce qu'ils disent… Je pense que je suis née inquiète. Enfant, tout me semblait étrange, comme si l'Univers était indifférent à mon existence.

Quand on est petit, on est à la merci de tout, des choses qu'on entend, des choses qui se disent et aussi de celles qui ne se disent pas…

Je suis fille de psychiatre. Dans cette culture-là, ce qu'on dit de ce qu'on a senti est jusqu'à un certain point plus important que ce qu'on a ressenti comme tel. D'ailleurs, j'ai l'impression que mon enfance est devenue avec les années celle que j'ai racontée, plutôt que celle que j'ai vécue.

L'aventure de la psychothérapie, c'est ce voyage qui permet de mettre des mots sur « ça » – ça étant beaucoup l'enfance – et de réécrire en quelque sorte le roman de sa vie. À force de raconter mon enfance couchée sur Divan le Terrible, une pratique soutenue pendant presque vingt ans, oh my god ! je pense que j'ai fini par me créer des souvenirs dont je ne sais plus s'ils sont inventés. Le temps a passé, j'ai fini par me dire que ma version des faits en vaut bien une autre.

À dix-neuf ans, j'avais entrepris une psychanalyse. Après quelques rendez-vous, le psychanalyste me dit : « Je pense que ce avec quoi vous vous débattez s'est passé à un âge où vous n'aviez pas les mots pour le dire, c'est pourquoi vous avez des souvenirs auxquels vous n'avez pas accès, parce que vous ne pouvez tout simplement pas les raconter ! » Ça m'avait ouvert la tête en deux. Il existait donc des choses littéralement innommables ? Mon enfance est pleine de honte et de secrets inavouables. Pour un acteur, c'est une mine d'or dans laquelle il va puiser. La honte et les secrets sont un fonds de commerce inestimable ! Mon enfance, c'est l'époque où moi, pas encore actrice, j'ai appris sur le tas toute la gamme des émotions, longtemps avant de choisir d'en faire un métier, longtemps avant de savoir c'est quoi un tas.

Par exemple : quand j'étais petite, je ressentais très fort le décalage entre ce que les gens disaient et ce qu'ils semblaient penser, le décalage entre ce que les gens sentaient et ce qu'ils semblaient en dire. Très utile pour jouer Anton Tchekhov.

Et puis, plus tard, il y a eu les mots.

Les premiers mots auxquels j'ai eu affaire étaient dans des livres cartonnés. Un mot par page, avec une image du mot. Un monde ordonné où chaque objet peut être nommé. Bijou, Pont, Libellule. Ce n'est pas le dessin du bijou, du pont ou la libellule qui m'intéressait, c'était son nom. Le mot « libellule » entrait par effraction dans ma conscience et prenait toute la place. Chaque nouveau mot appris avait une couleur, je dirais même une température et presque un goût dans ma bouche. « Dimanche » n'aurait pas pu s'appeler « lundi » et j'ai encore de la difficulté à admettre la nature arbitraire du langage. Non, le mot « papillon » qui désigne la chose ne pourrait pas être « lampadaire » ou « flop ». L'effet que les mots ont eu sur moi pendant mon enfance m'a marquée à tout jamais et mon intérêt pour la poésie n'y est pas étranger…

Si je devais décrire mon enfance à un Martien, je dirais qu'il y avait beaucoup de silences angoissants. Et puis que j'ai eu éventuellement l'usage des mots, et que les mots sont devenus des bijoux scintillants dans la nuit de ce silence angoissant.

« On ne sait pas ce que le passé vous réserve », comme dit Alexandre Beffort !

Table des matières

Entrevues

Textes complémentaires

Pour accéder aux émissions intégrales, à de l'information additionnelle sur ce présent ouvrage, pour faire part de vos commentaires ou de votre expérience ou encore pour entendre des entrevues complémentaires, ainsi que la conférence présentée dans le cadre des Belles Soirées à l'Université de Montréal, visitez le blogue à : **www.radio-canada.ca/enfancepourlavie**